Herrn
H.G. Beck
vielen Dank für die lange
+ fruchtbare Zusammenarbeit
– Alles Gute für die
Zukunft!
Ihre
Bettina R[illegible] – Weise
Dez 89

Beate Uhse

Mit Lust und Liebe

BEATE UHSE

Mit Lust und Liebe

Mein Leben

aufgezeichnet von Ulrich Pramann

ULLSTEIN

CIP-Titelaufnahme der Deutschen Bibliothek

Uhse, Beate:
Mit Lust und Liebe : mein Leben / Beate Uhse. Aufgezeichnet von Ulrich Pramann. – Frankfurt/M ; Berlin : Ullstein, 1989
ISBN 3-550-06429-2
NE: Pramann, Ulrich [Bearb.]

Bildquellen

Seite 13: Max Handschuh, München. S. 21: Ulrich Pramann, Wörthsee. S. 32, 37, 38, 44, 45, 54, 56, 59, 63, 65, 67, 73, 79, 80, 85, 90, 101, 102, 106, 111, 112, 115, 118, 121, 125, 127, 130, 131, 134, 137, 139, 140, 141, 145, 147, 150, 159, 161, 163, 164, 167, 168, 175, 183, 185, 186, 188, 189, 191, 192, 193, 194, 199, 202, 207, 209, 212, 217, 229, 237, 239, 241, 242, 245: Beate Uhse, Flensburg. S. 205, 225, 256: Dirk Hentschel, Flensburg. S. 219: NEUE REVUE, Hamburg. S. 223: *stern*, Peter Neugebauer, Hamburg. S. 235: EMMA, Köln. Die Anschrift einiger der hier aufgeführten Fotoquellen oder Bildrechte-Inhaber konnten nicht ermittelt werden. Berechtigte Honoraransprüche werden selbstverständlich abgegolten.

Verlag Ullstein GmbH, Frankfurt/Main·Berlin

Satz: Fotosatz Gutfreund, Darmstadt
Druck und Binden: Ebner Ulm
Printed in Germany 1989
ISBN 3 550 06429 2

Lieber Ulli Pramann,
ich danke Dir sehr für all die Arbeit, die Mühe und Zeit, die Du in »unser Buch« gesteckt hast!

Bewundernswert war für mich Deine Gabe, mein Unterbewußtsein durch behutsame und doch präzise Fragen zur Erinnerung zu zwingen. So standen mir plötzlich Erlebnisse und Begegnungen wieder klar vor Augen, die ich längst vergessen wähnte.

Es hat Freude gemacht, mit Dir zu arbeiten.

Beate

Für meine Familie und alle meine Freunde

Inhalt

Ulrich Pramann

Begegnungen mit Beate Uhse

Meine Beziehung mit Beate Uhse fing gut an. Schon am zweiten Abend erlebte ich einen ersten Höhepunkt. Sie hatte mich zu sich nach Hause eingeladen. In ihrer Villa fackelte sie nicht lange. Sie fragte mich unbekümmert, ob ich wollte.

Und ob ich wollte.

So spielte sich zwischen uns schon ziemlich früh ab, was normalerweise als Symbol für ein intimes Verhältnis gilt: Beate Uhse machte mir Bratkartoffeln. Mit Eiern und Speck.

Eine liebsame Überraschung. Die erste von vielen.

Beate Uhse ist als erfolgreiche Unternehmerin der Lust eine lebende Legende. Mir, dem Reporter, gestattete sie gewissermaßen, auf ihrer Bettkante Platz zu nehmen. Sie erzählte mir ihr Leben – die ersten siebzig Jahre eines spannenden Frauenlebens, die Geschichte ihres Sex-Handels, der auf wunderbare Weise die Sittengeschichte der letzten Jahrzehnte spiegelt.

»Die Frau, die mit Sex Millionen machte«; »Die Aufklärerin der Nation«; »Wie Deutschlands Porno-Bosse Kasse machen« – Beate Uhses bizarre Erfolgsstory wurde sicher schon ein paar dutzendmal aufgeschrieben. Der Stoff ist einfach zu schön – schön anregend und anrüchig. Aber die Besucher hielten sich immer nur zu einem journalistischen Quickie in ihrem erotischen Zauberladen auf.

Wir sprachen tagelang, wochenlang, über Monate hinweg. Wie das kam und wie wir uns näherkamen, ist eine lange Geschichte.

Wir kannten uns nicht. Das heißt: Ich kannte Beate Uhse natürlich von kleinauf. Wie Millionen Menschen. Schließlich ist die Sex-Händlerin hierzulande »fast so bekannt wie das Markenzeichen Mercedes« (schrieb *Capital*).

Ihr Name bringt die Phantasie zum Blühen.

Sie wurde als »Liebesdienerin der Nation« *(Die Zeit)* beschrieben, als »Orgas-Muse« *(Bild am Sonntag)*, als »Frau Oberst der Lustwaffe« *(Penthouse)*. Man verspottete Beate Uhse als »Porno-General«, »Video-Bums-Kanone« und frau beschimpfte sie als eine üble Geschäftemacherin, »die sich auf Kosten der Frauen emanzipiert und es mit den Männern hält« *(Emma)*. Und man würdigte sie als »Sexpertin«, »Marketenderin der Kissenschlachten« und »Schlummermutter der Republik seit deren erster Stunde« *(Der Spiegel)*.

Sicher ging es mir wie Millionen. Für mich hatte der Name Beate Uhse schon als Dreizehnjähriger einen aufregenden Klang. Beate Uhse – das stand für die Wunderwelt des »Schweinkrams«.

War es Manne, Ingolf oder war es Pattchen? Es war jedenfalls einer von den sogenannten Großen in unserem Dorf, der sich wichtig machte und eines Tages so einen Beate-Uhse-Katalog zückte. Wir Kleinen mußten betteln, ehe uns Einsicht gewährt wurde. Junge, Junge, dann staunten wir aber. Mein lieber Scholli, was wurde in dem Katalog verheißungsvolles Liebesarsenal angeboten: Pralinen, die angeblich scharf machten. Künstlerische Aktbilder, die uns nicht scharf genug erschienen. Gleitcremes, Kräftigungsmittel und vor allem Präser mit Noppen, Hahnenkämmen und Schnickschnack dran – wenn das nicht scharf war ...

Wer das wohl bestellte in unserem Dorf? Ich stellte mir Post-Peter vor, unseren Briefträger, wenn er mit so einem neutral verpackten Ding aus Flensburg bei Füllgrabes oder Reuper klingelte und mit wissender Miene die Nachnahmegebühr für das »Kaffeepaket aus Flensburg« kassierte.

Es waren damals, Anfang der sechziger Jahre, prüde Zeiten. In den Schlafzimmern war es zappenduster, wenn die Liebe vollzogen wurde. Junggesellen, die im Dorf nicht zum Schuß kamen, mußten nach Braunschweig oder Göttingen in den Puff. Und ehe sie zurück waren, wußten wir schon Bescheid.

Wir, die Heranwachsenden, juxten: »Was für die Kleinen Käthe Kruse, ist für Große Beate Uhse.«

Später klangen die gereimten Erkenntnisse, die kursierten oder Klowände zierten, plakativer:

»Wenn nichts mehr geht,
und nichts mehr steht –
Beate Uhse hilft dem Pimmel
hoch hinauf bis in den Himmel.«

Ein Beispiel, das Wunschdenken und Praxisnähe vereinte:

»Es müssen sich die Weiber legen
schon ihrer schönen Leiber wegen.
Doch vor dem Griff zu ihrer Bluse:
greif lieber zu Beate Uhse!«

Mit meiner ersten festen Freundin verlor ich Beate Uhse aus den Augen. Ihr Liebesangebot, dachte ich, ist nur für Leute, die es nötig haben. Als junger Mann stand ich über den Dingen. Okasa Gold – das war in meinen Augen eine Bankrotterklärung, Potenzmittel schienen mir ebenso überflüssig wie »Glitschi«, die superfeuchte Liebes-Gleitcreme, oder gar eine Seemannsbraut, die als »aufregend eng, prickelnd und zärtlich im Innern, zuckend und vibrierend wie eine echte Muschi« beschrieben wurde. Wozu, wenn man echte Muschis lieber mag – vor allem aber Frauen. Und ich kam nie auf die Idee, meine Freundin in Dessous zu stecken, die »Geile Verführung« hießen oder »Knaller Body«. Ohne war sie mir lieber.

Nö, Beate Uhse, die Flensburger Sex-Oma, hatte mir nichts zu bieten.

Trotzdem war ich immer an ihrem Gewerbe, der Liebes-Industrie, interessiert. Vermutlich ist das fast jeder, auch wenn es die wenigsten zugeben mögen. Natürlich rannte auch ich früher in die Filme von Beate Uhses Kollegen Oswalt Kolle. Wir waren siebzehn, meine Freundin hieß Elke und das Kino »HerzLi« – Herzberger Lichtspiele. Natürlich ging ich später auch ins »Salambo« in Hamburg auf der Reeperbahn. Dort wurde erstmals auf einer Bühne live gebumst. Offiziell wollte ich die Nummer sehen, um mitreden zu können. Aber natürlich wollte ich es einfach auch nur mal sehen.

Was *Twen* und *Konkret, stern* und *Spiegel* schrieben – natürlich las ich ihre erotischen Milieuberichte mit Vergnügen. Und natürlich sträubte ich mich Anfang 1975, inzwischen selbst *stern*-Redakteur, nicht, als mich der reizvolle Auftrag ereilte, die Atmosphäre des ersten Pornokinos in München zu beschreiben. Der Film hieß *Das Meisterstück* und zu den Phall-

Studien wurde ein süßer Rheinhessen gereicht, weil der überwiegende Teil des Eintrittsgeldes (12 Mark) aus Geistigem bestehen mußte – so verlangte es der Gesetzgeber, nachdem der Porno-Paragraph 184 des Strafgesetzbuches liberalisiert war.

Das Pam-Kino (»Papa auf Mama«) in München war damals rammelvoll und gehörte einer Dortmunder Firma namens Bauer KG, die noch 47 weitere Etablissements führte. Beate Uhse hatte das Geschäft mit den Pornofilmen »verschlafen«. Das einzige Mal, daß sie nicht die Nase vorn hatte.

Kaum zu glauben: Ich war nie in einem Sex-Shop.

Jeder sagt das, sagt Beate Uhse. Und wundert sich, woher doch bloß ihre Kundschaft kommt, ihre Millionenschaft von Käufern.

Nicht, weil mir der Besuch in einem Sex-Shop zu waghalsig war. Nicht, daß ich fürchtete, da würde mich einer erkennen. Nein, ich hatte einfach keinen Bock, weil ich dachte, das sei nur was für arme Schweine.

Es war an einem Montagmorgen im März, es pladderte und der Tag begann freudlos. Nach dem Studium der Bundesligatabelle, dem Klatsch in der *Abendzeitung*, fiel mein Blick auf eine Anzeige, in der »für sofort nette Verkäuferinnen« gesucht wurden. »Wenn Verkaufen Ihr Hobby ist und Sie über ein sympathisches Äußeres verfügen, dann sollten Sie sich bei uns bewerben.« Bei Beate Uhse.

Tat ich, weil der Tag fad war und weil ich mir davon eine spannende Geschichte für den *Playboy* versprach.

Schon nach zwei, drei Tagen wundert dich gar nichts mehr. Dann sind fleischfarbene Gummischwänze mittenmang auf dem Frühstückstisch nichts weiter als ein Artikel der Warengruppe 6. Dann betrachtest du einen Pornofilm mit dem schönen Titel *Verlorene Eier* als Bestellnummer 10005, und *Heiße Töchter, scharfe Väter* sind aus der »Exzessivserie mit dem allerhöchsten Härtegrad«. Und wenn Frau Hartmann »Lust-Stöpsel« als ihre Lieblinge bezeichnet, weißt du, Frau Hartmann verkauft die Dinger deshalb am liebsten, weil sie auf ein faires Preis-Leistungs-Verhältnis schwört. Aber anfangs denkst du doch: Donnerwetter, was es nicht alles gibt.

Es fing gleich gut an. Auf dem Weg ins Büro stöhnten mehrere Mädchen. »Ooohhh«. »Aaahhh«. Und »Ooohhjaahh«.

Ulrich Pramann im Beate-Uhse-Shop.

Und dann war sogar die deutliche Aufforderung zu hören: »Los, mach schon, fick mich endlich!« Mir konnte das kaum gelten. Ich kannte ja noch niemanden im Laden. Ich wollte bei Beate Uhse erst anfangen.

Die Mädchenstimmen kamen aus Kabinen, in denen man für eine Mark zwei Minuten lang Video-Voyeur sein kann. Danach muß man nachstecken – oder nichts läuft mehr.

Später, als ich Durchblick hatte, was im Laden und wie der Laden läuft, wußte ich, was die Kunden mit Vorliebe sehen. Im Aufenthaltsraum steht die Schaltzentrale aller Programme. Selten verweilt ein Kunde lange bei einem Fick. Fast alle flitzen durch mehrere Filme und gestalten sich so selbst einen privaten Schnellporno.

Das sieht zum Beispiel so aus: Zwei, die sich um einen Schlappschwanz bemühen. Schauplatzwechsel. Eine Mulattin und einer mit Latte. Schauplatzwechsel. Eine, die von zweien bedient wird. Schauplatzwechsel. Einer, der bedient ist. Schauplatzwechsel. Zwei, die am Pool plauschen. Es wird gespritzt, geleckt, gelegentlich rasiert, telefoniert, wobei die Muschel schon mal in die Muschi gerät. Unterleiber im Überfluß.

»Ich sehe das schon gar nicht mehr, selbst wenn ich hinsehe«, sagte Frau Rossler, die Filialleiterin.

Ich sah die Sache ähnlich. Spätestens am dritten Tag stand meine gewohnte Ordnung kopf, das bislang gültige Koordinatensystem der Moral stimmte nicht mehr. Was ist denn eigentlich normal? Und wer ist eigentlich normal? Was als versaut galt, war vertraut geworden. Und das galt auch umgekehrt. Scheinbar ehrenwerte Bürger offenbarten die Latte ihrer geheimen Lüste. Häufigste Frage: »Haben Sie nichts mit Tieren oder mit Kindern?« Beim erstenmal ließ ich den Kunden angewidert stehen. Bald wunderte mich gar nichts mehr.

Frau Hartmann arbeitete mich ein. Ihre Einführung in diffiziles Neuland absolvierte sie im Schweinsgalopp, weil für sie Artikel wie Steifungssalben, Liebescocktails oder Minimuschis so selbstverständlich geworden sind wie für unsereinen Zahnpasta oder Aspirin.

Warengruppe 6: Hilfsmittel. Die erfahrene Frau Hartmann erteilte mir, dem verdutzten Debütanten, eine Lektion über handelsübliches Liebesarsenal. »Schwarzer Amor«: ein griffiges

Liebesspielzeug, ein hautsympathischer Penis-Ersatz. Und was für einer. »Riesen-Penis-Kraftmacher«: ein Glaskolben, 32 Zentimeter lang, mit Vakuumpumpe, um dem Glied hochzuhelfen. »Pharao-Lustmacher«: mit seitlichem Schnäbler, der für wonnige Zusatzgefühle sorgt. »Hunnengurt«: Sein strammer Sitz kann dem Mann Liebeskraft und Ausdauer geben, die Leidenschaft zügeln oder anspornen. »Japan-Riemen«, »Gazellen-Augen«, »Genuß-Slip« oder »Bobby«, ein Eindringling von 30 Zentimetern – Liebeshilfen, die nicht nur im Laden standen, sondern auch gekauft wurden.

Beide Damen war attraktive Mittzwanzigerinnen, beide bewegten sich selbstbewußt. Die eine der Kundinnen war baff, als sie »Bobby«, den Hammer, in der Hand hielt, geädert, knorrig, hautfarben, mit Gefühlsregler. »Mein lieber Mann«, stöhnte sie, »haben Sie es nicht 'ne Nummer kleiner?«

Die andere Dame bekundete Interesse für das Modell »Vulkan«, dessen Vorzug seine »behaglich durchwärmte Lustzone« ist. Im Klartext: Der Gummipimmel wird »heiß wie ein echter«. Sagte Frau Hartmann, die sich zum Damen-Duo gesellte, mich Lehrling im Gefolge.

»Wir hätten gern was Kleines«, sagte die eine Dame. Nicht zu mir, sondern zu Frau Hartmann. Sie empfahl das »Vibrator-Reise-Set« für die moderne Frau, dessen Hauptsache ein kleiner Silberling (13,5 Zentimer) ist, der unauffällig ins Reisegepäck paßt.

»Dann brauch' ich ja keine Reise mehr machen«, maulte die andere Dame.

Das Verkaufsgespräch zog sich noch ein bißchen hin, ehe sich die eine Dame für den »G-Punkt-Stimulator-Luxus« und die andere für das Modell »Zauberstab« entschied.

Eine fremde Welt? Alltag in einem Beate-Uhse-Shop.

Der alte Mann war gestern schon mal da. Gestern ging er mit der Chinesin heim. Aber heute wollte er sie umtauschen, weil sie zu kleine Brüste hat und weil er viel lieber eine Blondine hätte. Ihm wurde »Candy« schmackhaft gemacht. Die Vorzüge von Candy standen auf der Packung: volle Hüften, pralle Beine, liebender Mund, gierige Vagina. Candy, eine Plastikpuppe, war ein Sparmodell. Luxusmodelle aus Latex kosten bis zu tausend Mark.

Ein Herr war mit seiner »Power Pussy« unzufrieden. Das ist, laut Beschreibung, eine »schmusig-weiche Lustgrotte (17 Zentimeter) für das anspruchsvolle Solovergnügen. Das Innere schwingt, vibriert, kitzelt, stimuliert«. Mittels einer handlichen Luftpumpe wird die Power Pussy für ihre Bestimmung hergerichtet. Der Mann hatte Pech. Pumpe kaputt – Pussy blieb platt.

Das war ich auch: platt. Mit roten Ohren schrieb ich meine deutsche Skizze für den *Playboy*.

Zufällig sorgte letzten Sommer auch ein kurioser Film für Furore: *Als die Liebe laufen lernte* – eine Aufklärungsrolle, ein Zusammenschnitt pikanter Sex-Szenen, die einst an die Schamgrenze stießen, damals, im Jahre 1967.

In jenem Jahr wurde meine Frau Daniela geboren. Sie wollte wissen, wie die Umstände damals waren, als sie auf die Welt kam – und schleppte mich ins Kino. Wir lachten uns schlapp. Wie alle, die dem dozierenden Oswalt Kolle zusahen, der das Wunder der Liebe erläuterte. Der Anschauungsunterricht, damals eine sexuelle Revolution, wirkte in der Rückschau saukomisch und immer noch ungeheuer prüde.

Anderntags schrieb ich Beate Uhse einen Brief und fragte, ob sie Lust hätte, ihr Leben – ein Leben für Lust und Liebe – in einem Buch zu verdichten.

Beate Uhse ist mehr als nur eine geschäftstüchtige Unternehmerin, deren Sex-Imperium (Versandhaus, 23 Beate-Uhse-Läden, 14 Dr. Müller's Filialen, 16 Blue Movie Kinos, Beate-Uhse-Film-Verleih, Beate-Uhse-Video) jährlich mehr als 100 Millionen Mark umsetzt. Sie war immer eine phantasievolle Trendsetterin und mutige Tabubrecherin. Sie war schon eine emanzipierte Frau, die sich in der Männerwelt durchzusetzen verstand, als noch keiner das Wort Emanzipation kannte.

Vor allem aber ist Beate Uhse die beste Kronzeugin einer komplizierten Entwicklung in der Bundesrepublik Deutschland: Sie war von Anfang an daran beteiligt, daß hierzulande die Liebe laufen lernte.

Der Bundestagsabgeordnete Wolfgang Börnsen (CDU) setzte sich in diesem Sommer 1989 sogar dafür ein, Beate Uhse zu ihrem 70. Geburtstag das Bundesverdienstkreuz zu verleihen, weil es ihr gelungen sei, »die Sexualität von Tabus und ihrem anrüchigen illegalen Dasein zu befreien.« Schließlich habe ihre

»vor 40 Jahren begonnene Pionierarbeit« dazu beigetragen, daß die Pornographie 1975 für Erwachsene mit gewissen Einschränkungen freigegeben wurde. MdB Börnsen: »Sexualität in all ihren Spielarten konnte so in unserer Gesellschaft den Stellenwert einnehmen, der ihr zusteht.«

Das mochte auch die vorschlagsberechtigte Kieler Landesregierung nicht bestreiten. Doch letztlich wurde es nichts mit dem Orden, weil das Statut vorschreibt, daß »Verdienste um das eigene Unternehmen eine Auszeichnung in keinem Fall rechtfertigen«.

Erst mit fast allen Behörden über Kreuz und kaum Bundesgenossen – und jetzt fast das Bundesverdienstkreuz.

Ein langer Marsch. Die Wirtschaftswunder-Story der Beate Uhse wird von circa 2000 Strafanzeigen begleitet. Ein wichtiger Meilenstein sollte der Prozeß um *Fanny Hill* werden. Fünf Jahre lang wurde darüber gestritten, ob der Roman um die Hure Fanny, deren Tun über 200 Jahre zurückliegt, ein Kunstwerk ist oder eine unzüchtige Schrift. Der Bundesgerichtshof urteilte am 22. Juli 1969, daß das Werk erotische Literatur sei und als Kunstwerk verfassungsrechtlichen Schutz genießt. Damit wurden neue Maßstäbe gesetzt.

Auch mit der juristischen Auseinandersetzung um Spezialpräservative, die beim Geschlechtsverkehr durch Reizsteigerung oder Reizverlängerung den Orgasmus herbeiführen sollen. Dieser Prozeß um Kondome wurde für Beate Uhse und ihr Metier eine wichtige Etappe.

Das prüde, prüde Klima der fünfziger Jahre, die Zeit, als Beate Uhse ihr »schmutziges Geschäft« zu etablieren versuchte, kommt ganz besonders drastisch in einer Studie des sittenstrengen Staatsanwalts Schilling zum Ausdruck. Lust und Liebe wurden mit Haß und Ignoranz bekämpft.

Trotz alledem: Nur einmal wurde Beate Uhse letztinstanzlich verurteilt. Zu einer Geldstrafe.

Wie alles anfing; wie sie wurde, was sie jetzt ist; wie sie wirklich ist – wie gerne wollte ich mir ihr pralles Leben erzählen lassen. Das schrieb ich ihr.

Beate Uhse fackelte nicht lange. Prompt rief sie an. »Mal sehen, ob wir miteinander können«, sagte sie vieldeutig, »kommen Sie doch einfach nach Flensburg.«

Es war, als machte ich mich nicht zu einer Person auf, sondern als führe ich zu einer Institution.

Wer an Flensburg denkt, denkt an die Verkehrssünderkartei im Kraftfahrt-Bundesamt, vielleicht noch an »den guten Pott« ... und sicher an Beate Uhse.

Unterwegs zu ihr las ich Erbauliches über die alte Stadt an der Förde, die häufig Gegenstand dichterischer Schwärmereien gewesen ist. »Kaum einen schöneren, erquickenderen Anblick giebt es als diesen blauen Meerbusen«, notiert Theodor Storm. Auch auf Wilhelm Raabe, der hier sein Asthma auskurierte, machte besonders der Meerbusen Eindruck.

Alfred Kerr ließ sich von der holden Weiblichkeit da oben im Norden inspirieren: »Manche Mädchen haben gelbes Haar. Alle flüstern. Sollte jemand behaupten, daß die Schleswig-Holsteinerinnen häßlich sind, so wär er ein schändlicher, gemeiner Lügner.«

»Moin, moin«, sagte Beate Uhse.

Sie hatte helles Haar, flüsterte nicht, sondern erfüllte die Großraumwabe, das Hauptquartier ihres Unternehmens, mit ihrer Gegenwart. Eine zierliche Frau, aber keiner kann sie übersehen. Sie kam ihrem Gast mit energischen Schritten entgegen, sie nahm flott die Treppenstufen, die orange ausgelegt waren. Sie trug eine hellblaue Hose, einen wirr gemusterten Pullover und Turnschuhe.

Es war Mitte Januar. Ein paar Tage zuvor war Beate Uhse aus ihrem Domizil in Florida zurückgekommen. Ihr Gesicht war gebräunt, aber Falten ließen helle Spuren.

Sie lächelte, nein, sie strahlte ihren Gast an und in ihrem Gesicht drängten sich nun noch ein paar Fältchen mehr. Sie begrüßte ihren Gast herzlich und zugleich schüchtern und vor allem zupackend. Sie entriß mir meinen Koffer und nichts half: Sie schleppte das schwere Stück hoch in ihr Büro.

Eine Frau von 69 Jahren. Fünf Jahre zuvor hatte sie mit dem Krebs um ihr Leben gekämpft. Ihre zähe Vitalität, ihr enormes Durchhaltevermögen sollte ich von nun an ein ums andere Mal miterleben.

Eine Frau, die nie aufgibt. Eine erfahrene Frau. Ein gelebtes Leben. Eine Frau, die sich ein langes Leben wünscht. »Ich will hundert Jahre werden«, sagt Beate Uhse.

Auf der Treppe, auf dem Weg zu ihrem Büro, sprach sie davon, daß demnächst der Teppich ausgewechselt werden soll. Ein schönes Blau soll drauf. Das Orange hätte zwanzig Jahre gehalten. So also lernte ich sie kennen, die »Liebesdienerin der Nation«, die »Orgas-Muse«, den »Porno-General«.

Später, als wir uns besser kannten, sagte Beate Uhse, sie hätte Herzklopfen gehabt, als wir uns die Hand gaben. »Weiß der Teufel warum – aber es war so.«

Angeblich gibt es zwei Arten von Frauen: Die einen schmükken sich, die anderen zieren sich. Die Unternehmerin Beate Uhse fällt auch in dieser Beziehung aus dem Rahmen. Sie brüstet sich nicht, sie macht kein Gewese um sich. Sie ist freundlich und zugänglich – sie geht auf Menschen zu. Sie ist offenherzig. Das, was die Bayern mit dem Begriff »hinterfotzig« bezeichnen, ist Beate Uhse am allerwenigsten.

Sie wird in ihrer Firma »Die Chefin« genannt und ist als Chef beliebt. Jeder weiß, woran er bei ihr ist.

Sie beschämte mich. Nichts half, ich konnte dieser energischen Frau meinen Koffer nicht abschwatzen, nicht mal entreißen. Sie schleppte ihn durchs Großraumbüro, stellte das schwere Ding in ihrer Wabe ab. Ein geräumiges Büro. Draußen war alles grau in grau. Drinnen freundliche Farben. Und unübersehbar ein gewaltiger goldener Pimmel. Der stand auf ihrem Kleiderschrank, ein Geschenk aus frühen Zeiten.

Ihre langjährige Assistentin, Frau Hill, die früher als Richterin tätig war, brachte Knabberzeug und Kaffee und Beate Uhse begann zu plaudern. Sie sprach von Reuben Rotermund, einem ihrer neun Enkel, den sie an diesem Morgen zum Kindergarten gefahren hatte. Sie sprach von ihrer Trainerstunde mit dem Tennislehrer, die am späten Nachmittag anstand. Und sie sprach davon, daß wir uns erst noch ein wenig beschnüffeln müßten, ehe wir zur Sache kommen sollten.

Abgesehen vom goldenen Phallus auf dem Kleiderschrank deutete nichts darauf hin, daß ich mich in der Lust-Zentrale der Nation aufhielt. Von hier aus hätten auch Gartenmöbel, Versicherungen oder sonstwas verkauft werden können.

Nein, doch nicht. Beate Uhse lud mich in die Kantine ein und links vom Eingang mußte mein Blick auf eine großflächige Ankündigung fallen: »Beverly Hill's Cocks« – Ein Plakat und ein paar Bumsbilder aus einem neuen Beate-Uhse-Video. »Heiße Nymphomaninnen«, hieß es keineswegs übertrieben, »jagen ein Sexmonster. Sex und Crime und Supergirls, ein Videohit mit Superstar Ginger Lynn – Amerikas Hardcorekönigin in einer bombengeilen Rolle.«

Konnte man wohl sagen. Konnte man nämlich sehen auf dem Weg zur Kantine. Es waren keineswegs Lollies, die Ginger lutschte. Und es waren nie nur zwei Leiber, die eindringlich abgelichtet waren.

»Donnerwetter«, bestaunte ich die freizügige Produktkostprobe.

»Heute gibt es Fischfilet«, erwiderte Beate Uhse.

Aha, dachte ich.

»Moin, moin«, grüßte die Chefin am Mittagstisch, und die Sechserrunde grüßte flensbürgerlich zurück. Geschäftsführer Thomsen, ursprünglich Vertreter für »Zentis-Marmelade«, seit 31 Jahren bei Beate Uhse, saß neben Frau Iwersen, die zum fünfköpfigen Vorstand der Beate Uhse Aktiengesellschaft gehört. Einzige Aktionäre: Beate Uhse und ihr Sohn Ulrich Rotermund. Vorstandsmitglied Henning, Chef der Finanzen, sagte unvermittelt: »Es wird erzählt, wir bringen jetzt neue Präser-Packungen auf den Markt. Fünferpacks für Italien, Siebenerpacks für Spanien und Zwölferpacks für Deutschland.«

»Wieso?« fragte ich arglos.

»Die Erfahrung hat gezeigt«, erklärte der blonde Herr Henning, »daß die Italiener jeweils montags, dienstags, mittwochs, donnerstags und freitags einen Präser brauchen. Und Samstag und Sonntag beten sie.«

Siebenerpacks seien für die Spanier ideal, weil die montags, dienstags, mittwochs, donnerstags, freitags, Samstag vormittags und Samstag nachmittags einen Präser brauchen und Sonntag beten.

»Und was ist mit dem deutschen Zwölferpack?« fragte ich.

»Ein Präser für den Januar, ein Präser für den Februar ...«

Wir wieherten. Und widmeten uns dem Rotbarschfilet. Beiläufig erwähnte Herr Thomsen, daß auf die Anzeige in den überregionalen Tageszeitungen 70 Bewerbungen für die leitende Position gekommen seien. Das ist nichts Besonderes. Beate Uhse gilt als seriöser Arbeitgeber.

Beate Uhse
mit Playmate
in Florida.

Wir machten uns an die Arbeit.

Wir pflügten in ihrem Leben. Wir absolvierten unsere Sitzungen in ihrem Büro, in Restaurants, in ihrem Ferienhaus in Fort Myers in Florida, am Beach, in der Küche, am Kamin. Wir unterbrachen unsere Arbeit in ihrem Keller – bei einer Partie Squash. Sie forderte mich fast täglich zum Tennis, und nach dem Tennis hatte sie immer noch nicht genug und forderte mich auf, mit ihr nach Hause zu joggen.

»Wir sind vom selben Schlag«, sagte sie. »Das ist Bombe, das erleichtert die Umgangsform.«

Fest steht: Wir gewöhnten uns rasch aneinander. Beate Uhse behandelte mich wie einen alten Bekannten, und ich hatte keine Probleme, die ältere Dame nach intimen Details zu fragen. Sie löste den anfänglichen Konflikt zwischen Taktgefühl und journalistischer Neugier in mir auf. Mit Beate Uhse, die als die »Größte im Gewerbe des Unaussprechlichen« tituliert wurde, kann man über alles sprechen.

Wäre auch noch schöner, wenn nicht.

Männer sind ihr lieber als Frauen. Sie hatte nie eine Busenfreundin. »Mit Männern kann ich einfach mehr anfangen.«

»Für mich war es immer toll, wenn ich spürte, daß ich begehrt werde. Wenn die Augen eines Mannes leuchteten, wenn er eine Erektion bekam, dann habe ich das immer als wahnsinniges Kompliment empfunden, als Bestätigung, die für eine Frau besser ist als ein Rosenstrauß.«

Beate Uhse und die Männer – ein Kapitel in ihrem Leben, das vielleicht am meisten verblüfft.

Von wegen Lotterleben oder Männerverschleiß. Beate Uhse, in deren Publikationen Seitensprung, Partnertausch und Rudelbums gang und gäbe sind, war ihren jeweiligen Männern immer treu.

Sie schlief nur mit sieben Männern.

Mit einem unfreiwillig. Sie wurde einmal vergewaltigt, von einem Russen. Das war ein Jahr nach Kriegsende.

Drei Männer waren wirklich wichtig in ihrem Leben: Hans-Jürgen Uhse, Ernst-Walter (»Ewe«) Rotermund (der während der Arbeiten an diesem Buch verstarb) und John, der 25 Jahre jünger war als sie und den sie so präsentierte: »John Holland heißt mein schwarzer Freund.«

Mit Hans-Jürgen Uhse war sie fünf Jahre verheiratet, als er im Kriegsjahr 1944 abgeschossen wurde. Von Ewe wurde sie nach 23 Jahren geschieden. Mit John, ihrem schwarzen Amerikaner, war sie neun Jahre liiert.

Mit Hans Bosch, einem Flieger, war Beate Uhse ein halbes Jahr zusammen. Eine enge Kriegsbeziehung. Bei einem Angriff auf russische Panzer wurde auch er abgeschossen. Dann war da noch ein Fernfahrerfreund – aus der Zeit, als sie nach Kriegsende ihre Verwandten suchte.

Seit einem Jahr spürt Beate Uhse wieder Lust auf einen Partner, mit dem sie ständig leben möchte. Vor fünf Jahren, nach ihrer komplizierten Krebsoperation, war dieser Wunsch völlig abstrus gewesen. Sie kämpfte um ihr Leben, und in diesem bißchen Leben, das ihr geblieben war, wollte sie für sich selbst bleiben, sich total auf ihr Dasein konzentrieren.

In ihrem Haus in Glücksburg, wo sie sich vor zehn Jahren angesiedelt hat, blieb bloß Platz für Frau Lay, die Haushälterin, und für Miezi, die gestromte Katze. Sohn Ulli lebt mit seiner Familie auf demselben Grundstück an der Förde, in einer Villa nebenan.

Die neue Lust aufs Leben und auf eine späte Liebe ist nicht leicht für eine wie Beate Uhse. »Deutsche Männer wissen zuviel von Beate Uhse. Sie finden es toll mit mir, sie trinken mit mir Whisky, aber wenn es ernst wird, gehen die Seelenschotten runter. Sie glauben, weil ich die Sex-Tante bin, erwarte ich von Männern verrückte Sex-Varianten wie den vorwärts gehockten, dreifachen Bocksprung. Fast alle ziehen sich abrupt zurück, weil ich Beate Uhse bin.«

Soll sich die »Liebesdienerin der Nation« etwa an ein Partnerschaftsinstitut wenden?

»Was wäre denn wohl ideal für meine Altersklasse? Ein 86jähriger Marathonläufer?« Nein, Beate Uhse sucht nicht auf Teufel komm heraus einen Mann fürs Herz. Aber eine Partnerschaft, sagt die bald Siebzigjährige, wäre schön.

»Eine Partnerschaft ist aber immer nur gut, wenn sie richtig gut ist. Sonst kann sie die Hölle sein.«

Ein Mann wie Kuddel zum Bespiel. Kuddel geht in Beate Uhses Haus seit vielen Jahren ein und aus. Ein großgewachsener, gutaussehender Mann – ihr Gärtner. Wäre es nicht wunderbar für Beate Uhses Image, wenn sie mit Kuddel dann und wann in den Büschen verschwinden würde? Statt dessen wühlt sie mit Kuddel in den Beeten, macht Hilfsarbeiten und Oberaufsicht im Garten, ihrer liebsten Spielwiese.

Von wegen Lotterleben und Lustikus. Beate Uhse, die mit ihren erotischen Hilfsmitteln Abwechslung in die sexuelle Hausmannskost bringen möchte, war selbst immer eher häuslich, hausfraulich und haushältig.

Ihr Haus ist Heim und Welt.

Jedes Jahr im April, wenn die Produktion ihres neuen Beate-Uhse-Katalogs ihren Höhepunkt erreicht, räumt sie freiwillig ihre Villa. Die wird dann Fotoatelier. Das ist billiger als jedes Studio, außerdem eignet sich das Uhsesche Ambiente für schwüle Schüsse. Sie zieht also ins Hotel »Intermar«, und fünf Modelle ziehen sich aus, um in Po-Slips, Strapse und BHs zu schlüpfen, die auf der folgenden Produktkonferenz auf Namen wie »Titten-Teddy«, »Scharfmacher-String« oder »Halbnackte Wollust« getauft werden.

Wir besichtigten Beate Uhses Haus zunächst von oben. Es war ein klarer Morgen, Traumsicht, und Beate Uhse überraschte mich im Hotel. »Ich hole Sie«, sagte sie durchs Telefon, und zwanzig Minuten später stand sie mit ihrem Mercedes 500 SE parat. Wir huschten zum Flensburger Flughafen Schäferhaus und kletterten in eine Cessna von jenem Typ, mit der Mathias Rust auf dem Roten Platz gelandet ist. Die firmeneigene Piper Malibu blieb im Hangar. Beate Uhse kontrollierte die Latte, wie sich das gehört, vollzog einen Bodencheck und wir rollten über das Gras. Wir flogen über die Förde, bestaunten von oben das Glücksburger Schloß, Butterdampfer, die nach Dänemark unterwegs waren, und dann ihr Anwesen nahe dem Leuchtturm. Zehntausend Quadratmeter in schönster Lage.

Manchmal fliegt Beate Uhse mit ihrer Haushälterin zum Kaffeetrinken nach Sylt oder Wyk auf Föhr. Wir drehten über der Nordsee ab. Schließlich lenkte die Pilotin meine Aufmerksamkeit auf einen kleinen Fleck da unten: Leck. Der Flugplatz, auf dem sie am 30. April 1945 landete. Das glückliche Ende einer gefährlichen Flucht aus dem eingekesselten Berlin.

Beate Uhse sagte kein einziges Wort. Aber ich ahnte, welcher Film sich jetzt in ihrem Kopf abspulte. Sicher sah sie sich, die junge Kriegswitwe, da unten mit ihrem kleinen Sohn Klaus. Kein Beruf, kein Geld, keine Perspektive – nur Kohldampf und Lebenswillen.

Leck – Braderup – Flensburg. Die Stationen ihres Aufstiegs. Vierundvierzig Jahre, die wir jetzt in wenigen Minuten abflogen.

Beate Uhses Lebenstraum war immer faßbar. Sie schuftete vor allem, weil ihr Lebenstraum in einem großen Haus am Wasser, mit einem großen Garten drum herum enden sollte. Dieses Haus hat sie gebaut.

Jedes Haus verrät geheime Wünsche seines Bewohners und offenbart Wohlstand, Lebensart und Seelenkammern.

Vor zehn Jahren war ihr Grundstück an der Flensburger Förde noch ein Gerstenfeld, auf das ein Baulöwe Anwesen für Leute wie Stoltenberg, Kai-Uwe von Hassel und lokale Spitzenpolitiker bauen wollte, um sie für seine Geschäfte zu gewinnen. Doch der Baulöwe ging pleite, der Bauskandal flog auf, und das Grundstück wurde Konkursmasse, die Beate Uhse günstig kaufen konnte – für eine Million Mark. Für sich und ihren Sohn Ulli stellte sie zwei Villen hin. 300 Quadratmeter Wohnlandschaft. Viel Holz, viel Glas, kaum Wände – Architektur, die sie in Florida schätzen lernte.

Rechts neben der blauen Eingangstür nagelte Beate Uhse eine kolorierte Kupferstich-Reproduktion hin. Sie zeigt einen Ahnherrn derer von Köstlin, ihrer Familie väterlicherseits. Der Stammbaum reicht bis ins 15. Jahrhundert zurück. Stolz schenkte sie ihrem Sohn Ulli auch so einen Stich. Aber der hat ihn nur ins Klo gehängt.

Beate Uhse zog sich hinter eine hohe Rosenhecke zurück. Die schützt einerseits die Privatsphäre. Andererseits stimuliert sie aber auch die Phantasie anderer. Jedesmal, wenn ein Fernsehteam bei ihr zum Interview anrückt, spekulierten Anrainer und Neugierige natürlich: »Jetzt drehen die bei der Uhse bestimmt wieder einen Pornofilm.«

Von wegen Lotterleben und Pornogräfin. Beate Uhse, die ihr erotisches Sortiment mittlerweile auf rund 6 000 Artikel erweitern konnte, hat nichts davon daheim. Sie nimmt keine Probepackungen, keine Ansichtsexemplare, keine Lustmacher mit nach Hause.

Gewiß, in der Firma sieht sie sich die neuen Pornofilme an. Dessous nutzt sie sparsam und nach erotischer Lektüre fahndet man in ihren Bücherregalen vergeblich. Da stehen zwar ein paar Henry Millers herum, *Sexus* und der *Wendekreis des Krebses.* Sonst dominieren Schwarten aus der Wirtschaftswelt.

»Wer in einer Konditorei arbeitet«, erklärte Beate Uhse ihrem Besucher, »der nimmt sich auch ganz selten noch 'ne Torte mit nach Hause. Und wenn, dann nur eine, die ihm ganz besonders schmeckt.«

Verraten wir es ruhig: Im Schlafzimmer bewahrt sie einen Vibrator auf.

Wir hätten über ihre Interessen und Vorlieben nicht lange plaudern müssen. Sie lagen gesammelt und in halber Höhe neben dem großen Eßtisch, der zwölf Gästen Platz bietet, auf dem Fußboden. Zeitschriftenstapel. Gelbe Selbstklebe-Merkzettel – Beate Uhse-Fimmel – markierten Themen, die gegenwärtig besondere Aufmerksamkeit fanden.

Links lag *essen & trinken;* Pfannkuchen und Rote Beete, Schoten und Ingwer-Entenbrust waren vorgemerkt. Daneben ein Stapel *Schöner Wohnen.* Daneben das *Golf Magazin* (Merkzettel pappten an Berichten über die Score Cards, Noppen-Schuhe, Golf am Bodensee und auf der Hawaii-Insel Maui). Daneben *Sports* (Merkzettel bei Marathon-Training). Daneben *Holiday* (Traumstrände, Karibik). Rechts schließlich eine Sondernummer des *stern,* in der Beate Uhse zum 40jährigen Jubiläum der Bundesrepublik als eine jener Frauen gefeiert wurde, die sich und die Republik bewegt haben.

Die Nummer von *Kraut & Rüben* (»Das Magazin für biologisches Gärtnern«) lagen, wo sie hingehörten: in der Küche.

Alles an seinem Platz. Ordnung muß sein. Die Ordnung geht bei Beate Uhse sogar soweit, daß sie Fotos in Kuverts ablegt und beschriftet. Eine Tüte Farbbilder mit Qualitätsgarantie trug den Vermerk: »Ewe Haus zerkloppt.« In einem Wahn eifersüchtiger Zerstörungswut hatte Ewe, ihr zweiter Ehemann, den gemeinsamen Hausstand, vor allem die Küche, zerstört und überall mit Honig gewütet.

Auf ihrem Schreibtisch stapeln sich Versandhauskataloge fremder Branchen: Schoepflin, Rainbow, Heine, Alba. Beate Uhse kauft Hosen und Blusen beispielsweise gerne bei der

Quelle-Tochter »Madeleine«. Das spart Zeit. Und, was noch wichtiger ist, bei den anderen Versendern kann sie mitunter ansprechende Formulierungen aufschnappen und kontrollieren, mit welchen Entschuldigungen die arbeiten, wenn mal was nicht klappt.

Wir saßen an ihrer Küchenbar, wir hatten abends Spaß, wenn die Sonne in der Förde unterging, wir plauderten am Kamin und auf der Terrasse. Die Erinnerungen strengten Beate Uhse an. Manchmal verschwand sie im Garten, nicht im Bett, um sich von der Erschöpfung zu erholen. Im Garten verzog sie Rote Beete oder hackte das Erbsenbeet.

Ihre Hügelbeete für biologisch-dynamische Anbauweise betrachtete sie mit ähnlicher Hingabe und Leidenschaft, wie sie ihre Geschäfte mit Lust und Liebe betreibt.

Diesmal waren die Frühzwiebeln besonders früh erntereif geworden und auch besonders herzhaft geraten. Da hüpfte das Herz von Beate Uhse. Sie war happy, weil sogar Kuddel, ihr Gärtner, staunte.

Wir saßen beim Wein, wir saßen bei Milch, wir saßen bei Entenbrust mit Ingwer. Wir saßen wieder einmal bei Bratkartoffeln, als wir das aktuelle *Beate Uhse Journal* durchblätterten, »Die neue Erotik-Dimension«, wie sie ihren Katalog, der in Millionen-Auflage unter die Leute kommt, nannte.

Wir blätterten, wir betrachteten die Produkte, wir sprachen über Stückzahlen und Marktchancen – und ohne daß Beate Uhse es wollte, lieferte sie eine Bestandsaufnahme der Vorlieben im deutschen Liebesleben.

»Pisten-Queen« geht gegenwärtig gut. »Ein vielseitiges Teil aus dem Dessous-Sortiment. Tanga ouvert. Farbe: Rot/Schwarz.«

Männer-Slips sind gefragt. Zum Beispiel »Leopard-String«. Oder, »für Männer mit Stoßkraft«, der »Elefanten-Bulle«. Oder, »mit Wachstums-Garantie«, der »Bananen-String«. Neckische Verkleidungen für das beste Stück des Mannes.

»Intim-Höschen« sind gefragt. »Angearbeitet am Slip befindet sich ein nach innen gerichteter Penis (12 cm lang). Bei jeder Bewegung, jeder Körperdrehung, jedem Schritt versetzt der Penis Ihren gesamten Vagina-Bereich in Lust und Entzücken.«

Gelbe Ekstase-Kissen gehen überraschend gut, obwohl jeder

Kopfkissen im Bett hat. »Federleicht und luftgefüllt. Alle Bewegungen und Liebesstöße federn vielfach verstärkt zurück. Der Sex ist plötzlich ganz anders ... Herrlich!«

Aha. Drum.

Klitorisverstärker gehen gut. »Ladys Lustring. Ein softer Liebesdorn, viele Kitzlernoppen und zwei gepolsterte Vagina-Reizer.« »Japan-Riemen. Sitzt eng auf dem Glied. Schon beim ersten Kontakt ist die Frau begeistert. Sie erlebt exotische Lustgefühle bis hin zum stürmischen Höhepunkt.«

Anus-Glück, Anus-Freund, Anus-Explorer gehen gut. »Analsex gehört schon seit vielen Jahren dazu – eine Eigen- oder Spielart des Sex, die mittlerweile 46 Prozent aller Paare schon einmal oder viele Male ausprobiert haben.«

Qualifizierte Vibratoren aus hautsympathischem Material gehen sehr gut. Favorit unter den elektrischen Ehemännern: »Golden Jumbo. 24 Zentimeter lang, vier Zentimeter Durchmesser. Mit attraktiver Goldlook-Spitze und schwarz genarbtem Schaft. Starke Vibration, fein einstellbar mit dem Gefühls-Regulator.«

Lustreiche Stellungen gehen ausgesprochen gut. »60 knakkige junge Paare zeigen Ihnen die tollsten Liebespositionen. Orgasmus inklusive! 70 aufwühlende Fotos. Zum Beispiel von der Kamelhocker-Stellung. Oder die Lust-Schaukel-Position.«

Spezialbücher sind gefragt. Über Masturbation, Liebe zu dritt oder *Dicke Titten*.

Puppen sind überraschend gefragt. »Süß und anschmiegsam sind die wertvollen, lebensechten Gespielinnen. Ein Spaß für anspruchsvolle Männer.«

Lolita kostet 590 Mark. »Lolita ist gelenkig und aus hautsympathischem Schmuse-Material. Größe: ca. 160 cm. Drei Öffnungen. Alle lassen sich mittels Pneumatik und Vibro-Stab in Stimulations-Bereiche verwandeln.«

Spanische Fliege geht immer noch gut. »Schon im Altertum galt die Spanische Fliege als zuverlässiges Anregungsmittel, das besonders junge Frauen in Leidenschaft und Glut brachte. Ein Produkt aus dem Ölkäfer, der getrocknet und pulverisiert wird. Kann unauffällig allen Getränken beigemischt werden. Steigert rasch das Liebesverlangen.«

Lack und Leder sind ein neuer Trend. »Mistress Domina.

Lack-Body ouvert mit Glitzernieten. Unterteil wegklappbar.« »Angreif-Body«. »Strangulina«. »Heavy Action-Set«. »Für tierisch-geile Sex-Action. Echt Leder! Büstenhebe und Strapse zum Schnüren. Zu sauberen Einsteiger-Preisen!«

Bei ihren weiblichen Mitarbeitern in der Firma gehen zwei Produkte ganz besonders gut. »Glitschi«, die Gleitcreme, und »Flutschi«, ein geleeartiges Liebesgleitmittel. Viele Angestellte kaufen es zum Eigenbedarf zum Einkaufspreis – weil es sich wunderbar als Handcreme eignet.

Beate Uhse benutzt »Glitschi« übrigens auch.

Beate Uhse denkt praktisch und selten schlüpfrig.

So ist sie.

Wie sie wurde, was sie ist – wie sie zur »Liebesdienerin der Nation«, zur »Sexpertin«, zur erfolgreichsten Unternehmerin der Lust wurde – das ist einen lange Geschichte.

»Wenn man etwas wirklich will, schafft man es auch.«

Kindheit · Elternhaus

Zum Glück war damals gerade mein Vater daheim. Sonst hätte ich meine Geburt sicher nicht überlebt.

Mein Vater hieß Otto. Aber Otto nannte meine Mutter meinen Vater nur, wenn sie alleine waren. Vor Fremden, vor ihren Angestellten, vor dem Gesinde sagte meine Mutter stets »Köstlin« zu ihm – das war unser Familienname.

An diesem heiteren Herbsttag sagte meine Mutter etwas gequält: »Köstlin, Karper muß anspannen. Wir müssen die Hebamme holen.«

Die Hebamme wohnte in Cranz. Normalerweise hätte Karper, unser Kutscher, für die drei Kilometer nach Cranz und zu unserem Gut zurück, eine gute Stunde gebraucht. Aber ausgerechnet an diesem 25. Oktober 1919 verspätete sich Karper erheblich. Er mußte in Cranz herumkutschieren, er mußte die Hebamme suchen, weil sie nicht zu Hause war, er tat sicher sein Bestes – aber Karper kam und kam nicht.

Aber ich, ich kam inzwischen. Ich kam total blau auf die Welt. Meine Mutter erklärte mir später, daß ich bereits als Ungeborenes außerordentlich lebhaft war. Wie eine Wilde hätte ich mich in ihrem Bauch getummelt. Dabei hatte sich die Nabelschnur um meinen Hals gewickelt, gleich dreifach. Zum Glück bemerkte Vater das Malheur sofort. Als Landwirt war er es gewohnt, Kälbern und Füllen auf die Welt zu helfen. Er schaltete schnell und half meiner Mutter; er bekam seine Hände irgendwie zwischen uns und holte mich aus ihrem Schoß.

Schließlich kam auch Karper mit der Hebamme. Die nabelte mich ab, klopfte meinem Vater auf die Schulter und sprach: »Das haben Sie gut gemacht.«

Es stand auf der Kippe mit mir, aber es war gutgegangen. Nun war ich da.

Ihr drittes Kind. Mein großer Bruder Ulrich war schon zwölf. Elisabeth, die alle Etti nannten, war zehn, als ich in Gestalt eines blauen Wunders dazustieß. Für meine Eltern war ich gewiß ein besonderes Kind. Nicht nur, weil ich noch wochenlang nach meiner Geburt lila Fußsohlen hatte, die offensichtlichen Rückbleibsel meiner knapp überstandenen Strangulation. Nicht nur, weil ich ihr erstes Kind war, das auf ihrer neuen, eigenen Scholle in Ostpreußen auf die Welt kam. Ich war ein besonderes Kind, weil es Eltern mit ihren jüngsten Nachkömmlingen fast immer besonders leicht haben und eine besonders dankbare Beziehung zu ihnen entwickeln.

Beim ersten Kind soll alles perfekt geraten, keinem wird so viel Mühe, Liebe und Zeit gewidmet, von keinem gibt es so viele Fotos wie vom ersten Kind. Doch Eltern, die in ihrem Beruf als Vater und Mutter ja auch neu sind, sind manchmal auch unsicher und ungerecht, ratlos oder verzweifelt – wenn ihr Kind plötzlich spuckt oder lügt oder zum tausendsten Male den gleichen Blödsinn macht.

Meine Eltern hatten reichlich Gelegenheit, solche Erfahrungen zu sammeln, mit Ulrich und Etti. Deswegen war ich begünstigt. Sie waren gelassen geworden, sie ließen sich nicht mehr verrückt machen und mich ziemlich wild aufwachsen. Einfach so. Sie ließen mich gewähren. Man behütete mich nicht streng, man kümmerte sich nicht sonderlich um mich. Aber mir fehlte nichts. Sie waren ja alle immer in der Nähe. Ich lebte in einem Kinderparadies.

Mit Hühnern und Hunden tummelte ich auf dem Hof herum. Es war Schuft, durch dessen Hilfe ich laufen lernte. Schuft war unser Jagdhund. An seinen Hinterbeinen hielt ich mich fest, als ich mich erstmals aufzurichten versuchte. Schuft hielt ganz still, machte sich ganz steif. Ich zog mich hoch und trippelte ein paar Schrittchen und ehe ich hinplumpsen konnte, stand Schuft schon wieder bei mir, als zuverlässige Stütze.

Mein Vater war die andere, die wichtigste Stütze in meinem Leben. Er war wie ein Bär und ich liebte ihn sehr. Ich liebte ihn nicht im erotischen Sinne, aber meine Liebe kam dem irgendwie nahe. Mein ganzes Leben lang liebte ich Männer, die so

Meine Eltern, Otto und Margarete Köstlin, am Ostseestrand in der Nähe unseres Gutes Wargenau (1937).

waren wie mein Vater. Er gab mir unendliche Geborgenheit und Sicherheit. Wenn ich auf seinem Schoß sitzen konnte, fühlte ich mich wie in einem warmen Nest auf einem schönen Schloß. Nichts gefiel mir besser, als mit ihm zu schmusen. Noch heute ist mir sein persönliches Aroma in Erinnerung. Er roch so, wie ein Landmann riecht, der viel reitet, der gerne Zigarren raucht, der aber immer auf sich achtet.

Mein Vater war eine heitere Natur. Seine Statur würde man heute dick nennen, aber damals waren Männer eben dick. Er war beleibt und er war beliebt bei seinen Leuten. Auch wenn die ihn häufig nicht verstehen konnten. Denn auch in seiner neuen Heimat Ostpreußen blieb er seiner Muttersprache treu – der schwäbischen Mundart. Vor allem aber war mein Vater ein begnadeter Landwirt. Er tüftelte und experimentierte und heraus kamen ergiebige Züchtungen, die später seinen Namen trugen: zum Beispiel Köstlins rotgranige Sommergerste. »In Kreisen der ostpreußischen Landwirtschaft erfreut er sich als vorbildlicher Landwirt, insbesondere als Ackerwirt, einer hohen Wertschätzung«, pries ihn die *Deutsche Landwirtschaftliche Presse.* »Als Züchter der Köstlinschen Pferdebohne, verschiedener Gersten- und Gräserzüchtungen und einer Rübensorte hat er sich Anerkennung und Verdienst erworben.«

Mein Vater, dieser bodenständige Mann, der großzügig und optimistisch war und Perfektion anstrebte, er hat mich geprägt. Meine Mutter beeinflußte mich auf andere Weise. Auch sie wurde ein Vorbild für mich – durch ihr Beispiel. Sie war fleißig, fast auf beängstigende Weise fleißig. Meist war meine Mutter ernst und vernünftig. Sie war scharfsinnig, und nach außen wirkte sie kühl. Aber sie war eine liebevolle Person. Mit diplomatischem Geschick verwandelte sie einfache Landpomeranzen in perfekte Hausmädchen. Zu uns Kindern war sie herzlich und nahm sich Zeit, immer wenn es gerade nötig war.

Mein Vater neigte zu Depressionen. Ich habe ihn nie weinen sehen; aber ich kann mir vorstellen, daß er vielleicht geweint hat, wenn wieder einmal ein fabelhaft stehendes Feld von einem Gewitterregen verwüstet worden war und tausend Zentner Weizen platt am Boden lagen. In solchen Momenten sagte meine Mutter zunächst nichts. Sie kochte meinem Vater eine Tasse Kaffee, stellte ihm das Luxusgetränk, das es sonst nur sonntags gab, hin, streichelte seine Hände und tröstete ihn.

Sie war eine starke Frau, eine selbständige Frau in einer Zeit, in der Frauen gemeinhin noch wenig galten. Im Königsberger Adreßbuch fand sich damals vor dem alphabetischen Namensverzeichnis noch folgende Erläuterung: »Die Adressen je eines und desselben Namens sind möglichst derart geordnet, daß Beamte und Militärpersonen zuerst aufgeführt sind, hierauf folgen die übrigen Stände nach dem Alphabet derselben, sodann Faktoren, Kutscher und Arbeiter und endlich bilden Witwen und unverheiratete Damen den Schluß.«

Meine Mutter war schon emanzipiert, ehe es das Wort gab. Sie machte zu Geld, was mein Vater auf dem Feld erzeugte. Sie bot die Ernte an, handelte, verkaufte bei den Kommissionären in Königsberg, sie erledigte die Buchführung, sie schrieb in Sütterlinschrift alle Abrechnungen für unsere Landarbeiter, sie verwaltete das Deputat jener 23 Familien, die als Knechte und Mägde für meinen Vater arbeiteten. Sie wohnten im sogenannten Dorf, fünfzig Meter von unserem Gutshaus entfernt. Schließlich schmiß meine Mutter noch den Haushalt.

Wir waren immerhin 18 Personen am Tisch. Wir fünf Familienmitglieder; dazu ein Inspektor, im Sommer zwei; Frau Schulze, die Wirtschafterin; zwei Hausmädchen, drei Küchenmädchen, Helferinnen, Milchkontrolleure, Handwerker, Monteure, die, während sie Reparaturarbeiten zu leisten hatten, in einem der vierzig Zimmer unseres Gutshauses wohnten.

Es war ein großes, uraltes, häßliches, aber praktisches Haus, unser Gutshaus Wargenau. Ein ehemaliges Rittergut mit 1800 Morgen Land – also ganz schön groß. Es war leichter, fruchtbarer Boden, der gute Kartoffeln und Rüben, Roggen und Gerste, Hafer und Weizen abwarf. Um die Ernte einbringen zu können, mußte mein Vater acht Gespanne halten – 32 Pferde. Auf unserem Grünland standen 110 Kühe. Ihre Milch landete in der Bledauer Landwirtschaftsmeierei und vom Milchgeld konnte meine Mutter fast sämtliche Ausgaben bestreiten – Gehälter, Kleinkram wie Nägel oder Bretter. Rotkäppchen, unsere beste Holsteiner Schwarzbunte, gab täglich bis zu 48 Liter Milch.

Mein Vater hatte Wargenau im Kriegsjahr 1917 gekauft. Er hatte lange nach einem passenden Objekt gesucht. Wargenau war erschwinglich, weil es weit weg vom Schuß lag – Ostpreußen war ziemlich aus der Welt.

Mein Vater stammte aus Ochsenhausen im Württembergischen. Der Stammbaum seiner Familie, der Köstlins, reicht fünfhundert Jahre zurück. Viele seiner Vorfahren waren Juristen, noch mehr Pastoren. Nur sein Vater wurde Landwirt – und Vater von acht Kindern, sieben Jungen und ein Mädchen. Sohn Otto, mein Vater also, wollte auch Landwirt werden. Sein Pech: Der Hof in Ochsenhausen stand selbstverständlich dem ältesten Sohn zu – und Otto war der drittjüngste. Er studierte dann trotzdem Landwirtschaft, wurde landwirtschaftlicher Assistent und schließlich Pächter verschiedener Betriebe. Zuletzt in Quarnbeek bei Kiel. 1917 meldete der Eigner, Graf von Miehlberg, Eigenbedarf an. So beschlossen mein Vater und meine Mutter, sich endlich nach einem eigenen Gutshof umzusehen.

Damals arbeitete meine Mutter, obwohl sie bereits zwei Kinder hatte, nämlich Ulrich und Etti, im nahen Kiel – als Kinderärztin. Das war ein Status, den sie sich schwer erkämpft hatte. Abitur war für Mädchen im Kaiserreich prinzipiell noch nicht möglich. So wechselte sie in eine Jungenklasse. Das war eine Pionierleistung. Mit fünf anderen Mädchen setzte sie die Zulassung zum Medizinstudium durch – noch eine Pionierleistung. Bei der ersten Vorlesung in Heidelberg moserte ein Professor: »Wenn diese Langhaarigen in ihren langen Röcken nicht den Saal verlassen, lese ich nicht.« Sie ließen sich nicht abweisen.

Meine Mutter stammte aus einer wohlhabenden Familie in Berlin. Der Vater meiner Mutter war Brauereibesitzer. Er starb, als sie zehn Jahre alt war. Aber ihre Mutter führte den Betrieb mit großem Elan, Eifer und Erfolg weiter und konnte jedem ihrer drei Kinder ein Haus vererben. Das Mietshaus in der Berliner Kleiststraße sollte später das Startkapital für den Gutshof in Wargenau werden.

Meine Großmutter machte meiner Mutter vor, was meine Mutter wiederum mir vorlebte: Auf die Dauer hilft nur Power.

Meine Mutter stand kurz vor ihrem abschließenden Staatsexamen, als sich das seltsame Paar zusammenfand – sie, die gutsituierte Bürgerstochter aus Berlin, und er, der mittellose Bauer aus Ochsenhausen, der außer seinem schönen Namen Otto und seinem astreinen Schwäbisch wenig vorzuweisen hatte. Er fand sie natürlich toll. Sie hatte anfangs keinen so überwältigenden Eindruck von ihm, sondern bloß ihr Examen im Kopf. Aber Otto ließ nicht locker, fand immer wieder einen Vorwand, in Berlin aufzutauchen, und hielt irgendwann um ihre Hand an.

»Ich muß«, sagte meine Mutter Margarete, »erst das Studium beenden und vor allem mit Mutter sprechen.«

Das besorgte er. Er schmiß sich in einen schicken Anzug und sprach bei der Mutter seiner Angebeteten vor.

»Lieber junger Mann«, sorgte sich jene, »können Sie denn überhaupt eine Frau ernähren?« Man saß auf dem Kanapee, nippte am Sherry und tauschte Höflichkeiten aus. »Sie müssen verstehen, Herr Köstlin«, sagte die Mutter meiner Mutter, »daß meine Tochter ihre Ausbildung zunächst beenden wird – nach allem, was wir jetzt schon investiert haben.«

Das verstand Otto. Drei Monate später bestand seine Traumfrau ihr Examen und wurde von Muttern dafür mit einer Reise an den Nil belohnt. Otto sah schon seine Felle wegschwimmen, als die beiden Weiber ihre Reise in die große Welt starteten. Er wußte, die fahren zunächst mit dem Schlafwagen nach Rom. Er fuhr, vierter Klasse, im selben Zug mit und stand, als die Damen morgens ausgeschlafen und gepflegt dem Abteil entstiegen, plötzlich vor ihnen – mit einem verschwenderischen Blumenstrauß, jedenfalls für seine Verhältnisse. Er gratulierte seiner Angebeteten zum Examen, begrüßte die Mutter und bat sie, nachdem doch nun alles in Butter sei, um ihre Zustimmung.

Die gab sie. Sie war total beeindruckt. Das wär' ich aber auch gewesen.

Sie küßten sich, die Damen fuhren gen Ägypten, Otto Richtung Ochsenhausen. Ein paar Monate später wurde geheiratet. Unter einer Bedingung allerdings: Die junge Ehefrau hatte sich ausgebeten, ihren Beruf als Kinderärztin auch ausüben zu dürfen.

So geschah es.

Ein gutes Jahr nach dem Happy-End kam bereits Ulrich auf die Welt, mein großer Bruder. Zwei Jahre später, 1909, wurde Etti geboren. Und noch einmal zehn Jahre später, als mein Vater den Krieg, einen Steckschuß im Bein, das Lazarett und die Kriegsgefangenschaft überlebt hatte, als er auch nach Kriegsende noch fern der Heimat sein mußte, weil er in Berlin, Halle und anderswo Nachschubexperte für Agrarprodukte zu sein hatte und als er an diesem heiteren Herbsttag des 25. Oktobers 1919 zufällig auf seinem Gut Wargenau war – da kam ich zur Welt. Ziemlich blau angelaufen zunächst, aber kerngesund.

Meine Mutter behauptete, ich hätte sie einmal gerettet, da war ich gerade ein paar Monate alt. Es war, als die »Roten Matrosen«, marodierende Horden kommandoloser Kommunisten, die der Krieg ausgespuckt hatte, Rußland verließen und Ostpreußen unsicher machten. Die schwärmten über die Grenzen, machten Beute, wo immer es Beute zu machen gab, vergewaltigten, raubten, mordeten. Plötzlich standen drei dieser Desperados in der Küchentür des Gutshauses in Wargenau. Hilfe von Männern war nicht zu erwarten: Es gab damals keine Männer in Wargenau. Meine Mutter war mit mir allein, als das finstere Trio mit Gewehren fuchtelte, um mit allem Nachdruck Fressalien, Schmuck und was sonst noch alles zu fordern. »Seid ihr verrückt«, herrschte meine Mutter, die eine kleine Frau war, die drei an. »Seht ihr denn nicht, daß das Kind trinken will?«

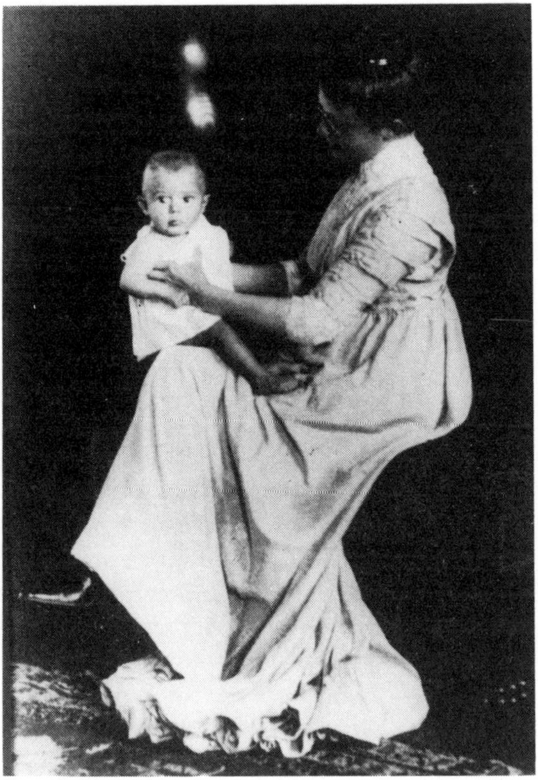

Meine Mutter und ich (1920).

Sie sahen mich auf Mutters Arm an Mutters Brust – ein Urbild der Mütterlichkeit, das diese russischen Männer zur Besinnung brachte. Sie ließen sich von meiner Mutter besänftigen, gaben sich mit Verpflegung zufrieden und zogen ab, ehe sie sich auf Schlimmeres besinnen konnten.

Kurz vor meinem zweiten Geburtstag war mein Vater wieder ganz bei uns. Ich wuchs zu einem wilden Hummeltier heran. Unser Gut war gewiß der beste Spielplatz der Welt. Ich konnte alles unternehmen, wozu ich Lust hatte, und durfte meine kleine große Welt auf meine Weise erfassen, erkunden, erobern. Ich konnte mit Schuft, unserem Jagdhund, herumtollen; ich durfte durch die Küche tapsen; ich kroch zu den Kühen in die Ställe; ich lag im Gras, und ich lag im Heu, und nie war einer da, der mich wegscheuchte oder mich mit Verboten malträtierte.

Mein Elternhaus: Gutshaus Wargenau bei Cranz/Ostpreußen (Aufnahme von 1895).

Als ich drei Jahre alt war, erweiterte sich meine Welt ganz gewaltig: Mein Vater brachte mir das Reiten bei. Er sagte im Beisein meiner Mutter: »Die Kleine kann das, die setz' ich jetzt auf Manka.« Manka war Mutters Pferd. Mein Vater hatte ihr den Araber-Trakehner-Schimmel zum Hochzeitstag geschenkt. Manka war ein zierliches Damenpferd und lammfromm. Aber Mutter jammerte, als mein Vater mich auf Manka setzen wollte: »Unsere Attei ist doch viel zu klein. Wenn sie fällt ...«

»Die fällt nicht«, schnauzte mein Vater, »die hat sich gefälligst festzuhalten.«

Dann zeigte er mir, wie man auf Manka sitzen muß, wo man sich festhalten muß – und hob mich auf das große Tier. Ich mußte fast einen Spagat machen, so breit war Manka für mich. Meine Mutter flüchtete ins Haus, weil sie das Unglück, das jetzt kommen würde, nicht mitansehen wollte.

Mein Vater nahm Manka an die Longe, und mir erklärte er: »Wenn du fällst, wehe, wehe du hältst dich am Zügel fest. Das tut der Manka weh, und dann brennt sie vielleicht durch.« Und

Vater zeigte mir den Gurt und die Öse, an denen ich mich im Notfall festklammern sollte. Dreimal klebte ich seitlich an Manka, danach ging es schon ganz gut. Erst im Schritt, dann im Trab und dann auch im Galopp. Niemals fiel ich vom Pferd.

Von nun an nahm mich mein Vater, wenn er auf unserem weitläufigen Gut unterwegs war, überall mit hin. Gewöhnlich stand er morgens um halb fünf auf, zog sich seinen lila Bademantel mit dem weißen Revers über, schlang sich den Gürtel um seinen mächtigen Leib, ging nach draußen, schnupperte kurz nach dem Wetter und besprach sodann mit seinem Kämmerer, dem Chef der Knechte, das Tagespensum. Die Leute begannen im Sommer um sechs Uhr mit der Arbeit.

Wir gingen vor dem Frühstück in den Garten meiner Mutter und betrachteten das Gemüse und die Blumen. Ich hielt mich an zwei seiner Finger fest, weil seine Pranke für mein Händchen viel zu groß war. Mein Vater erklärte mir mit einfachen Worten, was wir sahen. »Dies ist der rote Klatschmohn und auf Lateinisch heißt das soundso und wenn er blüht, dann kann man aus Mohn, allerdings nicht aus diesem hier, die Körner machen, die Mutti für den Kuchen braucht.« So gingen wir von Pflanze zu Pflanze. Als Dreijährige verstand ich vermutlich nur Bahnhof, Koffer klauen, aber ich fand unser allmorgendliches Ritual wunderbar, weil der Bär, mein Vater, nur für mich da war. Es entwickelte sich eine Liebe zu den Pflanzen und zur Landwirtschaft, die mir bis heute erhalten ist.

Am Tag ritt ich mit meinem Vater und hörte, wie er mit seinen Leuten sprach, Anordnungen und Entscheidungen traf: »Wir haben noch Tau. Die Qualität vom Roggen wird schlechter, wenn wir jetzt schon dreschen.« Also wurde umdisponiert.

Vor dem Abendessen nahm mich mein Vater gerne mit in den Kuhstall. Da waren die Melker mit dem Melken durch, und die Kühe muffelten zufrieden ihr Heu. Vater kontrollierte die Milchleistung des Tages, die zusammen mit der Herdbuchnummer und dem Namen des Tieres auf der großen schwarzen Tafel stand. Es war sehr friedlich, wenn wir die Kühe besuchten.

Hinterher mußte ich mir die Hände waschen. Zeit fürs Abendbrot. Das Personal meuterte, wenn es an drei Abenden der Woche nicht eines der folgenden Gerichte gab: Béchamelkartoffeln mit frischer Wurst; Hering nach Hausfrauenart oder

Klunkermus, eine Milchsuppe, die mit Roggenmehl angedickt wurde. Wir Kinder mußten außerdem viel Getreide und vor allem Haferflocken essen. Mein Vater meinte: »Was für meine Pferde in der Ernte gut ist, ist auch für meine Kinder gut.« Er meinte es sicher nicht bös. Und noch heute mag ich Hafergrütze.

Als ganz kleines Kind wollte ich unbedingt Kapitän werden. Alle, die das im Haus erfuhren, lachten mich aus: »Du spinnst doch, du bist doch bloß ein Mädchen.«

Daraufhin flüchtete ich mich heulend auf den Schoß meines Vaters und schluchzte: »Die sagen, ich kann nicht Kapitän werden, weil ich bloß ein Mädchen bin. Was sagst denn du dazu?«

Er faßte mich mit seiner Riesenpranke und tätschelte mich beruhigend. Ein Gefühl der Geborgenheit strömte durch meinen Körper. Ich meine heute noch spüren zu können, wie es damals auf dem Schoß meines Vaters war. »Weißt du, mein Kind«, sprach er dann zu mir, »wenn man im Leben etwas wirklich will, dann kann man es auch. Natürlich mußt du bereit sein, allerhand dafür zu tun, viel zu lernen und viel zu arbeiten. Und es könnte zum Beispiel sein, wenn du Kapitän werden willst, daß du nach Rußland auswandern mußt. Denn gerade habe ich gelesen, daß die russische Flotte soeben die ersten weiblichen Kapitäne eingestellt hat.«

»Oh«, sagte ich, »das geht ja einfach.« Und war vollauf getröstet.

Später haben immer wieder Leute gehöhnt: Ach, du bist ja bloß ein Mädchen. Mit denen habe ich gar nicht erst argumentiert. Ich wußte ja, die sind doof, und mein Vater, der ist schlau. Er hat mir unglaublich viel Sicherheit fürs Leben mitgegeben, weil er so souverän war.

»Mädchen, das sind doch Memmen . . .«

Schulzeit · erste Freunde · Flugversuche

Ich war als Kind also ein wildes Hummeltier, ein Wildfang; und unser Gut natürlich ein Kinderparadies. Keiner kam mir mit der Knute, niemand, der mich mit fürsorglicher Ängstlichkeit traktierte und einzuschränken versuchte – meine Mutter nicht und schon gar nicht mein Vater. Ich durfte alles – fast alles. Nur vier Dinge durfte ich nicht: Ich durfte nicht außerhalb unseres Hofes spielen, ohne vorher Bescheid zu sagen; ich durfte nicht zu spät zum Essen kommen; ich durfte nicht lügen; ich durfte kleinere Kinder nicht schlagen. Und ich mußte meine Schulaufgaben machen.

Die Volksschule Wosegau war das, was man heute eine Zwergschule nennt: acht Klassen in einem Raum. Vorne saßen die Kleinen, hinten die Großen. Wenn einer von uns vierzig Schülern nicht spurte, setzte es eins mit dem Zeigestock auf die Finger. Das war gang und gäbe.

Und es empfand damals keiner als schlimm. Dennoch entschloß sich meine Mutter nach einem halben Jahr, mich von dieser Schule zu nehmen. Der Fortgang meiner Bildung erschien ihr in Wosegau nicht genügend gewährleistet. Den ausschließlichen Umgang mit den Dorfkindern erachtete meine Mutter nicht als vorteilhaft für mich.

Wir spielten viel miteinander, Schlagball, Greifen, Kriegen, Räuber und Gendarm und manchmal Hinkebein. Hinkebein spielte ich mit den Mädchen, dieses Springspiel, das einige Geschicklichkeit verlangt. Aber viel lieber spielte ich mit den Jungen. Normalerweise duldeten die Jungen keine Mädchen bei ihrem »rohen« Treiben. Mädchen, das sind doch Memmen, meinten sie. Und außerdem mußten die Mädchen ohnehin ihren Müttern helfen, beim Kartoffelschälen, beim Abwaschen und solchen Sachen. Weil ich aber die Tochter vom Chef war, durfte ich bei den Jungen mitspielen, denn durch mich konnten sie auf die Felder oder auch nach Feierabend auf den Hof. Sie schickten mich vor, den Kämmerer oder den Inspektor zu fragen. Ich besorgte allen aus der Küche Brote oder Saft. Und einigermaßen geschickt, gewandt und plietsch wie ich war, konnte ich durchaus mit den Jungen mithalten.

Außerdem trug ich Hosen – Lederhosen. Mädchen trugen normalerweise diese schwarzen, gestrickten Strümpfe aus Schafwolle, dazu ein Leibchen und Gummibänder mit Löchern, an denen die Strümpfe angeknöpft wurden. Wie habe ich diese Strümpfe gehaßt. Die kratzten so widerlich. Wie die Dinger immer aussahen: verdreckt und verkoddert. Eines Tages maulte mein Vater: »Ich hab' es satt, daß mein Kind immer wie ein Zigeunerkind rumläuft. Ich schreib' jetzt nach Ochsenhausen – jetzt kommt 'ne Lederhose für die Kleine her!« Das war Bombe.

Ich fühlte mich prima bei den Jungen. Wir waren eine Horde von sieben, acht Kindern, die wie alle Kinder dieser Welt vor allem Unsinn im Kopf hatten. Das war aber nicht das Problem. Das Problem war: Ich spielte nicht nur mit den Dorfkindern, ich sprach auch wie sie. Und sie verständigten sich in den Urlauten des Ostpreußischen.

Es gibt da ein Anekdote von Elfriede Lyssewski, einer Tippmamsell, die ihrer Freundin Milli Juschka mit stolz geschwellter Brust erzählt: »Du Milli, ich glaube, mäin Scheff mag mich läiden!«

»Und woran hast du das jemerkt?«

»Er hat mir wat jeschenkt«

»Und wat hat er dir denn jeschenkt.«

»Ain scheenes Buch.«

»Und wie häißt denn das Buch?«

»Duden, deitsche Rechtschreibung!«

Es war wohl wahr: Auch meine Sprachkunst lag ziemlich brach, ich artikulierte mich ziemlich breit – so breit, wie ich es von meinen Dorfkindern gewohnt war. Vielleicht hatte meine Mutter jenen Lebenslauf vor Augen, den ein ostpreußischer Musketier einst zu Papier brachte: »Ich Muskatier Przewozny

Ignacz, Son des Arbeiters Stanislaus Przewozny, ich bin geboren am 20. Januar 1882 in Zamyslowo, besuch ich zur Schule bis zum 19 Jarhe zu Hause, dann ging ich zum Militär. ich bin kadolisch. ich habe 2 brd. un 1 Schwester. 1 Bruder ist verhairaten.«

Meine Mutter nahm mich also von der Volksschule in Wosegau und meldete mich in Cranz an. Cranz lag gute drei Kilometer von unserem Gutshof entfernt. Deswegen fuhr Karper mit der Kutsche vor, um mich in der Schule abzuliefern. Für ein eigenes Fahrrad war ich eigentlich noch zu klein. Weil ich mir aber glühendst eines wünschte, bekam ich doch schon ein Fahrrad. Unser Stellmacher montierte den Sattel ab und klammerte ihn in halber Höhe an den Rahmen. So schoß ich also morgens in kurioser Haltung zur Schule.

Meist aber ritt ich hin. Weil meine Mutter an Kniearthrose erkrankte, wurde ich Nutznießerin von Manka, ihrem frommen Trakehner-Schimmel. Ich band Manka am Gatter vor der Schule an und trat, nachdem der Tag mit einem flotten Trab begonnen hatte, fröhlich in die Klasse ein. »Hast du Manka mit?« fragten meine Mitschüler, und in der Pause war Manka Mittelpunkt. Sie wurde gefüttert, ich wurde beneidet um sie. Für ein Kind von einem Gut waren Pferde nichts Besonderes. Aber die Cranzer Kinder waren Stadtkinder.

Canz war seinerzeit ein beliebtes Seebad mit schicken Cafés, einer Promenade, auf der behütete Damen aus Königsberg mitsamt ihrer vornehm geputzten Begleiter lustwandelten, Cranz lockte illustres Publikum in die Sommerfrische, Cranz hatte ein Flair bürgerlicher Behaglichkeit und kleinstädtischer Weltoffenheit.

Mütterlicherseits waren wir mit der Familie Schacht verwandt. Hjalmar Schacht war damals Reichsbankpräsident, seine Frau Luise war meine Patentante. Meine Eltern waren Onkel Hjalmar und Tante Luise in enger familiärer Freundschaft verbunden. So wurde natürlich auch die ganze Familie Köstlin aus Wargenau zur Hochzeit von Inge Schacht mit dem holländischen Legationsrat van Scherpenberg eingeladen. Die Trauung fand in der Berliner Kaiser-Wilhelm-Gedächtniskirche statt. Meine Schwester Etti war eine der sechs Brautjungfern, die alle seegrüne Kleider trugen. Vor dem Brautpaar streute

Beate Blumen auf dem langen Weg vom Eingang der Kirche über den roten Läufer bis hin zum Altar. Die Gedächtniskirche war bis auf den letzten Platz besetzt. Alles starrte auf das Brautpaar und das kleine achtjährige Mädchen mit dem Blumenkorb. Panik ergriff mich. Alles so riesig, so gewaltig, so ungewohnt. Dann erinnerte ich mich aber rechtzeitig an Onkel Hjalmars Worte: »Einfach schön im Rhythmus weitergehen.« Ich tat es, und nichts ging schief.

Später, beim Hochzeitsdiner mit 300 Gästen überbrachte der »Lausejunge« Beate, als ostpreußischer Schusterjunge verkleidet, den traditionellen Holzpantoffel mit Gedicht. Aber da hielt sich mein Lampenfieber schon in Grenzen.

Diese Reise nach Berlin war mein erster Ausflug in die große, ganz andere Welt der einflußreichen »Stadt-Leute«, und ich war tief beeindruckt von den lebenden Bäumen in den Räumen, von den livrierten Dienern und Fahrstühlen, mit denen man einfach auf- und abschweben konnte.

Mein Vater war fortschrittlich. Als erster weit und breit ließ er Elektrizität legen. Bis dahin hatten alle nur Petroleum und Kerzen. Wir hatten auch sehr früh Wasserleitung und Spülklo – was Luxus hoch drei war. Mein Vater war immer für das Neueste zu haben. Wir bekamen natürlich auch Telefon. Das hing so

Mädchen
(1925) ...

hoch im Flur, daß kein Kind es erreichen konnte. Unsere Nummer damals weiß ich noch heute: 225.

Mein Vater war nicht nur fortschrittlich, sondern auch gastfreundlich. Mein Bruder, der in Königsberg Jura studierte, durfte so viele Studienkollegen mit nach Hause bringen, wie das Haus verkraftete, und meine Schwester auch. Und wenn in Cranz die Marine anlegte, hatten wir auch junge Offiziere zu Gast.

Zum Tanz in unserem Saal. Mein Vater hatte auch frühzeitig ein Grammophon angeschafft, mit Schellackplatten dazu. Die Erstausstattung sah nur Märsche vor, aber meine Mutter setzte durch, daß auch ein Sänger wie Richard Tauber *Wenn der weiße Flieder wieder blüht* bei uns im Saale schmettern konnte. Ich drehte auf, und mit meinem Tun am Grammophon verdiente ich mein erstes Taschengeld.

Ich drehte auch an jenem Samstag an diesem Ding, bis ungefähr elf Uhr am Abend, und verliebte mich unheimlich in einen

... und Indianer (1926).

Fähnerich, der im Pulk der Meinen und der Marinegäste mittanzte. Lutz hieß er, glaube ich, der Fähnerich. Ich fand ihn unglaublich gut, noch besser als meinen Bruder, der für mich ein Held war. Auf meinen großen Bruder war ich enorm stolz, weil der alles wußte, was ich nicht wußte, weil er Geduld mit seiner kleinen Schwester hatte und mich manchmal mitnahm, um mir Sprotten zu kaufen. Kaviar war nichts gegen Sprotten.

Lutz war an diesem Abend noch imposanter als Ulrich, mein großer Bruder. Vielleicht, weil Lutz eine schicke Uniform trug. Oder nur, weil er richtig nett zu mir war. Längst nicht alle Leute sind aufmerksam zu Achtjährigen.

Gegen elf Uhr in der Nacht kam von Mutter ein kleines Kommando: ab ins Bett. Wie traurig, kein Lutz mehr, den ich anhimmeln konnte. Ich erklärte Mutter, daß ich nur ins Bett ginge, wenn Lutz mir wenigstens gute Nacht sagen käme.

Meine Mutter regelte die Sache mit Lutz. Der kam tatsächlich an mein Bett, sagte in aller Form gute Nacht und verabschiedete sich von seiner kleinen Verehrerin.

Ich habe ihn nie wiedergesehen.

Meine Schwester Etti und ich, wir waren uns nicht grün. Sie war zehn Jahre älter und beschwerte sich immer, daß sie viel schlechter dran sei als ich und daß ich vorgezogen würde. Etti war eine Dame. Jedenfalls fühlte sie sich so. Ich war ein Räuber, wild und hopsig, sie hingegen edel und ätherisch. Sie besuchte das Pestalozzi-Fröbel-Haus in Berlin, um Kinderpflegerin zu werden und war überzeugt, daß ich total verzogen war. Das ließ sie mich immer wieder spüren. Eines Tages eskalierte unser schwesterlicher Haß.

Unsere Eltern waren nach Königsberg gefahren, um den Kommissär, den Zahnarzt, die Landwirtschafts-Gesellschaft zu besuchen und um bei Schwärmer Kaffee zu trinken. Karper hatte frühzeitig angespannt, damit sie den ersten Zug, 7 Uhr 32 ab Cranz, erreichen konnten.

An diesem Tag hatte meine Schwester ihre dollen fünf Minuten. Vielleicht war ich es aber auch – oder wir beide. Wir bekamen uns wegen ihrer blöden Puppen furchtbar in die Haare. Offenbar hatte sie erste Kenntnisse in Psychologie erworben und sich mit Mutter beraten, daß es für ein Mädchen wichtig sei, mit Puppen zu spielen.

Ich mochte aber keine Puppen. Ich liebte meine Bären. Sie hießen Jochen, Putz und Wollbäckchen. Jochen war weiß, Putz groß und braun und Wollbäckchens beigefarbenes Fell war ganz abgeliebt, so gerne mochte ich besonders ihn. Ich erzählte ihnen, reiste mit ihnen durch phantastische Länder und hatte die drei immer bei mir im Bett. Und jetzt verlangte Etti plötzlich, daß ich ihre Puppen liebhaben sollte. Sie wollte sie mir sogar schenken, wenn ich an jenem Tag nur schön mit ihnen spielen würde.

»Deine Scheißpuppen«, motzte ich meine Schwester an, »ich will die ekligen Dinger nicht.«

Da wurde Etti, die ja immerhin zehn Jahre älter war, böse, packte mich am Schlafittchen und sperrte mich ins Badezimmer ein, mitsamt ihrer blöden Puppen. »Wenn du zwei Stunden lieb mit ihnen spielst«, herrschte sie mich an, »dann laß ich dich wieder raus.«

Ich war wütend, wahnsinnig wütend, jähzornig – ich hätte meine Schwester erwürgen können. Statt dessen ertränkte ich die Puppen in der Badewanne. Bei einer ging gleich ein Arm ab, bei anderen lösten sich die Perücken und alle wirkten furchtbar mitgenommen. Ich schloß das Badezimmer von innen ab und schlief erst einmal auf der Bügelwäsche ein.

Nach zwei Stunden rüttelte Etti an der Tür. Ich antwortete nicht, weil ich wußte, jetzt steht ein gräßliches Donnerwetter bevor. Sie tobte draußen vor der Tür und holte schließlich den Stellmacher. Inzwischen verdrückte ich mich lieber durchs Fenster und flüchtete auf mein Baumhaus in der großen Kastanie.

Die schlägt dich tot, dachte ich. Also wollte ich lieber abwarten, bis meine Eltern abends aus Königsberg zurückkehrten. In der Mittagspause, als alles wie gewöhnlich schlief, schlich ich in die Speisekammer, schnitt mir zweimal vom Brot ab, legte dick Butter drauf und noch dicker Käse, fegte die Krümel vom Tisch und kletterte in mein Versteck zurück. Ich hörte sie später da unten toben. Ich sah vom Baumhaus aus, wie sie sorgenvoll berieten, ob man vielleicht den Gendarm alarmieren sollte. Ich war weg, es wurde langsam dunkel, mein Fahrrad war aber da – den Dienstmädchen, dem Stellmacher und Etti wurde es unheimlich. Mir auch.

Das Donnerwetter würde, so hoffte ich, nicht gar so entsetzlich werden, wenn ich meinen Eltern freundlich entgegen-spränge, sobald sie einträfen. Mein Plan funktionierte.

»Guten Abend, Mutti, guten Abend, Vati«, grüßte ich gespielt fröhlich. Gleichzeitig zeterte meine Schwester, empört und erleichtert zugleich, was meine Mutter für ein ungeratenes, schreckliches Kind doch hätte, eine Bestie geradezu. Etti meinte mich. Mutti sagte nur: »Du, mein Kind, wasch dich jetzt und ab ins Bett. Und du, Etti, erzähl mal in Ruhe.«

Ich lag also im Bett, diesmal wirklich gewaschen, mit eifrig geputzten Zähnen, und hörte meine Mutter kommen. Sie kam jeden Abend an mein Bett, um mit mir zu beten. An diesem Abend fürchtete ich eine Gardinenpredigt. Aber Mutti sagte ganz ruhig: »Schau mal, Attei, es ist nicht schön, wenn einem die Dinge kaputt gemacht werden, die man liebt. Du hättest daran denken müssen, daß Etti ihre Puppen liebhat.«

»Ich will ihre Viecher aber nicht«, wetterte ich.

»Das ist eine andere Sache«, sagte meine Mutter in ruhigem Ton. »Es war nicht gut, und du solltest dich bei deiner Schwester entschuldigen – wenn du es über die Lippen bringst.«

Ich kämpfte mir am nächsten Tag eine kleinlaute Entschuldigung ab.

Von diesem Tag an hat Etti nie wieder versucht, mich zu erziehen. Sie hat auch nie wieder versucht, mich zu schlagen. Sie hat mich in Frieden gelassen. Wir haben uns nicht geliebt, aber wir haben uns fortan vertragen.

Erst später, als ich vielleicht 17 Jahre alt war, mochten wir uns leiden.

Wenn mein heißgeliebter großer Bruder Ulrich am Wochenende nach Hause kam, erzählte er mir oft fabelhafte Geschichten. Zum Beispiel die von Ikarus, dem ersten fliegenden Menschen, der sich aus Bambusrohr und Federn Armschwingen gebaut hatte. Mit diesen Flügeln schlug und flog er wie ein großer Vogel. Wunderschön! Aber eines Tages kam er der Sonne zu nahe. Das Wachs, mit dem er seine Schwingen zusammengeklebt hatte, schmolz. Ikarus stürzte in den Tod.

Ein Mensch mit Flügeln! Diese Vorstellung faszinierte mich. Mit meinen acht Jahren wunderte mich bloß, warum noch niemand diese tolle Sache nachgemacht hatte. Aber ich würde es tun. Ich würde mit Schwingen fliegen. Wie Ikarus.

Ich träumte, wie toll die Federschwingen mich in die Lüfte erheben würden. Unter mir unsere Felder, die Häuser, der Strand und das Meer. Ich war fest entschlossen: Flügel basteln und damit fliegen wie ein Vogel. Wie Ikarus. Nur nicht so dicht an die Sonne heran.

In Wargenau hatten wir viel Geflügel: Hühner, Enten, Puten und auch Gänse. In großen Kartons, die ich unter dem Bett verstaute, sammelte ich Federn aller Art. Solche wichtigen Vorhaben wie mein Fliegen sollte man nicht vorzeitig bekanntmachen, fand ich.

Konstruktion und Befestigung der Schwingen am Arm machte mir zunächst einige Schwierigkeiten. Deshalb zog ich meinen Freund, unseren Stellmacher, ins Vertrauen. Er half mir, aus Latten und Drachenpapier Flügel zu bauen, die Armschlaufen und feste Griffe für die Hände hatten. Dann beklebte ich alles naturgetreu mit Putenschwungfedern. Puten sind nämlich im ganzen Federvieh die besten Flieger. Meine Flügel sahen toll aus.

Für meine geheimen Test-Starts hatte ich mir das Dach über dem Kücheneingang ausgesucht. Das war nicht zu hoch, und der frisch umgegrabene Gemüsegarten darunter garantierte weiche Landungen. *Test-Phase 1:* Ohne Flügel sprang ich vom Dach aus so weit wie möglich in den Garten. *Test-Phase 2:* Nun sprang ich schon »flügelschlagend« in den Garten. Nach einigen Übungssprüngen schien mir, daß ich etwas weiter gekommen war als ohne Flügel. Aber trotzdem war ich richtig unzufrieden. Von schwerelosem Schweben und abheben in die Lüfte konnte nämlich nicht die Rede sein. Klar, dachte ich, alles muß man erst lernen und üben. Für heute erst mal Pause und überlegen, was falsch war.

Abends im Bett dachte ich darüber nach, weshalb ich mich trotz all des kräftigen Flügelschlagens nicht hochschwingen konnte. Plötzlich sah ich den Grund ganz klar: zu wenig Luft unter den Flügeln. Das Küchendach war zu niedrig. Vielleicht zweieinhalb Meter. Viel zu wenig Höhe, ganz klar. Ich brauchte einen wesentlich höheren Absprungplatz, viel mehr Luft unter den Schwingen. Logisch: Alle großen Vögel brauchten zum Start eine lange Anlaufstrecke. Das hatte ich oft genug beobachtet. Mein Entschluß stand fest: Start vom Verandadach. Beruhigt und zufrieden schlief ich ein.

Am nächsten Tag kam *Test-Phase 3:* Sprungflug von der Spitze des Verandadaches. Unten kein frisch umgegrabener Gemüsegarten, sondern ein harter Kiesweg. Für den Start hatte ich mir die ländlich-lange Mittagspause ausgesucht. Zwischen 12.30 und 14.00 Uhr ruhten alle Menschen im Haus. Als so gegen 13.00 Uhr alles still geworden war, krabbelte ich vom Fenster meines Zimmer aus aufs Verandadach, befestigte mir die Flügel sorgfältig an den Armen und schlüpfte mit den Händen in die Schlaufen außen an den Schwingen. Vorsichtig tastete ich mich zur Spitze des Giebels vor.

Es war verdammt hoch. Zu hoch zum Runterspringen. Aber schließlich hatte ich Flügel und von dieser Höhe aus genug »Luft unter den Schwingen«, um mich wie ein Vogel in die Lüfte zu erheben. Ich konzentrierte mich ganz auf den wichtigsten Punkt: Du mußt kräftig mit den Armen schlagen, damit du endlich fliegen kannst. Noch ein kurzes ängstliches Zögern. Aber dann: Los, Beate. Ein bißchen Mut muß man schon haben, wenn man Großes erreichen will.

Ich sprang ab und schlug, so heftig ich konnte, mit den Flügelarmen. Dann knallte ich auf den Kiesweg vor der Veranda und überschlug mich. Die Schwingen zerbrachen. Ein heftiger Schmerz fuhr mir durch Arme und Beine.

Ich war sehr, sehr enttäuscht und traurig. Ich konnte also nicht wie ein Vogel fliegen. Irgendwie schleppte ich mich ins Haus und suchte meine Mutter. Glücklicherweise war nichts gebrochen, nur geprellt. Die Bänder war gezerrt, und ich hatte jede Menge blaue Flecken. Und viele Tage lang Schmerzen.

Das einzig Gute war, daß meine Eltern nicht schimpften. Sowohl sie als auch mein Bruder sprachen lange mit mir. Sie erklärten mir, warum meine Flügel mich nicht hatten tragen können. Und daß die Geschichte von Ikarus nur eine Sage ist. Traurig und deprimiert war ich trotzdem noch eine ganze Weile. Aber dann gab es wieder neue, spannende Dinge zu entdecken.

Als noch im selben Jahr (1927) Charles Lindbergh als erster Mensch den Atlantik überflog, hatte ich einen neuen »Helden«. Über seinen Flug schrieb ich ein Gedicht – mein erstes. Von Fräulein Ewald, meiner Klassenlehrerin in Cranz, bekam ich eine Eins dafür.

Aber ich dichtete weniger, als ich las. Lesend erschloß sich mir allmählich eine ganze phantastische Welt. Rulermann beispielsweise beschäftigte meine Träume, ein kleiner Steinzeitjunge, der mit Steinbeilen und Steinkeulen auf Jagd ging, Abenteuer erlebte und Feuer entfachen konnte.

Und dann war da natürlich auch Tarzan, den ich wahnsinnig verehrte, weil er sich so behende von Baum zu Baum bewegen konnte. Das konnte ich auch bald. Denn was für Tarzan im Dschungel die Lianen waren, waren für mich in Ostpreußen Leinen. Wäscheleinen, die ich Mutter mopste.

Abenteuerbücher wie das *Dschungelbuch* verschlang ich geradezu. Sogenannte gute Bücher, die *Buddenbrooks* von Thomas Mann zum Beispiel, brauchte ich mir nicht mühsam selbst zu erschließen – die wurden vorgelesen. Meist von Mutter, abends im Herbst, nach der Ernte, wenn die Familie um den großen Eßzimmertisch saß, um Körnerproben für den Kommissionär zu sortieren.

Vaters Interesse galt seiner landwirtschaftlichen Fachliteratur. *Lady Chatterley* oder ähnliche erotische Romane sah ich nie bei ihm. Auch nicht in Mutters Bibliothek. Sie hatte zahlreiche Regale, angefüllt mit medizinischen Büchern. Darin begann ich irgendwann herumzuschnüffeln, um etwas über Schwangerschaft, Geburt, männliche und weibliche Sexualorgane zu erfahren, eigentlich, um nur noch einmal nachzulesen, was mir Mutter ohnehin schon erklärt hatte.

Meine Aufklärung vollzog sich in kleinen, natürlichen Dosen. Vielleicht haben sich Vater und Mutter heimlich abgestimmt. Jedenfalls: Wenn Vater mir in der Natur praktischen Anschauungsunterricht erteilte, schob Mutter die biologische Theorie nach. Vater nahm mich zum Beispiel mit in den Stall, erklärte mir, daß wir diese Kuh, die gute Milch gibt, mit jenem besonders starken und gesunden Bullen zusammenführen und daß daraus dann auch gesunde und kräftige Kälber werden. Dann beobachteten wir, wie der Bulle die Kuh deckte. Mutter erklärte mir später, daß der Bulle seinen Samen in die Kuh spritzt und sich daraus dann ein Kälbchen entwickelt. Für mich war das nie etwas Besonderes oder Aufregendes oder gar Schlimmes. Es war so normal wie Melken oder Hühnerfüttern.

Meine natürliche Neugier wurde immer ein bißchen früher befriedigt. So wurde die Sache mit dem Sex für mich von Anfang an ein natürlicher Bestandteil des Lebens.

»Bevor du sowieso schmökerst, hier, nimm dies«, sagte meine Mutter und reichte mir eines ihrer Bücher aus der 36bändigen Enzyklopädie, in der das Wissen der Medizin gesammelt war. Der Band war schwer und rot gebunden, mit Goldprägung und wirkte auf mich eher abschreckend. Mit nüchternen Worten und nüchternen Zeichnungen wurde das Wesen eines erigierten Penis und der Vagina, der Geburtskanal und dräuende Geschlechtskrankheiten erläutert.

So, dachte ich, so ist das also.

Was es mit der Liebe auf sich hat, bekam ich erst viel später mit.

»Mit ihm spielen wollte ich, mehr nicht.«

Flügge · Juist · Odenwaldschule · England

Meine Eltern wollten, daß ich eine gute Ausbildung bekam – umfassend und liberal. Sie wollten, daß ich für mich selbst herausfände, was ich einmal werden wollte.

Meine Mutter hätte gerne gesehen, wenn ich Medizin studiert hätte wie sie selbst. Mein Vater träumte gewiß davon, daß ich einmal sein Gut Wargenau weiterführen würde. Ich selbst wußte nur, daß ich nichts Genaues wußte.

Meine Mutter meinte, in Cranz sei ich unterfordert. »Du solltest Umgang mit Kindern haben«, sagte sie eines Tages, »an die im Leben die gleichen Anforderungen gestellt werden wie an dich.« Es hätte nahegelegen, mich aufs Gymnasium in Königsberg zu schicken. Königsberg lag nur 42 Kilometer von Zuhause entfernt. Damals war das freilich zu weit, um täglich hin und her zu pendeln. Ich hätte also in einer Pension wohnen müssen, allein in der Fremde. Das macht ein Kind kaputt, fürchtete meine Mutter. Damals war ich gerade zwölf.

Deshalb suchten meine Eltern nach einem modernen Landschulheim, in dem eine liberale Erziehung gewährleistet war, in dem Mädchen und Jungen meines Schlages von Sexta bis zum Abitur lebten und wo viel Sport und musische Fächer auf dem Stundenplan standen. So landete ich schließlich im Landschulheim Juist.

Dort gefiel es mir sehr. Vielleicht lag das vor allem an Martin Luserke. Er war ein phantastischer Mann. Äußerlich entsprach er zwar nicht dem Bild meines Traummannes, denn er war nicht sportlich. Aber er war großzügig und geistreich. Unser Lieblingslehrer. Er trug gewöhnlich ein Käppchen auf dem Kopf, um seine Schädelverletzung aus dem Ersten Weltkrieg zu verbergen.

Luserke war nicht nur ein verständnisvoller Lehrer, sondern auch ein erfolgreicher Schriftsteller. Er schrieb mystische Geschichten über die Seefahrt. Und an uns testete er gewissermaßen die Wirkung seiner Geschichten.

Martin Luserke hatte ein eigenes Boot, »Die Krake«, einen holländischen Ewer, den ich mit überführte. Wir segelten in den Ferien mit ihm in Ostfriesland herum und auch bis nach Holland, eine Handvoll Kinder, die ihn verehrten, und unsere Mathematiklehrerin, die möglicherweise seine Geliebte war. Abends in der Koje verteilte Lehrer Luserke holländische Blockschokolade und las Kapitel aus seinem neuen Buch vor. Wenn wir dabei einschliefen, fluchte er. Wenn wir ihn immer von neuem aufforderten weiterzulesen, wußte er, es war gut.

Sport war für mich schon immer das Größte (1934).

Wir waren 180 Kinder im Landschulheim Juist, mehr Jungen als Mädchen. Vielleicht war ich zunächst auch mehr Junge als Mädchen. Jedenfalls fühlte ich mich mehr den Jungen zugehörig. Ich spielte mit ihnen auf dem harten Sand Hockey und badete mit ihnen noch im Dezember in der Nordsee. Mit Mingo, meinem Spielkameraden, harmonierte ich besonders gut beim Werken. Die Schiffe, die wir konstruierten, konnten sich wirklich sehen lassen. Ich maß mich mit den Jungen im Hoch- und Weitsprung und beim Speerwerfen konnte ich mühelos mithalten.

Irgendwann machte sich dann aber doch ein kleiner Unterschied bemerkbar. In schöner Regelmäßigkeit, nämlich alle vier Wochen, fiel ich um. Meist passierte es vor den dampfenden Porridgepötten, die morgens im Speisesaal aufgebaut waren. Davor ließ uns unser Musiklehrer Zuckmayer, ein Bruder des berühmten Schriftstellers Carl Zuckmayer, stehend ausharren. Immer sehr lange, weil wir seinem *Wohltemperierten Klavier* zu lauschen hatten, zwecks »innerer Einstimmung« – statt Gebet. Musische Überfütterung und zaghaftes Erwachen fraulicher Eigenschaften konnte ich offenbar zu gleicher Zeit nicht verkraften.

Mädchen und Jungen wohnten auf derselben Etage, allerdings in getrennten Zimmern. Gegen Freundschaften hatte die Schulleitung nichts einzuwenden, nichts wurde ausdrücklich verboten. Trotzdem passierte kein Unglück. Noch heute wundere ich mich darüber, daß kein Mädchen schwanger geworden ist. Natürlich wurde wie wild geknutscht und geschmust. Fast jeder hatte seine Freundin oder einen Freund, aber alle hatten offenbar auch Angst, miteinander ins Bett zu gehen. Sonderbarerweise versuchten es die Jungen nie.

Natürlich hatte auch ich einen Freund. Er hieß Jochen Heller und ich war ihm treu. Ich hatte ihn in Cranz beim Radfahren kennengelernt. Sein Vater, ein jüdischer Arzt, besaß in Cranz eine schöne Villa. Mich beeindruckte der großbürgerliche Lebensstil der Hellers: Da wurden Tomaten gekauft und geschnitten und verspeist und nicht, wie bei uns, einfach aus dem Garten geholt. Jochen wiederum war von unserem rustikalen Leben auf dem Gut beeindruckt: Da pflückte man sich auf dem Feld, was man brauchte. Wir beide paßten, gegensätzlich wie wir waren, prima zusammen. Viel, viel später sagte mir Jochen einmal: »Beate, du warst meine erste große Liebe. Leider warst du damals aber noch zu dämlich.«

Mit ihm spielen wollte ich, mehr nicht. Liebe – das war mir unheimlich. Und so sollte es noch ein paar Jahre bleiben.

Sicherlich hatte mich Mutters Rat beeinflußt und beeindruckt. Freimütig und ohne erhobenen Zeigefinger hatte sie mir erklärt, wie schön es sei, verliebt zu sein – und daß es auch ganz schön gefährlich ist. »Wenn man verliebt ist«, sagte sie, »findet man alles ganz toll. Gewisse Dinge kann und will man dann nicht sehen, besonders, wenn man noch so jung ist wie du.« Meine Mutter wollte mir die Männer nie madig machen. Sie sagte auch nicht, daß Geschlechtsverkehr etwas Schlechtes sei, im Gegenteil, es wäre eine wunderbare Sache zwischen Mann und Frau. Und man könne ja auch aufpassen, es gäbe schließlich Kondome. Doch Mutter versuchte mich vor einem Phänomen zu warnen, das ich noch nicht kennen konnte. »Wenn du mit einem Mann schläfst«, erklärte sie, »entsteht daraus eine sehr enge seelische Bindung an diesen Mann. Viel-

Voltigierübungen auf »Melanos« (1936).

leicht bist du noch zu jung, um zu beurteilen, ob dieser Mann der Richtige ist. Du findest ihn vielleicht toll, du heiratest ihn und dann stellt sich heraus, es war doch nicht der Richtige. Dann bist du elend dran. Deshalb, mein Kind, sei bitte vorsichtig.«

Es war Uwe, in den ich mich zum erstenmal gnadenlos verliebte. Ein Riese mit breiten Schultern und blonden Haaren. Für mich war Uwe, der Unterprimaner, ein wahrer Gott. Ich habe ihn angehimmelt, aber der blonde Hüne hatte nur Augen für ältere Mädchen. Und ich war nicht einmal fünfzehn.

Inzwischen war ich Schülerin der Odenwaldschule in Oberhambach, oberhalb von Heppenheim an der Bergstraße. Das Landschulheim in Juist hatte finanzielle Probleme bekommen und mußte schließen. Die pädagogischen Ziele der Odenwaldschule waren sehr schülerfreundlich. Kinder, so die Philosophie, sollten während ihrer Ausbildung keine Mißerfolge erleben und Fächer, in denen sie weniger begabt sind, zugunsten von solchen abwählen dürfen, die ihnen mehr liegen. Man konnte nicht sitzenbleiben, und es gab keine festen Klassenverbände. Wir durften unser Pensum bis zu einem gewissen Grad selbst bestimmen.

Mit fünfzehn Jahren war sogar den Mädchen schon erlaubt, am Wochenende die ganze Nacht über fortzubleiben. Aber auch diesmal passierten, so weit ich das übersehen konnte, keine Schwangerschafts-Katastrophen an unserer Schule.

Wir waren privilegiert. Wir wohnten in Villenhäusern, in Dreibett- und später in Zweibettzimmern. Jeweils zehn bis zwölf Kinder, jüngere, ältere, Buben und Mädchen, bildeten eine Art Familie. Ein Lehrer, der offiziell »Leiter der Kameradschaft« hieß, fungierte als Vater und Mutter in einer Person. In meinem »Goethe-Haus« war das Lehrer Gleiser. Er gab Deutsch und Französisch und war ein bißchen fett – aber unheimlich nett. Lehrer Gleiser war einer, dem man zum Beispiel auch seinen Liebeskummer anvertrauen konnte.

Die Sache mit Uwe, dem blonden Riesen, den ich so anhimmelte, schlief schnell wieder ein. Doch dann trat Klevi in mein Leben. Auch er ging in die Unterprima. Klevi war groß, verständnisvoll, umsichtig. Er wußte, wie man Kirschen klaut, er war einer, mit dem man Pferde stehlen konnte. Er war gut in der Schule und engagierte sich für die anderen. Klevi hatte damals nur einen Nachteil: Er hatte schon eine andere.

Eines Tages ging ich zu Lehrer Gleiser und legte ihm mein Problem dar. »Weißt du«, sagte Lehrer Gleiser, »wenn du schlau bist, wartest du einfach ab.« Wir wußten nämlich beide, daß Klevi und seine Freundin sich häufig und heftig zankten. Tatsächlich: Sie zerstritten sich schon bald.

Wir wurden ein richtiges Gespann. Klevi warf ein Auge auf mich, und ich mußte nicht einmal groß nachhelfen, es entwikkelte sich ganz selbstverständlich. Klevi kam aus Heidelberg. Wir besuchten am Wochenende seine Eltern, wir paddelten mit dem Boot auf dem Neckar, wir zelteten, wir küßten und knuddelten uns, und Klevi entsprach vollauf meinen romantischen Vorstellungen. Was fast noch schöner war: Klevi bedrängte mich nie; er spürte intuitiv, was ich fühlte; er streichelte mich gerne, und ich ließ mich gerne von ihm streicheln; er nötigte mich zu nichts, was ich nicht wollte – und Klevi merkte, daß ich noch nicht bereit war, mit ihm zu schlafen. Wir verstanden uns wirklich, wir waren ein wunderbares Gespann.

Wir waren eine Gemeinschaft, die alles gemeinsam machte. Wir wuschen Wäsche, bügelten, schoben Küchendienst, wir wurden zu Arbeitsdiensten im Garten eingeteilt. Nachmittags mußten wir uns gegenseitig bei den Schularbeiten helfen. Die Schule war ein Spaß.

Das ganze Leben war ein Spaß in diesen Jahren. Ich kannte kaum Probleme, abgesehen von gelegentlichen Schwierigkeiten in Latein und Chemie. Ich hatte auch keine Probleme mit den anderen Mädchen, aber merkwürdigerweise gab es für mich nie eine Busenfreundin. Auch später nicht. Immer waren es nur Jungen, die mir interessant genug erschienen und meine engen Freunde wurden. Das hatte wenig mit erotischer Anziehungskraft zu tun. Ich fand Jungen einfach imposanter, zupackender – auch wenn keiner meinem Helden Hans Albers das Wasser reichen konnte. Seinen Film *FP1 antwortet nicht* habe ich sechs- oder siebenmal gesehen.

Mädchen schienen mir alberne Wesen zu sein, wehleidig, maulig – und nicht sportlich genug. Sport war meine große Liebe. Mit 15 Jahren wurde ich hessische Meisterin im Speerwerfen.

Auf dem Gelände der Odenwaldschule (1935).

Vielleicht war Sport damals der Schlüssel für mich zur Hitler-Jugend. Eines Tages standen ein paar Jungs von der Hitler-Jugend auf unserem Schulgelände, um für ihren Verband zu werben. Wir fanden die schick. Sie trugen flotte Hemden mit Knoten, erzählten von sportlichen Aktivitäten und Wettkämpfen. Das hat mich ganz schön beeindruckt. Begeistert gingen ich und ein paar andere aus der Odenwaldschule einmal in der Woche hinunter ins Dorf Oberhambach, um bei der Hitler-Jugend mitzumachen. Wir turnten, übten gymnastische Figuren ein und nahmen an Geländespielen teil. Als geschickte Sportlerin machten sie mich zu einer Art Vorturnerin. Fähnleinführerin beim BDM (Bund Deutscher Mädel). Darauf war ich damals, im Jahre 1934, natürlich stolz. Was wußten wir denn schon von Hitler und dem eigentlichen Sinn der Hitler-Jugend? Nichts. Oberhambach lag aus der Welt: ein Nest an der Bergstraße.

Ich war 16, als ich von der Odenwaldschule abging. Ich hatte nur noch Unterprima und Oberprima bis zum Abitur. Aber was sollte ich mit der Hochschulreife, sagte ich mir, wenn ich doch nicht studieren würde. Meine Mutter wollte immer noch, daß Beate Medizin studierte. Aber ich konnte kein Blut sehen, kippte regelmäßig um. Meine Mutter ließ diese Schwäche nicht gelten. Man gewöhnt sich an alles, sagte sie. Aber sie konnte mich nicht überzeugen.

Mir steckte damals schon die Fliegerei in den Knochen. Ich war wie besessen von dem Gedanken, Pilotin zu werden. Wie es dazu kam? Später.

Um in die Luft gehen zu können, schien mir die englische Sprache erforderlich. Ich konnte meinen Vater tatsächlich davon überzeugen, daß er mich bei einem Austausch-Programm anmeldete. Acht Wochen lang hatten wir einen Gast bei uns zu Hause, die Tochter eines englischen Kapitäns. Anschließend verbrachte ich zwei Monate im walisischen Aberistwyth, einer Universitätsstadt an der Felsenküste. Es gefiel mir so gut, daß ich meinen Eltern schrieb: »Ich möchte hierblieben, ich möchte mir einen Job suchen.« Sie schlugen vermutlich die Hände über dem Kopf zusammen, ließen mich aber gewähren.

Der Job war die Hölle. Für ein winziges Taschengeld diente ich als Au-pair-Mädchen bei einem Biologieprofessor. Der war zwar zerstreut, aber sonst ganz nett. Nur seine 17jährige Tochter triezte mich. Und vor allem die Lady des Hauses. Sie lehnte sich fortan zurück und ließ mich machen. Frühstück für Papa Professor, ein anderes fürs Töchterchen und kurz vor Mittag noch eins für Madame. Mittags Lunch für den Professor, Ölöfen säubern, putzen, aufräumen. Nach dem Lunch verspürte Madame das dringende Bedürfnis, etwas im Garten zu tun. Bloß: Die hatte keine Ahnung und ließ mich wühlen. Nachmittags Plätzchen backen, abends großes Essen, abwaschen, zwischendurch Holz hacken und Töchterchens Pferd füttern, striegeln, ausführen. Abends um neun Uhr fiel ich todmüde in die Falle. Leider war ich noch zu dumm und zu unerfahren, um zu rebellieren. Vier Monate lang ließ ich mich furchtbar ausnutzen, ehe ich endlich einen »Satz« machte. Wie die Familie hieß, habe ich verdrängt.

Familie Bickerstaff war dagegen geradezu entzückend. Mrs. Bickerstaff hatte ich in der Kirche kennengelernt, bei der Kollekte. Ich klagte ihr mein Leid und sie nahm mich mit nach Birmingham. Ein neues Haus, ein moderner Haushalt, Waschmaschine, Staubsauger, überall Telefone. Mister Bickerstaff war Verkaufsleiter einer Schuhfabrik mit 72 Filialen, also viel unterwegs. Seine Frau war fromm, aber nicht bigott, und froh, daß sie nun ein Mädchen hatten, das ihren Haushalt schmiß. Sie nahm mich überall mit hin, ins Kino, zum Tee zu Bekannten und Mister Bickerstaff führte mich samstags sogar zum Fußballplatz, zusammen mit ihrem 15jährigen Sohn.

Die acht Monate bei den Bickerstaffs waren außerordentlich sinnvoll für mich. Ich wurde flügge, nabelte mich auf ganz natürliche Weise von den vertraut gewordenen Gewohnheiten ab.

Ich lernte nicht nur die englische Sprache recht passabel. Ich lernte auch die englische Art schätzen, den typisch britischen Stil, sich das Leben nach traditionellem Muster zu gestalten.

Lebensart. Konventionen.

Heimweh, nein, ich hatte nicht einmal Heimweh. Nur Klevi fehlte mir. Jede Woche traf ein Brief von ihm ein und ich schrieb lange Elogen zurück, ich beschwor unsere Treue und habe mich sogar daran gehalten.

». . . das wunderbare Gefühl absoluter Freiheit . . .«

Faszination Fliegen · Rangsdorf · Pilotenausbildung · Film

Ich war neun Jahre alt, als die große Leidenschaft über mich kam. In Gestalt von zwei jungen Männern, kernigen Typen, deren Gesichter von Sonne, Sturm und Schauern gezeichnet waren. Verwegen sahen sie aus und schauten verdammt lässig in die Welt.

Leibhaftige Helden stellte ich mir genauso wie die beiden Flieger vor, die eines Tages auf unserem Gut Wargenau aufgetaucht waren. Die Sommergerste war schon geerntet, als sie meinen Vater fragten, ob sie dieses Feld zum Starten und Landen ihrer Maschine nutzen dürften. Mein Vater war einverstanden. Er konnte damals nicht ahnen, daß er auf diese Weise seine Tochter, die einmal das Gut übernehmen sollte, für die Landwirtschaft verlor. Seit jenen Spätsommertagen ging mir die Fliegerei nicht mehr aus dem Kopf.

Seit Charles Lindbergh mit seinem Atlantikflug eine Leistung vollbracht hatte, die damals ebenso spektakulär war wie 40 Jahre später die Landung auf dem Mond, entwickelte sich das Fliegen zu einem Abenteuer, das für kühne junge Männer immer mehr Attraktion gewann. Überall taten sich Flugbegeisterte zusammen, die sich gemeinsam eine alte Kiste besorgten, sie wieder flott machten und versuchten, durch Rundflüge ein bißchen Bargeld hereinzufliegen.

»Unsere« beiden Flieger schlugen in Cranz, dem Badeort, die Werbetrommel für ihre Rundflüge. Als sie zum ersten Mal ihr Flugzeug auf unserem Feld zum Start klarmachten, rannte ich auf sie zu und sagte: »Ich bin Beate. Und wer seid ihr?«

Sie fanden mich sicherlich vor allem deswegen ganz brauchbar, weil ich die Tochter des Gutsherrn war. Jedenfalls waren sie nett zu mir. Ich durfte ihnen Milch holen, Zigaretten, Sprudel und dergleichen. Dafür war ich immer auf ihrer Waitinglist. Ihr Hochdecker hatte drei Plätze für Gäste. Immer wenn einer unbesetzt blieb, durfte ich mit. Ich löcherte sie mit meinen Fragen. Sie erzählten mir tolle Geschichten von der Fliegerei, vielleicht flunkerten sie auch – aber ich war begeistert von diesen beiden Helden und ihrem Fluggerät. Sie erklärten mir alle Funktionen, sie ließen mich sogar an den Steuerknüppel. Und als die Sommerferien zu Ende waren und die beiden Flieger weiterflogen, war ich traurig. Aber fortan stand für mich fest: Ich will auch Fliegerin werden.

Konzentriert und kritisch beobachtet Beate den Flugbetrieb in Rangsdorf (1937).

Weil ich auch mit 16 noch Fliegerin werden wollte, ging ich mit Obersekunda-Reife von der Schule ab. Und nach England zog ich vor allem auch, weil Englisch die Sprache der Flieger ist. Als ich zurückkam, war ich 17 und hatte immer noch die Flausen vom Fliegen im Kopf. Aber meine pragmatische Mutter meinte: »Bevor wir irgendwas entscheiden, erwarte ich von dir ein halbes Jahr Ausbildung in der Hauswirtschaft.«

Das wäre in jedem Fall wichtig für ein Mädchen. Egal, ob ich heirate oder nicht. Egal, ob ich einen armen Mann heiraten würde oder einen reichen. Wenn wenig Geld da ist, sei es wichtig, richtig wirtschaften zu können. In einem Millionärshaushalt werde es nie gemütlich, wenn man einen Haufen Angestellte zu führen habe und nicht wisse, worauf es ankomme. Meine Mutter stellte mich vor die Wahl: Hauswirtschaftsschule oder zu Hause lernen.

Ich entschied mich für daheim. Schließlich hatten wir einen großen Haushalt, und Mutter zeigte mir, wie man ihn führte. Ich lernte kochen, organisieren, einmachen und die Folgen eines Schlachtfests in den Griff zu kriegen.

Während dieser Zeit war Vater zur »Grünen Woche« nach Berlin unterwegs. Das Schicksal fügte es, daß in seinem Schlafwagen ein Herr Sachsenberg mitreiste. Herr Sachsenberg stellte sich als Motorsport-Referent beim Deutschen Aeroclub vor. Mein Vater brachte vor, er habe eine 17jährige Tochter, die unbedingt fliegen wolle – ob das nicht Quatsch sei?

Zum Entsetzen meines Vaters fand Herr Sachsenberg das gar nicht so blödsinnig. Im Gegenteil. In dieser Nacht muß er mit meinem Vater ein ordentliches Quantum Rotspohn getrunken und ihn, was für mich gut war, ganz schön besabbelt haben. Jedenfalls bekamen wir bald darauf Informationsschriften vom Aeroclub zugesandt.

Vater glaubte: Lassen wir der Beate den Spaß, soll sie doch ihren Flugschein machen. Danach kommt sie aufs Gut zurück, und wenn wir mal 'ne gute Ernte haben, dann kauf' ich ihr ein kleines Flugzeug. Doch das war nicht meine Tasse Tee. Ich wollte Einfliegerin werden. Professionelle. – Und ich wurde das auch.

Am 7. August 1937 saß ich das erste Mal als Flugschülerin in der Maschine. Ich konnte es kaum fassen. Vor mir Herr Tobischewski, ein ruhiger Lehrer, ein dröger Mann, der mir wortkarg eine Einweisung ins Fluggerät gab, eine He 72. Das sei eine Schulmaschine, hier der Motor, hier der Propeller, den anzureißen sei gefährlich. Tobi, mein muffiger Lehrer, saß vorn. Ich, seine aufgeregte Schülerin, hinter ihm. Ich trug eine wuchtige Steppmontur, eine Lederkappe auf dem Kopf und fühlte mich beflügelt. »Ich mach' jetzt 'n Einweisungsflug…«, sagte Tobi, »fühl'n Se mal mit.«

Mit meinem Fluglehrer und späteren Mann Hans-Jürgen Uhse in Rangsdorf (1937).

Die He 72 hob ab. Wir stiegen auf 300 Meter Höhe. Das Flugzeug war offen. Tobis Wortbrocken waren kam zu verstehen. »Linkskurve… Linkskurve… Linkskurve… Höhe halten… Gas rausnehmen… Anschweben…«

Wir schwebten, besonders ich. Ich hätte schreien können vor Glück. Ich fühlte ein wonniges Schauern. Ich ahnte, was die alten Flieger meinten, wenn sie von der Freiheit da oben am Himmel schwärmten, von der grenzenlosen Größe und der Weite und dem Gefühl »on top of the world« zu sein.

Am 17. Flugtag, nach 74 Schulflügen, sagte Tobi plötzlich: »Heut' issen ordentlicher Tag… vernünftige Sicht… roll'n Se nach hinten, mach's genau wie immer… keine Angst… nich' nervös werden... Maschine steigt diesmal schneller ohne mich... flieg jetzt mal alleine.«

Tobi trollte sich, er riß mir die Latte an – und ich startete. Ich fühlte mich total sicher. Empfand keine Angst. Es war wie in einer anderen Welt. Ich sah die Kühe unter mir. Ich hielt auf eine Brücke zu. Ein Mann winkte zu mir hoch. Ich fühlte mich obenauf, da unten lag die Welt, sie schien klein zu sein und weit weg. Ich war vom Glück erfüllt. Aber ich empfand auch Einsamkeit. Gerade diese Wechselwirkung fasziniert mich beim Fliegen. Die Freude auf den Start und den Flug und die Erleichterung nach der Landung; das wunderbare Gefühl von Freiheit, die Freude, die einsame Bahn am Himmel verlassen zu können und zu den Menschen zurückzukehren.

Wir waren 60 Flugschüler, 59 Männer und ich. Aber damit hatte ich keine Probleme. Ich hatte schließlich noch Klevi, meinen Freund. Wir sahen uns zwar selten, aber wir schrieben uns regelmäßig.

Die Fliegerschule Rangsdorf lag nahe bei Berlin. Mit der S-Bahn fuhr man nur 32 Minuten in die Stadt. Rangsdorf war ein hübscher Ort am See, ein Naherholungsgebiet für die Berliner. Das machte die Zimmersuche schwierig. Meine erste Bude kostete 28 Mark und war eine Zumutung. Sie war grauenvoll eingerichtet, spartanisch, häßlich und ungastlich. Meine Wirtin, eine ältere Dame, die stets großen Wert auf die Anrede »Frau Geheimrätin« legte, gestattete mir großzügig, am Morgen ihre Küche zu benutzen und mir ein heißes Getränk zuzubereiten. Dann radelte ich zum Flugplatz, und abends saß ich meist auf dem Zimmer, um mein Pensum Wetterkunde, Motorkunde, Navigation usw. zu lernen. Nach ein paar Wochen fand ich freundlichere Vermieter und ein Zimmer mit Balkon. Frau Schommartz machte sogar Frühstück für mich – alles war bombe!

Nach 213 Starts und Landungen, den Zielanflügen, dem Höhenflug und dem 300-km-Überlandflug hatte ich im Oktober 1937 den A2-Schein. Er lag an meinem 18. Geburtstag als Einschreibebrief daheim in Wargenau auf dem Tisch.

Mein Vater hoffte immer noch, daß ich nun auf unser Gut Wargenau zurückkehren würde, um es eines Tages zu übernehmen. Ich mußte ihn enttäuschen. Für mich stand felsenfest, was ich werden würde: Einfliegerin.

Einflieger prüfen serienmäßige Flugzeuge, die vom Band kommen. Sie fliegen und schauen, ob die neue Maschine technisch einwandfrei funktioniert. Sie prüfen Trimmung, Drehzahl, Öldruck und was sonst noch alles dazugehört.

Um Einfliegerin zu werden, brauchte ich eine Praktikantenstelle, am besten bei den Bücker-Flugzeugwerken in Rangsdorf. Üblicherweise mußte man Flugzeugbau studieren, um angenommen zu werden. Aber bei Bücker war ich schon bekannt und außerdem drehten einige Leute vom Aeroclub daran, daß meine Bewerbung wohlwollend geprüft wurde. Und das kam so:

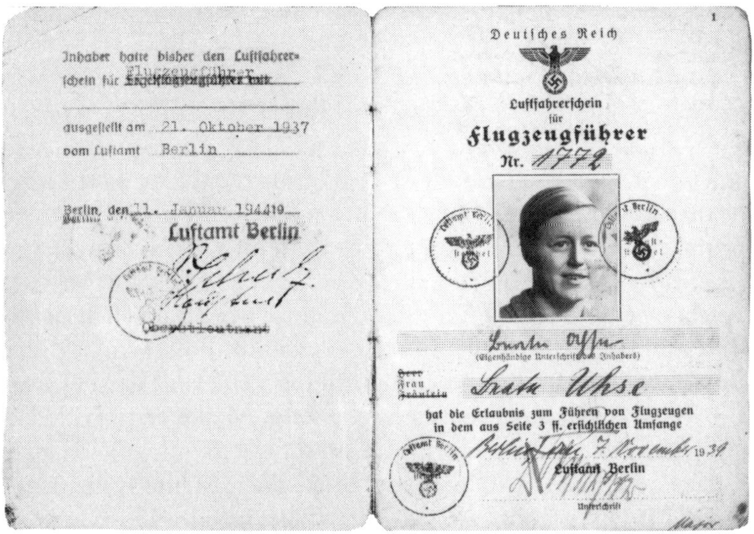

Mein erster Flugzeug-Führerschein.

Meine Beurteilung auf der Fliegerschule war sehr gut ausgefallen. Aber was noch wichtiger war: Als absoluter Neuling hatte ich beim »Zuverlässigkeits-Flug 1938« für Pilotinnen den ersten Preis gewonnen. Mit Startnummer 13 auf einer Klemm L 25 D-EKIK. Vom zweiten bis siebten Juli 1938 ging es von Berlin über Magdeburg, Hamburg nach Wyk auf Föhr. – Dieser erste Erfolg in der Fliegerei spornte mich unheimlich an. Wenige Tage später bestand ich die Kunstflug-Prüfung K 1 und freute mich riesig.

Wenige Tage später trudelte eine Anfrage des Deutschen

Aeroclubs bei der Leitung der Fliegerschule ein: »Wir brauchen noch einen Piloten für eine Auslands-Rallye in Courtrai/Belgien.« In der Schule hieß es: »Nehmen wir doch die kleine Beate Köstlin. Die kann fliegen und sich auch benehmen.«

So kam ich ins deutsche Team. Drei Luftwaffen-Offiziere und drei Privatpiloten vertraten unser Land. Insgesamt nahmen über 80 Flieger aus ganz Europa teil. Die Aufgaben waren: längste Anflugstrecke, Pünktlichkeitsanflug, Ziellandungen, Luftrennen auf einem Dreieckskurs mit Vorgabe für Motorstärke.

Die Rallye ging vom 28. bis zum 31. Juli. Die fünf erfahrenen deutschen Piloten standen mir mit Rat, Hilfe und vielen guten Tips zur Seite. So konnte ich das Luftrennen in meiner Klasse gewinnen. Für Ziellandung und Pünktlichkeitsflug gab es für Beate die Plätze zwei und drei. Insgesamt schnitt das deutsche Team gut ab. Im Anschluß gab es ein großes Bankett mit Siegerehrung durch den belgischen König im Rathaus von Brüssel.

Ich war glücklich und stolz. Meine Eltern natürlich auch. Deshalb setzten sich die Sportreferenten des Aeroclubs dafür ein, daß ich die Praktikantenstelle bei den Bücker Flugzeugwerken erhielt. Für mich lief es wie geschmiert. Nur mein Vater fand das alles nicht so witzig.

Er war sogar richtig entsetzt. Seine Tochter unter 2 000 Arbeitern und Monteuren. Außer mir kein weibliches Wesen in den Produktionshallen. Das fand er gar nicht gut.

Zunächst kam ich in die Lehrwerkstatt. Drei Monate lang Werkstücke feilen, bohren, schrauben. Ich mußte stundenlang stehen und weit laufen, wenn ich aufs Klo wollte. In der Fabrikation gab es weit und breit keine Damentoilette.

Klaglos nahm ich alle Unbilden in Kauf. Mein Meister schien mit mir zufrieden. Er hieß Spitzkatz. Meine Kollegen, die anderen Lehrlinge, betrachteten mich längst nicht mehr als weiblichen Eindringling. Sie nannte mich »Maxe«.

Nach drei Monaten durfte ich dann in die richtigen Betriebsabteilungen und arbeitete fleißig mit. Nach knapp einem halben Jahr hatte ich dann gleich einen »Riesendusel«. Die Firma Bücker bekam einen Großauftrag aus Japan: 90 Maschinen vom Typ Bü 131 zu liefern. Sie wurden per Schiff verladen und Chefpilot Benitz reiste mit sechs Monteuren hinterher, um Zusammenbau und Einfliegen ordnungsgemäß zu betreuen. Er war fünf Monate weg – und nun fehlte ein Einflieger.

Man bat mich, Maxe, einzuspringen. Auf diese Weise kam ich ganz schnell zu viel Erfahrung und Flugstunden. Ich rollte mit den nagelneuen Maschinen zum Start, rief dem Beamten der Luftaufsicht zu: »Bücker, Werkflug« und wurde zum Start gewunken. Auf meinen Knien lag ein Block mit Fakten, die zu überprüfen waren: Drehzahl in 1000 Meter Höhe, in 2000 Meter, Geschwindigkeit, Öldruck, Querruder-Einstellung, Trimmung, Spritverbrauch. Ich flog und flog und flog. Und war gerade 19 Jahre alt.

Eines Tages sprach mich ein Herr Friedrich aus Straußberg an: »Hören Sie mal«, sagte er, »ich habe da eine kleine Firma bei Berlin. Wir fertigen an die 45 Maschinen im Monat vom Typ Moran. Hätten Sie nicht Lust, bei mir als Einfliegerin anzufangen?« Und wie ich hatte. Mit 19 Jahren bekam ich also mein erstes Einfliegergehalt. Es waren 1 500 Mark im Monat. Das war damals richtig Geld. Bei Bücker als Praktikantin hatte ich 132 Mark im Monat verdient.

Aber es kam noch schöner. Inzwischen war ich auch als Double beim Film gelandet, und das hatte sich so ergeben: Man muß Flugzeit sammeln, um weiterzukommen, und deshalb lungerte ich in meiner Freizeit immer auf dem Flugplatz herum, war immer auf Stand-by, um irgendwann für irgendwen einzuspringen. Vielleicht Maschinen überführen, Rundflüge machen, Werkflüge, alles was anfiel.

Irgendwann rief ein Aufnahmeleiter der UFA an und bat unseren Schulleiter um drei Piloten, die Stunts fliegen sollten. Fluglehrer hatten für solche Sachen keine Zeit. Jedenfalls sagte unser Schulleiter: »Wir haben hier ein Mädchen, die ist eine prima Sportfliegerin. Mit der sind Sie gut bedient.«

Das Mädchen war ich, Maxe, und der Film, in dem ich nun mitwirken sollte, hieß *Wasser für Canitoga*. Ich »war« eines von drei Flugzeugen, die von der Luft aus nach Verschollenen suchten. An unsere »Stieglitze« (Doppeldecker vom Typ FW 44) wurden Kokarden einer fremden Nation angepinselt. Am späten Nachmittag wurden wir von einem Schauer überrascht, der sich gewaschen hatte. Er wusch auch die Kokarden ab und der Drehtag war gelaufen. Am nächsten Tag war also wieder Drehtermin. Es waren 150 Mark Honorar pro Tag vereinbart. Bei der Abrechnung fiel ich aus allen Wolken: Die Filmfritzen zahlten beide Tage voll, auch den verregneten.

Irgendwann doubelte ich René Deltgen in einem Film, dessen Titel ich vergessen habe. Die Geschichte aber nicht. Deltgen spielt einen Bösen, einen Verräter, der eine obskure Formel mitsamt einer Hutschachtel geklaut hatte und damit flüchtete. Und zwar in einer Bücker 180, einem zweisitzigen Tiefdecker. Der böse Deltgen springt rein, die Maschine rollt los. – Die Vorschriften verboten allerdings jedem, ein Flugzeug zu rollen, der keinen Flugschein besaß. Deshalb saß ich vorn in der Maschine, für die Kamera unsichtbar in Decken und rollte für Deltgen zum Start – Großaufnahme Deltgen. Totale – ich, in Deltgens Montur, flog los. Das Drehbuch verlangte ein gefährliches Manöver durch eine Ballonsperre, bestehend aus 80 Ballons, die auf raffitückische Weise an Drahtseilen befestigt waren. Diese Sperre gab's wirklich. Im Süden Berlins wurde ein »kriegswichtiges Ziel« durch diese Ballonsperre geschützt.

Ich meisterte das Manöver. Aber nur in der Realität. Im Film verfing sich der Böse in den Drahtseilen, eine Tragfläche brach, er stürzte ab – das heißt, ein Modell stürzte ab. Das Gute hatte über den Bösen gesiegt.

Aber es kam noch besser. Eines Tages durfte ich mein Idol doubeln: Hans Albers in einem seiner Hoppla-jetzt-komm-ich-Filme. Er springt in einen Bücker-Jungmeister Bü 133 mit Sternmotor, einen Einsitzer. Rollt mit Karacho los, um zu starten. Schnitt. Natürlich durfte auch der Supermann Hans Albers nicht losfliegen. Aber da war ja auch noch Beate in der Kanzel. Ich lag ihm im wahrsten Sinne des Wortes zu Füßen und rollte die Maschine.

Hans Albers war sehr nett zu mir und patent. Ich schwärmte ihm von dem ersten Film vor, den ich je gesehen hatte: seinem *FP 1 antwortet nicht*. Natürlich habe ich dem blonden Hans nicht erzählt, daß ich ihn immer noch als Filmidol verehrte.

Inzwischen war etwas Wichtiges geschehen: Ich hatte mich verliebt. Ein Mann war in mein Leben getreten, der mir unheimlich wichtig wurde. Ein Flieger. Fluglehrer. Sein Name war Hans-Jürgen Uhse.

»In der Kantine setzte er sich neben mich.«

Die Jahre mit Hans · Krieg · der erste Sohn

Den Namen, der so große Bedeutung für mein Leben bekommen sollte, schrieb ich beim ersten Mal noch falsch: Use.

Meinen Kunstfluglehrer habe ich zwar mit Rot in mein Flugbuch eingetragen – aber das hatte nichts mit Liebe auf den ersten Blick zu tun. Hans-Jürgen Uhse steckte bei unserer ersten Begegnung in einer braunen Lederkombi. Eine attraktive Erscheinung. Ein drahtiger, sportlicher Typ mit strahlenden, kritischen Augen. Er sprach ruhig und bestimmt, er war einer, zu dem man sofort Vertrauen faßte. Außerdem eilte ihm ein vorzüglicher Ruf voraus: Der kann ordentlich was, der Uhse.

Das bezog sich freilich nur aufs Fliegen.

Daß ich auf ihn fliegen würde – daran dachte ich damals, auf der Rangsdorfer Fliegerschule, nicht einmal im Traum. Fluglehrer Uhse erschien mir anfangs viel zu erwachsen. Er war 29 Jahre, er wußte, was zu tun ist und wie der Hase läuft. Ich dagegen fühlte mich noch wie ein Häschen, scheu und unsicher in der Welt der Fliegerei. Ich war gerade 18 geworden. Und außerdem fühlte ich mich immer noch an Klevi gebunden, meinen platonischen Freund.

So staunte ich nicht schlecht, als sich Fluglehrer Uhse für mich zu interessieren begann. In der Kantine setzte er sich neben mich, um seinen Kaffee zu trinken. Wir plauderten. Wir lachten. Wir schäkerten. Er lud mich zu einem Radausflug ein, dann auch ins Kino und zum Essen. Ich war überwältigt, ich fühlte mich geschmeichelt, ich verliebte mich in den Gedanken, daß sich ein richtiger Mann in mich verlieben könnte.

Hans war ein zupackender Mann. Eines Abends, als wir wieder auf einem unserer Spaziergänge waren, nahm er mich ohne

Vorankündigung in die Arme, küßte mich und sagte: »Du bist die richtige Frau für mich.«

Ich war verwirrt. Er hatte »Frau« zu mir gesagt. Das war ein ganz neues Gefühl für mich. Bislang war ich immer nur die kleine Beate gewesen, der burschikose Wildfang, und zum Schluß bei den Lehrlingen und den Fliegern »Maxe«. Frau – das machte mich mächtig stolz. Von diesem Abend an fühlte ich mich ihm zugehörig.

Hans und ich wurden ein Liebespaar.

Unsere Liebesgeschichte wollten wir lieber geheimhalten. Wir siezten uns weiterhin. »Fräulein Köstlin«, sagte Hans auf dem Flugplatz, »Fräulein Köstlin, Sie nehmen dann die FW 44 und üben Steilkurven links und rechts, klar?«

»In Ordnung, Herr Uhse«, sagte ich zu Hans.

Hans fürchtete, daß die Affäre eines Fluglehrers mit einer Schülerin seinem Weiterkommen schaden könnte. Mir war auch nicht wohl bei dem Gedanken. Deswegen spielten wir tagsüber immer Theater. Und abends hatten wir unseren Spaß. Nicht zuletzt, weil keiner etwas merkte.

Wir waren nun jeden Abend zusammen. Wir trafen uns nach der Arbeit immer in seiner Bude. Ich machte Abendessen. Wir plauderten, wir kuschelten und küßten uns. Punkt 22 Uhr mußte ich sein Zimmer verlassen. Seine Vermieter bestanden darauf. Sie hatten nichts gegen sogenannte Damenbesuche. Aber wehe, die Damen überschritten die Grenze des Anstands auch nur um eine Minute.

Wir waren in unserer Freizeit immer zusammen. Wir erkundeten mit unseren Fahrrädern die Gegend, fuhren mit der S-Bahn nach Berlin, lagen am Strand vom Rangsdorfer See, wir schwadronierten von der Fliegerei und Hans half mir bei der Theorie auf die Sprünge. Er büffelte mit mir Details, die es für die Kunstflugprüfung zu beachten gab, und bereitete mich auf den »Deutschen Zuverlässigkeits-Flug« vor, eine wichtige Veranstaltung, zu der ich mich gemeldet hatte. Hans studierte mit mir die Streckenpläne: Rangsdorf – Magdeburg – Altona – Fuhlsbüttel – Wyk auf Föhr – Fuhlsbüttel. Es nahmen 13 Damen teil. Keine wollte die letzte Startnummer. Weil ich die Kleinste und Debütantin war, wurde mir die Nummer 13 verpaßt.

Im Wettbewerb ließ ich alle zwölf Damen hinter mir. Dieser Sieg beflügelte auch meine Liebe zu Hans. Fliegen war bislang seine Domäne. Nun fühlte ich mich gewissermaßen freigeflogen.

Wir trafen uns jeden Abend, viele Wochen lang. Allerdings schien mir Hans häufig unruhig zu sein, immer ein bißchen mehr, besonders, wenn er mich Punkt 22 Uhr aus dem Haus ließ.

Eines Abends, gleich nach dem Essen, sagte er: »Komm, ich möchte was Wichtiges mit dir besprechen.« Er nahm mich in die Arme. Er sagte mir, wie sehr er mich liebe. Und dann meinte er ganz ruhig, daß er sich wünschte, daß wir alles zusammen tun, was ein Liebespaar miteinander tut. »Glaube mir«, sagte er, »das ist schön – für uns beide.«

Natürlich wußte ich sofort, was er meinte. Und ich fand es ganz natürlich. Trotzdem war ich irritiert. Und auch ängstlich.

An der Startflagge, Rangsdorf (1940).

Es war doch alles so schon schön. Konnte es denn überhaupt noch schöner werden? Würde er mir weh tun?

Hans redete sehr liebevoll mit mir. Er versprach, vorsichtig zu sein, und wegen eines Kindes sollte ich mir auch keine Gedanken machen, er würde natürlich Präservative benutzen. Er sagte das ganz selbstverständlich. Er kündigte die bevorstehende Liebesnacht, meine erste, behutsam an, er wollte mich nicht überrumpeln. »Überleg es dir ganz in Ruhe«, sagte er an diesem Abend beim Abschied, »morgen sagst du mir dann Bescheid, ob du willst.«

Ich wollte auch.

Ich dachte in dieser Nacht lange nach. Hans hatte es mir angetan, seine Geduld und seine Fairneß gefielen mir. Ich liebte ihn sehr. Zum ersten Male liebte ich einen Mann, ich war nicht nur verliebt. Ich sah zu ihm auf. Seine Sicherheit gab auch mir Sicherheit. Ich hatte grenzenloses Vertrauen zu ihm. Und nun war ich bereit, ihm meine Liebe zu geben. Ich wollte, daß er mich liebte, und ich wollte mich von ihm lieben lassen.

»Ich möchte, daß wir uns lieben«, sagte ich am nächsten Abend zu ihm. Hans war glücklich. Wir küßten uns wie sonst, wir kuschelten, aber diesmal ging es weiter.

Es tat weh, dieses erste Mal, aber es tat nicht sehr weh. Ich spürte Hans auf wunderbare Weise. Ich erlebte unsere neue Nähe als prickelndes Glück – schaurig-schöne Gefühle durchfuhren meinen Körper. Ich spürte menschliche Wärme in ihrer ureigensten Bedeutung. Ich fühlte mich genommen und gebraucht, geborgen und getröstet – ich fühlte mich geliebt.

Bei diesem ersten Mal erlebte ich noch keinen Orgasmus. Aber ich erlebte seinen Orgasmus wie ein faszinierendes Naturwunder. Er war mir in diesem Moment so fremd und gleichzeitig so vertraut wie niemals vorher, er war so stark und gleichzeitig ganz schwach, er schien sehr weit weg von mir zu sein und war mir doch so nah.

Wir wollten uns gar nicht voneinander lösen. Aber auch an diesem himmlischen Abend blieb ein irdischer Kodex zu respektieren: Damenbesuche nur bis 22 Uhr.

Punkt 22 Uhr kletterte ich auf mein Fahrrad und radelte zu meiner Wohnung. Ich hatte Tränen in den Augen. In dieser Nacht haßte ich es, mein kaltes, einsames Bett.

»Wo die Liebe hinfällt, da frißt die Kuh kein Gras mehr« - diese ostpreußische Redensart mochte mein Vater anfangs absolut nicht anerkennen. Ein Jahr lang litt ich unter seinem Liebesentzug.

Hans wollte, daß wir heiraten. Als er mir den ersten Heiratsantrag machte, bekam ich einen furchtbaren Schrecken. Ich fürchtete, meinen Beruf zu verlieren. Die Fliegerei wollte ich aber unter keinen Umständen aufgeben. Natürlich verlangte Hans das auch nicht. Im Gegenteil: Er half mir sehr, vorwärtszukommen mit der Fliegerei.

Der Schrecken meines Vaters saß tiefer. Hans und ich fuhren mit dem Zug nach Ostpreußen, und als ich meinem Vater meinen Flieger Hans vorstellte, herrschte zwischen den beiden Männern ziemliche Funkstille.

»Was hast du denn gegen Hans?« fragte ich Vater erbost.

»Nix«, sagte er, »aber gegen seinen Beruf.«

»Warum denn?«

»Ich will Schnott und Tränen nicht sehen, wenn mal was passiert«, sagte er. Und Vater war auch noch aus einem ganz anderem Grund traurig. Insgeheim hatte er immer noch gehofft, daß ich sein Gut Wargenau übernehmen und einen Landwirt heiraten würde. Diese Hoffnung sah er nun sterben.

Es dauerte ein ganzes Jahr, ehe sich mein Vater mit der neuen Situation anfreundete. Solange war er übellaunig und sperrte die monatlichen finanziellen Zuschüsse von zu Hause. Aber schließlich mußte auch Vater einsehen: »Wo die Liebe hinfällt, da frißt die Kuh kein Gras mehr.« Mit dem elterlichen Segen wurde unsere Hochzeit für den 10. Oktober 1939 geplant. Wir wollten auf unserem Gut feiern. Wir hatten schon Urlaub eingereicht.

Und plötzlich hatten wir Krieg.

Hans mußte jeden Tag mit seinem Gestellungsbefehl rechnen. Wir wollten auf jeden Fall verheiratet sein, denn als Ehemann hätte Hans bei den Soldaten gewisse Vorteile, mehr Urlaubsanspruch zum Beispiel.

Am 28. September brachte der Postbote seinen Gestellungsbefehl, morgens um 10 Uhr. Nachmittags sollte er sich in Magdeburg melden. »Wenn wir heiraten wollen«, sagte er zu mir, »müssen wir uns beeilen. Was meinst du?«

»Ich hol' mir Urlaub für 'ne Kriegstrauung.«

»Ich auch.«

Dann küßten wir uns.

Ich beeilte mich, Herrn Stocker, den technischen Leiter, zu finden, meinen Chef. »Ich muß gleich mal weg«, sagte ich ihm, »in vier Stunden bin ich aber wieder da.«

»Wieso denn?« fragte Herr Stocker verblüfft. »Da stehen doch noch Maschinen, die Sie fliegen müssen. Was ist denn so viel wichtiger?«

»Ich muß mal eben heiraten.«

»Was?« staunte Stocker. »Gegen wen denn?«

»Hans-Jürgen Uhse«, sagte ich – und sah in ein ungläubiges Gesicht. Fast zwei Jahre hatten Hans und ich unsere Liaison geheimhalten können.

Nun brauchten wir schnell zwei Trauzeugen. Ein Meister und ein Monteur wuschen sich die Hände und fuhren mit uns zum Standesamt Dahlewitz. Unterwegs hielten wir an und der Monteur pflückte am Wegesrand schnell ein paar Blumen.

Das Trauzeremoniell ging ebenfalls schnell, ein unromantischer Akt. Hinterher umarmten mich die drei Männer, und wir gingen zum Essen – in unsere Kantine. Es gab Erbsensuppe und Bier.

Hans mußte eine Zweimotorige nach Magdeburg mitnehmen. Er holte seine Sachen, ich tankte das Flugzeug auf. Auf dem Rollfeld umarmten wir uns, wir küßten uns, er stieg ein und flog in den Krieg. Mein Mann.

Und zurück blieb Beate Uhse.

In diesen Minuten saßen mir die Tränen dick. Der Meister nahm mich in den Arm und tröstete: »Maxe, nun wein man nich', der kommt ja wieder.«

Hans kam zunächst nach Posen. Und Ende Oktober war er wirklich wieder da. Man hatte ihm sechs Tage Urlaub gewährt. Die nutzten wir, um in Berlin kirchlich zu heiraten. Meine Eltern flogen mit der Lufthansa ein, Vater trug unter jedem Arm eine geschlachtete Ente – unser Hochzeitsmahl.

Wir waren verheiratet, aber wir mußten dennoch auf unser Eheleben verzichten. Wir waren ein Kriegspaar wie Millionen, der Krieg diktierte unseren Lebensrhythmus. Es war sonderbar: Hans und ich glaubten, daß wir es im Vergleich zu anderen Paaren noch gut hatten.

Wir hatten in Rangsdorf ein Häuschen gemietet, keinen Prachtbau, aber sehr niedlich. Das Haus bot uns reichlich Platz, wir hatten Garten und Telefon, und meine Eltern versorgten uns mit kompletter Aussteuer und schenkten uns Möbel. Anbaumöbel, wie sie damals modern waren. Haselnuß. Wir hatten ein gemütliches Heim und sahen uns häufig. Hans, der als Leutnant Ausbilder bei der Luftwaffe war, konnte es einrichten, immer mal einen Tag oder eine Nacht aus Posen und später aus Warschau nach Hause zu fliegen. Ich arbeitete inzwischen als Einfliegerin bei den Flugzeugwerken Friedrich in Straußberg bei Berlin, zwei S-Bahn-Stunden von Rangsdorf entfernt. Man vertraute mir »Moran«-Flugzeuge an, später die Bücker 131. Ich liebte meine Arbeit, ich liebte meinen Mann, ich war eine junge Frau von 21, 22 Jahren, die sich um ihr privates Glück sorgte.

Die politische Großwetterlage konnte ich nicht überschauen, vielleicht wollte ich das damals auch gar nicht. – Ich bin nie Parteimitglied geworden. Politik interessierte mich nicht. Mich interessierte die Fliegerei und meine Familie.

Wie Millionen Deutsche war auch ich nach Hitlers Machtübernahme davon überzeugt, daß »Adolf der Gütige«, wie man ihn spöttisch nannte, tatsächlich bessere Zeiten bringen würde. Er holte die Arbeitslosen von der Straße, er ließ Autobahnen bauen, er demonstrierte der Welt bei den Olympischen Spielen in Berlin, zu welcher sportlichen Größe die Deutschen fähig waren. Ich ließ mich blenden – wie Millionen andere auch.

Und dann kam 1939 der Krieg. Das war mir unheimlich, beängstigend und bedrohlich. Die ganze Welt gegen uns, das kann doch nicht gutgehen, so dachten meine Eltern, meine Familie, Hans, unsere Freunde und auch ich. Man hoffte zunächst, daß dieser Krieg schnell vorbeigehen würde, daß ein Ende käme, ehe zuviel Unglück, Tod und Unrecht geschieht. Und dann die Propaganda, die Nachrichten: Die Informationen der Hitlerregierung für die Bevölkerung waren sehr geschickt und überzeugend gemacht. Wer von uns konnte die positiven Meldungen aus Zeitung und Radio überprüfen, mit denen man von früh bis spät berieselt wurde? Als Deutscher tat man seine Pflicht für sein Land in diesem schlimmen Krieg. Je nachdem wohin man gestellt war, als Familienmutter, als Bauer, als Soldat, als Flieger. So dachte ich, wie Millionen andere.

Meine Sportfliegerei war durch den Krieg unmöglich geworden. Keine Wettbewerbe, keine Rallyes, keine Kunstflugvorführungen mehr. Deshalb nutzte ich dankbar die Chance, die mir von der Luftwaffe geboten wurde, in einem Überführungsgeschwader tätig zu sein. Dort all die Typen zu fliegen, an die man sonst nie rankommt, zum Beispiel die Ju 87, den Stuka. Die Messerschmitt 109 – den schnellen Jäger. Und die bullige Fokke Wulf 190. Mit dieser Typenerfahrung und Flugzeit hast du nach dem Krieg sicher gute Chancen im Beruf und in der Sportfliegerei, dachte ich damals.

Den Gedanken an ein Baby schoben Hans und ich lange vor uns her. Nein, im Krieg wollten wir kein Kind. Wir änderten unsere Meinung, als der Krieg ins dritte Jahr ging. Immer mehr Frauen verloren ihre Männer. Vielleicht würde auch Hans nicht zurückkommen. Dann wollte ich wenigstens ein Kind von ihm haben. Wir waren selig, als sich der kleine Klaus in meinem Bauch ankündigte.

Der Firma Friedrich in Straußberg sagte ich nichts. Ich flog wie immer, nur auf Sturzflüge verzichtete ich. Der kleine Klaus wuchs unter der dicken Wintermontur heran, und keiner sah es mir an. Eines Tages ging ich zum Chef: »Herr Friedrich, ich wollte Ihnen nur sagen, ich krieg' ein Kind.« »Schön für Sie«, antwortete Herr Friedrich, »wann denn?« »In zwei Monaten.« Der Mann fiel fast in Ohnmacht.

In den letzten sechs Wochen schonte ich mich für die Geburt. Ich wollte im Berliner Rietberg-Haus entbinden. Die Wehen stellten sich pünktlich ein. Die Geburt war im Gange. Plötzlich Fliegeralarm. In diesem Moment widerfuhr mir das, was auch Tieren in der Natur geschieht, wenn Gefahr droht: Adrenalin schoß mir durch den Körper, die Wehen blieben weg. Ich schaffte problemlos den Abstieg in den Kellerbunker.

In dieser Nacht richteten die Bomben in der Klinik vergleichsweise geringen Schaden an, nur Fensterscheiben gingen zu Bruch. Die Geburt meines Sohnes, die nach der Entwarnung künstlich eingeleitet wurde, ging gut. Klaus kam gesund auf die Welt. Wir erholten uns auf dem Gut meiner Eltern. Das war im

Am Strand von Wargenau (1943)

Sommer 1943. In Wargenau fehlten die Männer. Sie waren an der Front, gefallen oder in Gefangenschaft.

Meine Fliegerei wurde offiziell als »kriegswichtiger Beruf« eingestuft. Weil ich auch weiterhin fliegen wollte und sollte, durfte ich eine Säuglingsschwester beschäftigen: Hanna, einen 19jährigen Glücksfall. Ich war froh, daß ich fortan den kleinen Klaus gut versorgt wußte; und auch Hanna war's zufrieden, weil sie nicht in die Munitionsfirma mußte, sondern in ihrem Beruf bleiben durfte.

Aber wir mußten immer häufiger in unseren Bunker im Garten, Marke Eigenbau. Längst wurde Berlin bombardiert. Irgendwann würde bestimmt auch der Rangsdorfer Flughafen Ziel von Angriffen sein. Deshalb gruben wir ein fünf, sechs Meter tiefes Loch in unserem Garten, versenkten eine Holzkiste mitsamt Heizofen und Vorräten und stabilisierten das ganze mit Stämmen und Erde.

Als Goebbels den »totalen Krieg« ausrief, der längst im ganzen Land tobte, änderte sich auch unser Leben buchstäblich total. Bislang hatten Hans und ich dem Krieg gelegentlich erfreuliche Nischen abgewinnen können. Zum Beispiel mußte ich, weil die Piloten immer knapper wurden, fabrikneue Flugzeuge zu ihren Einsatzorten überführen. Wenn Hans zufällig Urlaub

Unser Sohn Klaus an seinem ersten Geburtstag mit seinem Vater (Rangsdorf 1944).

hatte, kam er einfach mit und überführte auch eine Maschine. So lernten wir Wien kennen, Budapest und Prag. Am nächsten Tag fuhren wir im gemeinsamen Zugabteil wieder heim. Im März 1944 absolvierte ich den ersten Überführungsflug für die Luftwaffe: eine Ju 87 von Berlin-Tempelhof nach Jüterbog.

Hans, inzwischen Hauptmann, wurde als Staffelkapitän zur »Hellen Nachtjagd« abkommandiert, die dringend »Freiwillige« aus den Reihen der besten Flieger benötigte. »Helle Nachtjagd« war ein Himmelfahrtskommando. Zum Schutze der Reichshauptstadt wurde eine Staffel nach Magdeburg verlegt. Sie flog die Me 109, schnelle, einmotorige Maschinen, die von unten in die amerikanischen Bomberpulks stoßen und so viele feindliche Bomber wie möglich abschießen sollten, ehe die ihre todbringende Fracht über Berlin abladen konnten.

Wir telefonierten jede Nacht miteinander. Einmal, bevor Hans zu seinem gefährlichen Einsatz starten mußte. Und dann noch einmal, wenn er vom Kommando zurück war, meistens so gegen zwei Uhr nachts. Ich wußte, daß Hans jedesmal sein Leben aufs Spiel setzte.

Ausgerechnet in der Nacht, in der er starb, schlief ich ohne Sorgen. Ich habe mir das nie verzeihen können. Ich habe nicht gespürt, daß er doch starten mußte. Er hatte mich nämlich, wie immer, gegen 23 Uhr angerufen und gesagt, in dieser Nacht wäre kein Einsatz. Das Wetter sei zu schlecht. Zwar seien drei britische Aufklärer unterwegs nach Berlin, aber die seien zu hoch, die würden sie nie finden. Er fragte nach Klaus, der gerade seinen ersten Geburtstag gefeiert hatte, er erkundigte sich nach meinem Tagespensum, wir wünschten uns eine gute Nacht.

Ich war erleichtert. Aber eine Stunde später, als ich längst arglos schlief, bekamen Hans und ein junger Unteroffizier den Befehl, doch in die Nacht zu starten. Alarmstart. Alles mußte schnell gehen. Hans rollte mit seinem Jäger los. Die Maschine des jungen Fliegers sprang nicht sofort an. Hans beschleunigte zum Start, als der Unteroffizier auf seine Bahn rollte. Er übersah seinen Staffelkapitän und raste in ihn hinein. Ausgerechnet in der Sekunde, in der Hans mit seiner Me 109 abhob. Hans überlebte die Karambolage nicht. Genickbruch. Die Maschine fing nicht einmal Feuer.

Das war am 30. Mai 1944.

Am Abend des nächsten Tages stand sein Kommandeur vor unserem Haus in Rangsdorf. Er brauchte nichts zu sagen. Ich wußte Bescheid. Mein Mann würde nie wieder nach Hause kommen. Zu mir. Zu unserem Kind.

»Wir lebten!«

Kriegsende · Flucht · Gefangenschaft

Nun war nichts mehr.

Nichts war mehr wie früher, nichts würde jemals wieder so sein. Da war nur noch Trauer. Hans war tot – und mit ihm waren auch meine Hoffnungen, meine Pläne, meine Perspektiven gestorben.

Trauer und Verlust lähmten mich. Ich verspürte einen dumpfen Schmerz, als läge mir ein Stein auf der Seele. Nicht einmal weinen konnte ich. Ich war einfach nur traurig. Sehr, sehr traurig. Tagelang. Wochenlang.

Mein Vater hatte vorgeschlagen: »Laß uns doch den Hans auf unserem Gut begraben.« Dafür war ich ihm sehr dankbar, seine Geste tröstete mich. Beim Begräbnis meines Mannes fehlte meine Schwester Etti. Auch sie war tot. Nach der Geburt ihres zweiten Kindes hatte sie eine Lungenentzündung das Leben gekostet. Mein Bruder Ulrich durfte den Krieg für ein paar Stunden unterbrechen.

Es waren schon viele Brüder, Väter, Söhne, Ehemänner umgekommen in diesem Krieg. Hunderttausende von Frauen hatten, wie ich, ihren Mann verloren. Aber sie lebten weiter. Wenn die das können, wenn die das müssen, dann mußt du das auch. Dann kannst du das auch. Mit diesen Gedanken versuchte ich mich immer wieder vertraut zu machen, während ich durch Rangsdorf ging. Ich hatte ein Kind, für das ich verantwortlich war. Ich hatte das Beispiel unzähliger Frauen vor Augen, die mit dem gleichen Schicksal fertig werden mußten – und fertig wurden.

Erst 24 Jahre und schon Witwe. Der Verstand half mir, neuen Lebensmut zu fassen. Ich meldete mich wieder zur Arbeit und flog fortan mit links. Leichtsinn beflügelte mich.

Was hatte ich denn noch zu verlieren? Mein Leben schien mir nicht mehr sehr wichtig. Das Leben meines Kindes wußte ich in guten Händen. Meine Eltern würden für den kleinen Klaus sorgen, falls mir etwas zustoßen würde. Meine Güte, ich war wie von Sinnen. Die Schrecken des Krieges vermochten mich kaum mehr zu schrecken.

Der »totale Krieg« verwandelte auch mich in einen Soldaten. Um die letzten Kräfte zu mobilisieren, wurden zum Beispiel große Firmen gestärkt und kleine einfach aufgelöst. So auch das Flugzeugwerk Friedrich in Straußberg. Man fragte mich, ob ich dem »Überführungsgeschwader Mitte« in Berlin-Tempelhof zugeordnet werden wolle, der 3. Staffel. Ich war einverstanden und wurde offiziell im Rang eines Hauptmanns von der Luftwaffe übernommen. Ich trug nunmehr die eisblaue Offiziersuniform.

Wir waren 40 Flieger, darunter fünf Frauen. Die 1. Staffel hatte Bomber zu überführen, die 2. Staffel Jäger und Stukas; wir, die 3. Staffel, überführten Schulflugzeuge. Ab August 1944 flog ich für die 2. Staffel die Me 109, den legendären deutschen Jäger, zu den Einsatzorten. Nach Großenbrode und Breslau, Finsterwalde, Prag, Weiden, Flensburg, Aalborg, Landau – zur Front. Längst waren solche Überführungen gefährliche Kommandos geworden. Wir wurden von feindlichen Jägern verfolgt. Meine Maschine war voll munitioniert. Aber ich wußte, daß ich einen Luftkampf gegen eine »Spitfire« ohne Jagdfliegerausbildung nur verlieren konnte. Deshalb verdrückte ich mich lieber. Ich flog so tief es ging, unter Baumhöhe. In dieser geringen Höhe konnte man nur schwer erkannt werden. Allerdings: Eine Gefahr blieb. Statt Abschuß drohte Crash – wenn man ein Hindernis übersah, eine Kuppe, einen Masten, ein Gebäude.

Der Krieg war längst verloren, auch wenn Propaganda und Durchhalteparolen davon abzulenken versuchten. Inzwischen erwartete jeder vor dem Ende eine Katastrophe. Im Westen rückten die Alliierten unaufhaltsam vor, im Osten wurde die Wehrmacht von den Russen überrannt. Im Januar 1945 hatten die Sowjets fast Ostpreußen erreicht. Es fügte sich, daß ich den Auftrag erhielt, eine FW 190 nach Gotenhafen zu überführen. Gotenhafen lag bei Danzig und Danzig nicht weit von Wargenau. Diese Gelegenheit wollte ich nutzen, um meine Eltern zu überreden, aus Ostpreußen zu fliehen. Irgendwie hatte ich drei weiße Fahrscheine organisieren können, Blankotickets für die Flucht. Sogar militärische Züge hätten uns mitgenommen.

»Kommt mit«, bedrängte ich sie. Ich argumentierte, schimpfte, bettelte. Eine ganze Nacht lang saß ich mit meinen Eltern im Wohnzimmer, bekniete sie mitzukommen. Aber mein Vater wollte nicht. Und meine Mutter wäre nie ohne meinen Vater geflohen.

»Mein Kind«, sagte Vater schließlich, »wir sind alte Leute. Die Welt, in der ihr künftig leben müßt, ist für uns zu klein. Wenn wir wirklich mit dir kämen, wären wir dir nur eine Last. Wir werden hier auf die Russen warten. Vielleicht lassen sie mich weiterarbeiten, vielleicht kommen wir auch um. Aber wir hatten ein langes ›gutes‹ Leben. Wir bleiben auf dem Gut.«

Ich sollte meine Eltern nie wiedersehen.

Erst viele Jahre später habe ich erfahren, was ihnen zugestoßen war. Eine Melkerin vom Gut hatte gesehen, daß mein Vater den russischen Soldaten entgegenging, als sie den Hof erreichten. Da stand er nun, der alte Mann von 75 Jahren. Sie erschossen ihn auf der Stelle.

Wenige Monate später starb auch Mutter. An Entkräftung, wie es hieß. Sicher hatte sie keinen Lebensmut mehr.

Ein Segen, daß ich damals nichts von diesen Ereignissen erfuhr. Es gab keinerlei Kommunikationsmöglichkeiten. Nichts funktionierte mehr. Kein Radio, kein Postverkehr, kein Telefon. Nur noch Spekulationen.

Mitte April war Berlin fast völlig von der Roten Armee eingeschlossen. Was würde werden? Wo sollte man hin? Wie würde man die Katastrophe, die jeder kommen sah, überleben können? Ich hatte mir vorgenommen, mich mit dem kleinen Klaus in unserem Keller zu verkriechen. Im Rangsdorfer Häuschen hatte ich Eingemachtes gehortet. Wenn sich der Pulverdampf verzogen hätte, wollte ich aus dem Versteck kommen. Vielleicht, so hoffte ich, lassen dich die Russen im Häuschen sitzen.

»Sind Sie wahnsinnig«, warnte mein Kommandeur. Wir berieten, was wir mit der Staffel tun sollten. An diesem 21. April 1945 war ich von einem Überführungsflug aus Leipzig zurückgekommen. Die Russen und die Amerikaner hatten sich dort schon die Hand gegeben. »Wir müssen unsere Staffel nach Westen verlegen«, sagte der Kommandeur.

Aber ich wollte bleiben. »Ich habe doch nirgendwo wen. Ich war nicht in der Partei und habe keinem was getan«, sagte ich.

Was er mir entgegnete, weiß ich nicht mehr. Fest steht nur: Er überzeugte mich. Ein Wahnsinn, sich von den Russen überrollen zu lassen.

Es wurde schon dunkel. Staaken, unseren Flugplatz im nördlichen Berlin, hatten die Russen fast schon erreicht. Berlin war bereits zur Hälfte oder mehr eingekesselt. Rangsdorf – was war in Rangsdorf?

Mein Kind. Klaus – ich mußte mein Kind holen und Hanna, die Säuglingspflegerin.

Nichts war jetzt wichtiger als die beiden in Rangsdorf. Ich mußte mich zu ihnen durchschlagen. Zu Fuß. Sofort.

Umschulung auf BF 109 (Jüterbog-Damm 1944).

Überall Schüsse. Detonationen. Bloß nicht den Russen in die Hände fallen. Wie sollte ich in der Nacht erkennen, ob es Russen waren oder Deutsche, wenn ich Soldaten sah? Ich zog einen bunten Pullover unter meine Fliegerjacke. Wenn mich Russen aufgriffen, wollte ich die Jacke wegschmeißen, um als Zivilistin angesehen zu werden. Ich stieß auf Soldaten, es waren deutsche Landser. Sie nahmen mich im Panzerspähwagen mit. Ich war die ganze Nacht unterwegs. Es wurde hell, als ich Rangsdorf erreichte. Man buddelte Splittergräben im Dorf. Die Russen lagen nur noch acht Kilometer entfernt. Den Flugplatz hatten sie schon besetzt.

»Wir hau'n ab«, sagte ich zu Hanna, die erleichtert aufatmete, als sie mich kommen sah.

»Wann?«

»Sofort.«

Wir packten eilig ein paar Klamotten in den Rucksack. In der Sportkarre verstauten wir eine Speckseite, darauf setzten wir Klaus und hetzten los.

Wir wollten nach Dahlewitz. Das war noch mit der S-Bahn zu erreichen. Und weiter nach Gatow. Das war der letzte Flugplatz, den die Russen noch nicht besetzt hatten.

Hanna hatte furchtbare Angst vor den Russen. Man erzählte sich schreckliche Geschichten, wie sie angeblich wüteten, wie sie Frauen barbarisch mißhandelten, quälten, vergewaltigten. Hanna war 19 und noch unberührt. Der Gedanke, daß die Russen schon ganz nahe waren, machte sie hysterisch.

Wir mußten schnellstens die S-Bahn erreichen. Es waren acht Kilometer durch den Wald. Nach wenigen Minuten brach die Sportkarre unter der Speckseite und dem kleinen Klaus zusammen. Wir mußten ihn nun tragen – und außer dem Rucksack alles zurücklassen.

Wir erreichten den Bahnhof. Er war brechend voll. Alle Berliner, so schien es, waren auf den Beinen, wollten weg, bloß weg aus ihrer Stadt, um irgendwo auf dem Lande die große Katastrophe des Kriegsendes über sich ergehen zu lassen.

Ein Zug fuhr ein. Alle stürzten los, drängten hinein, als wäre es die letzte Chance der Rettung. Wir hatten das Abteil fast erreicht, aber nur fast. Vor uns ein Hüne von Stabsunteroffizier.

Ich gab ihm das Wundermittel: Zigaretten. Dafür blähte er sich auf, schuf Platz für uns. Wir waren drin.

Sie waren nervös, die Berliner, aber sie blieben schnodderig wie immer, wohltuend schnodderig. Eine Dame beschwerte sich: »Sie da, nehm' Se mal den Ellbogen weg, Sie zerdrücken ma ja die janze Brust!«

Einer aus dem Pulk antwortete: »Lassen Se man, Muttchen, det wird ihn' nachem Endsieg allet wieder schöner un jrößer uffjebaut.«

Wir erreichten Gatow. Nun brauchten wir nur noch ein Flugzeug. Da stand noch eine Ju 52, mit der Wehrmachtshelferinnen und Verletzte rausgeflogen werden sollten.

»Ich möchte da mit«, sagte ich zu dem zuständigen Offizier.

»Klar«, antwortete er.

»Da ist noch mein Kind und das Kindermädchen. Die müssen auch mit.«

»Das Kind kann mit«, sagte er. »Aber ihr Kindermädchen nicht. Andere geh'n vor.«

Hanna kam fast um vor Angst. Ich konnte sie unmöglich im Stich lassen. Also blieben wir alle drei zurück.

Inzwischen war es schon dunkel geworden, an diesem 21. April 1945. Schüsse waren zu hören, Schreie, Panzerfäuste. Die Russen rückten heran. Ich schickte Hanna und Klaus in einen Luftschutzkeller. Sie sollten schlafen. Ich wollte mich umsehen. Alles war verdunkelt. Plötzlich stieß ich mit einem Mann zusammen. Er fluchte schauerlich. So konnte nur einer fluchen: Hans Vedder, der Bordmonteur der 2. Staffel. Und tatsächlich: Er war's.

»Wo ist denn unsere Staffel?« fragte ich.

»Die Schweine sind abgehauen. Ich war zehn Minuten zu spät. Die haben mich alleine hiergelassen, die Schweine«, fluchte Vedder.

»Wir sind hier«, sagte ich, »die sind weg. Aber wir müssen auch hier raus. Hans, wir müssen ein Flugzeug organisieren.«

»Vielleicht weiß ich eins«, sagte Hans. Er wußte wirklich von einer Siebel 104, abseits in einem Hangar. Doch über dem Propeller hing ein Schild: »Unklar.«

»Hans Vedder, du bist Monteur, sorg dafür, daß das Ding flugfähig wird«, sagte ich aufgeregt. Er fummelte an der Maschine herum, ich las das Manual, weil ich diesen Typ noch niemals geflogen hatte. Dem Kampfkommandanten konnte ich 120 Liter Benzin abschwatzen, weil ich versprach, zwei Verletzte mitzunehmen. Inzwischen näherte sich der Gefechtslärm. Die Russen hatten den nahen Wald schon erreicht.

Wir beschlossen, noch im Dunkeln zu starten, in den aufgehenden Tag hinein. Hans Vedder reparierte, was zu reparieren war, ich lief nachts die Startbahn ab, prägte mir Löcher, Krater und Distanzen ein.

Morgens um 5 Uhr 55 versuchten wir unser Glück. Die Maschine war total überladen. Hinten hockte Hanna, neben ihr zwei Verletzte. Klaus und Hans Vedder saßen vorne. Vedder umklammerte eine Leuchtpistole. Falls uns die eigene Flak beschießen würde, wollte er damit Signale geben. Wir wurden auch wirklich beschossen. Wir erkannten Mündungsfeuer eines Maschinengewehrs. Es kam aus dem Wald. Die Russen. Sie trafen – aber nur die Verkleidung des Fahrwerks.

Wir gewannen nur langsam Höhe, quälend langsam. Aber wir schafften es, wir entkamen aus dem eingekesselten Berlin. Wir waren die letzten, die es noch mit einem Flugzeug schafften.

Sicher setzte ich um 6 Uhr 30 zur Landung an. Flugplatz Barth in Pommern. Es war blauer Himmel. Als ich die Maschine abstellte, sangen die Lerchen. Vögel – wir hatten in Berlin schon lange keine Vögel mehr gehört.

Die Staffel war, wie verabredet, tatsächlich da. Im Autokonvoi. Ungläubig starrte mich der Staffelkapitän an. Daß ich mich durchgeschlagen hatte …

Wir blieben vier Tage in Barth, schliefen uns aus, warteten. Hans Vedder, der große Organisator vor dem Herrn, kam am dritten Tag mit einem Eimer Dorsche. Wir warteten, wir aßen uns satt, wir wußten, daß auch hier die Russen näherrückten. Wir mußten uns noch weiter nach Westen absetzen. Aber wohin?

Wir entschieden uns für Lübeck-Blankensee. Der Staffelkapitän beanspruchte das Flugzeug für sich. Irgendwie konnte ich ihn überzeugen, daß ich es organisiert hätte, mithin sei es meines.

Wir flogen voraus. Der Himmel war bedeckt. Über der Lübecker Bucht rissen die Wolken auf. Im Hafen erkannten wir acht deutsche Schiffe. Plötzlich eröffneten sie das Feuer auf uns. Vedder schoß Leuchtsignale zurück. Die Flak hatte ein Einsehen, sie stellte den Beschuß ein. Heil landeten wir in Lübeck.

Die Stadt war brechend voll. Tausende von Flüchtlingen, und täglich trafen mehr ein. Erschöpfte Menschen mit traurigen Gesichtern, Frauen und Kinder vor allem, die Schweres erlebt hatten in den letzten Wochen auf dem langen Treck.

Wir warteten auf unsere Staffel. Irgendwann kam der Konvoi, 60 Piloten, in Autos gepfercht. Auch wir wußten nicht weiter. Wir wußten aber, daß Lübeck kein guter Standort war. Was wäre, wenn Hamburg verteidigt würde? Sicher war dann soviel: Im nahen Lübeck gäbe es viele Verluste. Opfer. Tote.

»Laßt uns weiter nach Nordwesten«, schlug ich vor.

»Flensburg«, meinte einer.

Nein, Flensburg war auch unsicher. Dort hatte sich die »Geschäftsführende Reichsregierung« mit Großadmiral Dönitz einquartiert. Vielleicht würde die Stadt deswegen bombardiert werden.

»Laßt uns ins Schleswig-Holsteinische«, sagte ich. »Ich kenne da einen kleinen Platz, der heißt Lick oder Leck oder so ähnlich.« Ich kannte Leck nur von der Karte, wenn ich nach Dänemark unterwegs war.

Unser Staffelkapitän war einverstanden. Ich sollte für die Einheit in Leck Quartier machen.

Es war unheimlich viel los in der Luft, auf diesem letzten Flug. Britische »Spitfires«, ganze Schwärme, flogen einen Angriff. Die deutsche Flak feuerte – und wir waren mittendrin. Ohne Frage: Die »Spitfires« griffen gerade den Flughafen Leck an. Wir sahen brennende Maschinen. Wir hatten nur noch wenig Benzin. Aber wir mußten weg, Richtung Nordsee, bis sich der Feind verzogen hatte. Nach zwölf Minuten versuchte ich einen neuen Anflug.

Sie waren fort.

Die Rollbahn war von Bomben beschädigt. Dennoch gelang eine Landung ohne Bruch. Wir rollten zum Tower. Ich meldete mich bei einem Oberstleutnant als fliegende Vorhut für meine Staffel.

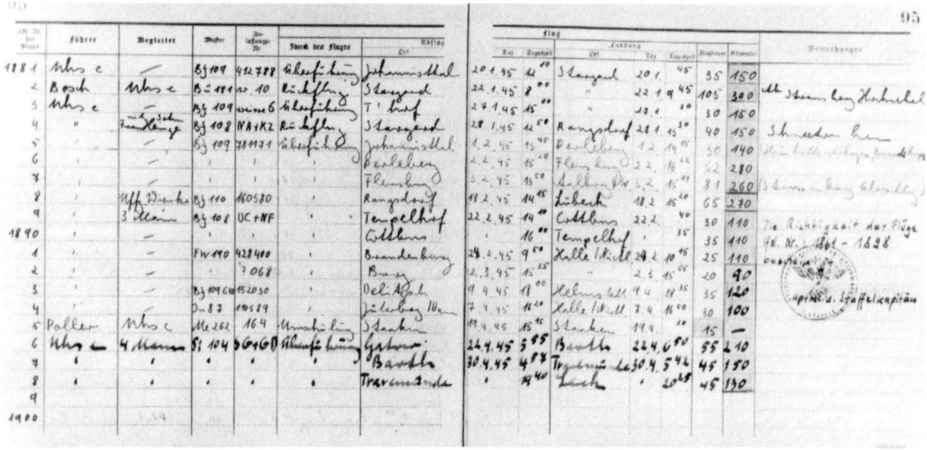

Letzte Seite im Flugbuch mit der Eintragung meines letzten Fluges von Berlin nach Leck/Schleswig-Holstein.

»Ich bin ziemlich voll«, sagte der Offizier, »aber es wird schon gehen.« Ich sah auf die Uhr. Es war 20 Uhr 25. Die Flucht war vorbei. Wir schrieben den 30. April 1945.

Wir wurden in zwei Baracken eingewiesen. Wir bedeckten den Boden mit Stroh. Wir warteten auf unsere Staffel.

Wir wurden überschwenglich begrüßt und gelobt, als die 60 Männer eintrafen. Sie waren glücklich über unser Quartier. In Wirklichkeit waren sie sicher nur glücklich, daß sie den Krieg so gut wie überstanden hatten. Sie lebten. Wir lebten.

Wir waren ungefähr 2000 Soldaten in Leck, die auf das Ende warteten. Auf das Ende des Krieges. Wir, unsere Staffel, sechzig Männer, zwei Frauen und der kleine Klaus, wir waren in den nächsten Tagen guter Stimmung. Klaus wurde reichlich mit Kommißbrot versorgt. Er sah sehr schmal aus. Ihm fehlten Brei und Möhrensäfte und alles, was Babies sonst noch brauchen. Nur Zuwendung und Kommißbrot bekam er reichlich.

Das Kriegsende sah dann so aus: Am 8. Mai fuhren drei Panzerspähwagen vor. Es waren Briten. Der Kommandeur ging ihnen entgegen, mit erhobenen Händen. Ein britischer Offizier entstieg einem der Panzerspähwagen. Die beiden Offiziere grüßten militärisch. Der deutsche Kommandeur übergab dem britischen Colonel formell den Flugplatz Leck.

Damit war der Krieg zu Ende.

Wir waren jetzt Kriegsgefangene. Wir wurden aufgefordert, alle Waffen abzugeben. Wir trotteten zum Sammelplatz. Alle warfen ihre Gewehre und Pistolen auf einen Haufen. Nur ich nicht. Meine private PPK-Pistole hatte ich versteckt. Vergraben. Ich Blöde. Wegen solcher Zuwiderhandlung konnte man an die Wand gestellt werden.

Es ging gut.

Alles war gut. Wir fielen uns in die Arme, wir beglückwünschten uns. Wir hatten alles überstanden. Wir lebten.

»Es kostete fünf Pfund Butter . . .«

Braderup · *Schrift X*

Gefangenschaft. In Schleswig-Holstein, unter dem Regiment der britischen Sieger, hatten wir glücklichere Umstände als die meisten der elf Millionen deutschen Kriegsgefangenen. Wir wurden nicht zu Todeskandidaten, wie jene, die an der ehemaligen Westfront Minenfelder räumen mußten. Wir drohten nicht zu verhungern oder zu erfrieren, wie jene, die in russischen Lagerbaracken litten. Wir mußten keine Sklavenarbeit in Bergwerken leisten. Wir wurden nicht mißhandelt. Wir hatten wenig auszustehen.

Wir hingen nur herum. Keiner wollte etwas von uns. Wir konnten allerdings nicht schreiben, nicht telefonieren, durften das Lager nicht verlassen. Wir wurden zu Tagträumern. Es war Mai und mild, und in uns keimte die heimliche Hoffnung auf bessere Zeiten.

Und trotzdem wäre ich ein paar Tage nach Kriegsende fast umgekommen:

Eines Tages wurde jemand gesucht, der passabel Englisch sprach und notfalls dolmetschen konnte. Die Wahl fiel auf mich. Ein Oberfeldwebel, ein Fahrer und ich wurden mit Permits und Papieren ausgestattet und zum Verpflegungsdepot nach Flensburg kommandiert. Unser Auftrag: eine Ladung Kommißbrot holen.

Unser Oberfeldwebel hatte gehört, daß in Flensburg gerade Schiffe mit Flüchtlingen aus Pommern angekommen waren. Auf gut Glück fuhren wir zum Hafen. Und tatsächlich: Im chaotischen Durcheinander tauchten plötzlich die Frau des Oberfeldwebels und seine kleine Tochter auf. Ein kleines Wunder war geschehen. Eine Familie war wieder vollständig. Zunächst konnte keiner das große Glück fassen.

Natürlich nahmen wir sie mit nach Leck. Der Oberfeldwebel sollte die Seinen vorne im Führerhaus bei sich haben, deshalb wechselte ich nach hinten auf die Ladefläche unseres Lkw. Kein bequemer Standplatz für mich, denn bis auf ein paar Zentimeter war alles voller Kommißbrot. Aber zurück nach Leck waren es nur vierzig Kilometer.

Plötzlich eine Vollbremsung. Ohrenbetäubendes Quietschen. Ein fürchterlicher Knall. Ein erbärmlicher Schrei. Und eine Stichflamme.

Die Straße stand in Flammen. Ich kapierte nichts. Flammen schlugen in den Laderaum. Ich konnte nicht zurückweichen. Da waren die Brote gestapelt. Jetzt verbrennst du, dachte ich. Instinktiv entschied ich mich zu springen. Mit einer Hechtrolle versuchte ich mich aus dem Feuer zu retten.

Ich flog über die Flammen, fast schaffte ich die drei Meter zum rettenden Grün. Aber dann knallte ich mit der linken Hüfte auf den Asphalt. Rollte in den Straßengraben – und hatte schreckliche Schmerzen.

Dann sah ich, was passiert war. Unter unserem Lkw verbrannte ein britischer Motorradmelder. Er war eingeklemmt. Ihm war nicht zu helfen.

Ich dachte: Jetzt schießen die uns tot. Die Briten denken, wir sind schuld, daß der Soldat stirbt. Unser Fahrer war nicht ansprechbar, als drei britische Militärpolizisten sich mit ihren Maschinenpistolen vor uns aufbauten. Der Oberfeldwebel konnte kein Englisch. Und ich hätte nur schreien können vor Schmerzen. Im Unfallschock versuchte der Oberfeldwebel, der gerade noch der glücklichste Mensch der Welt gewesen war, zu erklären, wie das Unglück geschehen konnte. Aber keiner der Briten verstand ihn. Sie fuchtelten beängstigend mit ihren MPs. Gleich passiert eine Katastrophe, dachte ich.

Und dann begriff ich plötzlich, was passiert sein konnte: Sicher hatte der englische Kradfahrer uns auf der Kreuzung zunächst übersehen. In seiner Schrecksekunde reagierte er wie ein Brite – (Linksverkehr) und riß sein Krad nach links. Direkt unter unseren von rechts kommenden Lkw.

Mit beschwörenden Worten und Gesten machte ich die Militärpolizisten auf dieses furchtbare Mißverständnis aufmerksam. Sie blickten skeptisch drein, aber dann senkten sie die Waffen. Die Erklärung schien ihnen einzuleuchten.

Es dauerte sehr lange, ehe ein Bergungsfahrzeug kam. In all den Stunden lag ich im Straßengraben. Die Bergung des Toten war wichtiger. Die Schmerzen in meiner Hüfte waren unerträglich, ich wimmerte leise vor mich hin.

Endlich untersuchte mich ein Oberstabsarzt. Seine Diagnose: Der Knochen der Gelenkkugel ist nicht gesplittert, nur gerissen. »Vielleicht werden Sie mit Krücken wieder gehen können, vielleicht sogar am Stock, wenn sie Sott haben« – Sott heißt soviel wie Glück.

Mir stellte sich das mit dem Glück in dem Moment ganz anders dar: Keine Arbeit, kein Geld, keine Eltern, keinen Mann, keine Heimat mehr – und jetzt vielleicht für immer ein Krüppel. Den Krieg überlebt, nach drei Tagen Frieden nun dies. Meine private Bilanz: eine Katastrophe. Wie sollte ich bloß mein Kind durchbringen?

In der Krankenstube vom Flugplatz Leck mußte ich liegen, liegen, liegen. Klaus, mein kleiner Sohn, hopste fröhlich um mich herum und erzählte allen unbekümmert: »Mama hat aua.« Es war Mai, die Sonne schien, die Luft war lau und ich wurde verrückt in der vermuffelten Bude. »Kann ich nicht draußen im Freien auf einer Decke liegen?« fragte ich den Oberstabsarzt bei seiner nächsten Visite. Ich wollte den Himmel sehen, mich bewegen, mit den Fliegerkollegen reden. Das alles ging im Freien leichter.

So schleppten zwei Sanis mich morgens nach dem Frühstück auf die Wiese vor der Baracke und abends wieder rein. Die Staffelkollegen besuchten mich, Klaus spielte in der Sonne.

Nur die Schmerzen! Wochenlang sehr schlimm. Mit dem linken Bein aufzutreten war mir unmöglich. Bis wir auf die Idee mit dem Fahrrad kamen. Hans Vedder besorgte mir aus Luftwaffenbeständen ein Herrenfahrrad und rüstete es für meine Bedürfnisse um. Zunächst den Sattel so tief wie möglich. Da ich links keine Kraft zum Treten hatte, konstruierte er einen Drahtbügel auf dem Pedal, um dem Fuß Halt zu geben. Ich trat rechts so kräftig wie möglich zu, das linke Pedal folgte. Plötzlich war ich wieder mobil. Ab sofort fuhr ich mit dem Fahrrad aufs Klo und auch auf dem Flugplatz rum. Die Beweglichkeit gab mir eine gewisse Selbständigkeit. Aber hauptsächlich gab sie mir Seelentrost: »Du kannst dich wieder allein vorwärts bewegen.«

Nach sechs Wochen Gefangenschaft wurde offiziell in einem Papier bestätigt, daß Frau Beate Uhse aus der Gefangenschaft entlassen war. Ich sollte mich in Braderup beim Bürgermeister melden.

Braderup hatte 300 Einwohner, dazu kamen jetzt fast 700 Flüchtlinge. Bei mir waren der kleine Klaus und Hanna, das Kindermädchen. Ich fuhr mit dem Fahrrad vor. Gehen konnte ich immer noch keinen Schritt. Stehen ging aber inzwischen. Bei den Bauern konnte uns der Bürgermeister nicht mehr unterbringen, aber in der Schulbücherei. Ein schöner, großer, heller Raum mit Blick auf die nordfriesische Landschaft. Damit waren wir gut bedient. Nur im Winter sollte es lausig kalt werden, weil die kleine »Hexe«, das Öfchen, den großen Raum nicht schaffte. Für Jahre sollte die Schulbücherei unser Domizil bleiben.

Meine Hüfte machte mir Sorgen. Würde ich nie wieder normal laufen können? Diesem Los wollte ich mich nicht fügen. Mir kam das Schicksal einer schwarzen Sprinterin in den Sinn. Elisabeth Robinson litt an Kinderlähmung; aber trotz ihrer Schmerzen trainierte sie, ihre eiserne Willenskraft setzte die ärztlichen Bulletins außer Kraft. 1928 wurde sie Olympiasiegerin über 100 Meter.

Ich ahnte, daß ich mich bewegen mußte, um nicht steif zu werden. Täglich viele Stunden mühte ich mich auf meinem Fahrrad ab: absteigen, schieben, aufsteigen, antreten. Links hatte ich keine Kraft, also trat ich nur rechts. Ich fuhr und fuhr. Erst nur in Braderup, dann die sieben Kilometer nach Niebüll, dann bis zum Flugplatz Leck. – Es ging schon besser. Langsam zwar, aber immerhin. Mit dem linken Bein konnte ich nun die Pedale hochziehen. Das gab Tempo. Eines Tages traute ich mir den ersten großen Radtrip zu. Nach Lübeck, um in den Listen des Roten Kreuzes nach meinem Vater, meiner Mutter und meinem Bruder zu suchen. Meterlange Listen mit den Namen Hunderttausender von Flüchtlingen. Ich suchte erfolglos.

Im Sommer und Herbst 1945 gab es noch keine Möglichkeit, über größere Entfernungen in Verbindung zu treten. An die postalische Beförderung von Briefen war nicht zu denken, von Telefon oder Telegrammen ganz zu schweigen.

Und natürlich durften wir die britische Besatzungszone nicht verlassen. Hinzu kam, daß die von den Briten ausgegebenen Lebensmittelmarken in der amerikanischen oder französischen Zone ohnehin keine Gültigkeit hatten. Ich wollte und mußte mir aber unbedingt Gewißheit über das Schicksal meiner Eltern und meines Bruders verschaffen. Die einzige Möglichkeit dazu bestand in den Rote-Kreuz- und Sammelstellenlisten, die quer über Deutschland verteilt in verschiedenen Ortschaften auslagen. Es half nichts: Ich mußte dort überall selbst hinfahren. Eine andere Chance hatte ich nicht. Aber es würde viele Wochen kosten, all diese Orte mit dem Fahrrad abzuklappern. Und ich mußte ja auch leben, mußte essen, irgendwo schlafen. Also schuf ich mir kurzerhand mein eigenes Versorgungsnetz.

Den Jungs meiner ehemaligen Staffel, die immer noch in Leck in Gefangenschaft waren, bot ich an, ihren Verwandten Briefe von ihnen zu bringen. Darin sollten sie aber, bitte schön, auch erwähnen, daß der Bote Beate Brot und Bett benötigte. Diese Aktion wurde ein voller Erfolg. Meine Kameraden waren glücklich, endlich ihren Familien ein Lebenszeichen geben zu können. Anhand der paar Dutzend Adressen stellte ich meine Deutschlandtournee zusammen und klapperte alle Meldestellen ab. Wie glücklich waren die Frauen und Mütter, die Väter, Kinder und Geschwister, denen ich schwarz auf weiß die Gewißheit ins Haus lieferte, daß ihr Mann, ihr Vater oder ihr Sohn den Krieg überlebt hatten. Es wurden anrührende Begegnungen.

Bei Kassel schlich ich mich nachts über die grüne Grenze in den amerikanischen Sektor. Natürlich klapperte ich auch alle meine entfernteren Verwandten ab und fragte nach meinen Eltern und Ulrich. In Hohenpeißenberg sagte mir Cousine Inge van Scherpenberg: »Der Ulrich war hier, vor drei Monaten.« Also lebte er. Toll! Ich fand meinen Bruder dann in Hindelang im Allgäu. Er war als Hausdiener im Gasthof »Zur Post« untergekommen. Welch ein Wiedersehen!

Inzwischen waren Hüfte und Bein wiederhergestellt. Nach meiner Rückkehr nach Braderup begann ich beim Bauern zu arbeiten. Hanna und ich betreuten abwechselnd den kleinen

Klaus. Rüben hacken, Kartoffeln häufeln, Torf stapeln – so gingen die Tage dahin.

Es war ein armseliges Leben. Und in Rangsdorf hatte ich ein wohlausgestattetes Haus hinterlassen müssen. Dort gab es alles, was ich hier entbehren mußte: Geschirr, Bettzeug, Kleidung, Eingemachtes.

Vielleicht war von allem noch was da, vielleicht könnte ich einen Teil meines Eigentums vor den Russen retten. Im Oktober 1945 beschloß ich, es auf einen Versuch ankommen zu lassen.

Die Nacht war regnerisch und finster, als ich bei Hof die Zonengrenze überschritt. Ich war nicht alleine, wir waren acht weitere »Rückwanderer«, die heimlich über die grüne Grenze in russisches Territorium eindrangen. Wir hatten alle Angst, besonders die Frauen. Aber keiner traute sich, über seine Angst zu sprechen. Keiner sprach ein Wort.

Es fiel mir nicht schwer, zu meinem Haus nach Rangsdorf zurückzufinden. Aber es war auch nicht leicht, das Haus, in dem ich einst so glücklich lebte, wiederzusehen. Ich betrat es nicht. Denn längst hatten sich fremde Leute eingenistet.

Unverrichteter Dinge fuhr ich zur Zonengrenze zurück. Doch diesmal wurde ich gefaßt. Plötzlich standen zwei russische Soldaten vor mir. Ich zitterte am ganzen Körper. Die beiden Russen richteten ihre Gewehre auf mich. Ich hatte keine Chance zu entkommen. Ich fügte mich dem Unvermeidlichen.

Rabiat wurde ich von den Russen in den Keller eines einsamen Gehöfts gezerrt. Vermutlich hielt man mich für einen Spion. Im Keller war bereits ein Dutzend Gefangene. Wir wurden tagelang festgehalten, ohne zu wissen, was mit uns geschehen würde. Es war bereits bitter kalt in den Nächten. Wir hatten nichts, um uns zuzudecken. Man gab uns nichts zu essen. Wir mußten mit dem auskommen, was wir im Keller fanden. Und das war nichts weiter als ein Haufen roher Kartoffeln.

Dann kam das Wochenende. Die Russen kriegten ihre Ration Wodka. Sie soffen, sie sangen – und dann wollten sie »Weiber«.

Angeblich bloß zum Bedienen. Wir waren da unten im Keller vier Frauen. Eine nach der anderen wurde aus dem Keller geholt. Wir alle wußten, was uns blühte.

Ich zählte 16 russische Soldaten. Die meisten schienen Mongolen, Kalmücken zu sein, deren Wesensart uns Mitteleuropäern besonders fremd ist. Mir grauste bei dem Gedanken, von diesen Burschen vergewaltigt zu werden. Sechzehn Männer und vier Frauen.

Ich blickte in die Gesichter der Männer. Jedes dieser Gesichter sah ich nur sekundenlang an, denn ich konnte ihre grinsenden, geilen Mienen nicht ertragen. Einer von ihnen wirkte weniger brutal. Mit dem versuchte ich Kontakt herzustellen. Ich lächelte ihn an, er lächelte zurück. Ich dachte, wenn schon, dann bitte nur von einem. Er tat tatsächlich, was ich erhofft hatte: Er reklamierte mich für sich allein.

Er nahm mich mit in seine Bude. Und daß er mich nahm, konnte ich ertragen. Denn es war harmlos im Vergleich zu dem, was in den nächsten Stunden von den anderen zu hören war. Die Frauen schrien, sie wimmerten und weinten, und die Russen brüllten vor Vergnügen. Drei Frauen und fünfzehn Männer.

Am nächsten Tag ließ man uns laufen. Ein Häuflein geschwächter, deprimierter Menschen schleppte sich über die letzten hundert Meter zur Grenze der amerikanischen Besatzungszone. – Wir wurden freundlich empfangen. Es gab zu essen, heißen Kaffee und menschliche Anteilnahme. Und auch ein sauberes Plätzchen zum Schlafen.

Am nächsten Tag strampelte ich mit meinem Fahrrad Richtung Norden los, zurück nach Braderup. Von der Grenze Plauen/Hof aus brauchte ich etliche Tage. Beim Radeln hatte ich Zeit, dieses Erlebnis zu verarbeiten. Als der kleine Klaus mir in Braderup fröhlich in die Arme sprang, hatte ich den Horror verkraftet.

Wir Flüchtlinge waren in jenen Tagen total euphorisch. Wir hatten überlebt und steckten voller Idealismus. Eine bessere Welt wollten wir erschaffen. Nur wie, das wußten wir noch nicht.

Abends saßen wir meistens bei mir, weil meine Wohnung, die Schulbücherei, groß und hell war. Wir tranken. Wir tranken Grog aus Holunderbeeren, wir brannten heimlich Schnaps, wir kochten Rübensirup und schlachteten schwarz, um die kargen Rationen der Lebensmittelkarten aufzubessern. Wie Millionen anderer mühte ich mich brav, über die Runden zu kommen.

Damit war Schluß, als ich mich von der Bauersfrau übers Ohr gehauen fühlte. »Frau Uhse«, hatte sie mir nämlich versichert, »Ihr Kleiner ist ja ganz reizend, aber ein bißchen blaß. Sicher fehlt ihm Milch. Nehmen Sie sich doch abends etwas aus der Kanne.«

»Frau Hoste«, dankte ich überschwenglich, »das ist ja toll.«

Am Ende der Woche zahlte sie mir keinen Lohn aus. Sie hatte die Milch zu Schwarzmarktpreisen berechnet und mit meinem »normalen« Landarbeiterlohn verrechnet. Eine Woche harte Arbeit für einen Viertelliter Vollmilch pro Tag, das fand ich brutal. Fortan handelte ich den damaligen Marktgesetzen entsprechend: Ich wurde ein kleiner Schieber.

Irgendwo organisierte ich fünf Pfund »amerikanischen Blauen«, also Kaffee. Der war gut für ein paar Enten. Oder Butter. Die Butter wiederum portionierte ich in 25-Gramm-Stückchen, um sie an die Rettungsschwimmer auf Sylt zu verkaufen. Von der Handelsspanne ließ sich's leben.

Hans Vedder, der Bordmechaniker, hatte in Hamburg Kontakt zu Schwarzmarkt-Kreisen. Für ihn machte ich Termine bei den Bauern aus, und Hans tauschte dann für Hamburg. Eines Tages knallte er eine riesige Rinderleber auf den Tisch in Braderup und sprach die feierlichen Worte: »Beate, die brate jetzt, heute fressen wir uns dod.« Schön und gut, bloß womit braten? Schließlich entschieden wir uns für Melkerfett. Selbst damit war die Rinderleber ein Genuß.

Natürlich konnte es mit dem Geldverdienen nicht ewig so weitergehen. Aber was sollte ich machen? Für meine gelernte Profession hatte ich gewissermaßen Berufsverbot. Allen deutschen Fliegern war zunächst untersagt, Flugzeuge zu führen. Flugzeugbauer mußten ihre Produktion umstellen. Die Firma Messerschmidt zum Beispiel fertigte Plastikartikel und später Fertighäuser. Als ich alte Bekannte bei Messerschmidt besuchte, bot man mir an, als Vorführ- und Werbefahrerin des Kabinenrollers einzusteigen, der damals schon in der Planung war. Zwar Zukunftsmusik, aber wohlklingende! Immerhin konnte ich in Süddeutschland Plastikspielzeug und Plastiktüten erwerben – begehrte Artikel, um einen ambulanten Handel zu beginnen. In Braderup und Umgebung fand das bunte Zeug reißenden Absatz.

Auch nach Kriegsende lief ich noch immer mit meiner Pilotenjacke herum. Ich hatte ja nichts anderes. Vielleicht verhalf mir diese Jacke bei den Frauen in Braderup zu einem gewissen Ansehen, vielleicht war es auch meine unbekümmerte Freundlichkeit, mit der ich auf alle zuzugehen versuchte. Jedenfalls zogen mich die Frauen des Dorfes ins Vertrauen.

»Beate«, sagte erst Lisa, dann Bettina, dann Hertha, »eine Katastrophe ist geschehen.« Allen dreien war das gleiche zugestoßen: Der Mann war aus dem Krieg nach Hause gekommen. Riesenfreude. Und drei Monate später kündigte sich das Baby an. Keine Wohnung, keine Arbeit, keine Perspektive. Unter solchen Umständen empfanden tatsächlich viele Paare ein Kind als Katastrophe. Sie wußten nicht weiter. Sie wollten zum Engelmacher. Und sie wollten wissen, wie sie sich in Zukunft besser schützen könnten. Kondome gab es damals nicht (mehr).

Mir fiel wieder ein, was mir meine Mutter erklärt hatte, als ich ein junges Mädchen war: die Methode Knaus-Ogino, die Lehre von den empfängnisfreien Tagen der Frau. Ich wußte zwar, daß diese Methode nicht hundertprozentig sicher war. Aber bestimmt war sie besser als gar keine Verhütung. Nur die näheren Einzelheiten waren mir entfallen. Deshalb fuhr ich in die Bücherei nach Niebüll und fand tatsächlich ein broschiertes Buch des Schweizer Arztes Dr. H. J. Gerster mit dem Titel *Die natürliche Geburtenregelung nach Knaus*. Ich lieh mir das Büchlein aus. Statt vierzehn Tage insgesamt sechs Wochen – wofür ich 20 Pfennig nachbezahlen mußte.

Zunächst rechnete ich für mich und für Hanna unsere risikoreichen, das heißt empfängnisbereiten, Tage aus, obwohl wir damals beide ohne Partner waren. In wenigen Wochen kamen sechzehn Frauen zu mir. Alle baten um eine Aufstellung ihrer unfruchtbaren und fruchtbaren Tage. Mensch, dachte ich da, wenn hier in Braderup schon so viele Frauen an einer solchen Tabelle Interesse haben, wie viele sind es dann wohl in Niebüll und Leck. Oder im großen Kiel. Oder sogar in Hamburg?

Nach Feierabend setzte ich mich hin und entwarf auf einer geborgten Schreibmaschine folgenden Text: »Wenn ursprüng-

Expertin war ich damals noch nicht.

> ## *Schrift X*
>
> Wenn ursprünglich beim Menschen, ebenso wie im Tierreich Begattung und Zeugung gleichbedeutend waren, so haben sich seither die Dinge gewaltig geändert. Würden wir triebgemäß zeugen wäre es heute keinem Elternpaar möglich ihren Kindern ein anständiges, menschenwürdiges Leben und eine entsprechende Erziehung zukommen zu lassen. Es entsteht daher für uns die soziale Pflicht die Befriedigung des Sexualtriebes von der Zeugung scharf zu trennen. – In zunehmendem Maße bilden sich in der ganzen Welt Gesellschaften die unter der Bezeichnung: Geburtenregelung (birth contoll, die Bewegung geht von Amerika aus), die Forderung nach systematischer Beschränkung der weiblichen Fruchtbarkeit erheben. Es soll das selbstverständliche Recht jedes Menschen sein, die Größe seiner Familie je nach seinen sozialen Verhältnissen zu bestimmen.
>
> Dieser Forderung kommen die medizinischen Forschungen der letzten Jahre entgegen, die ergeben haben, daß die Frau nur an wenigen Tagen zwischen zwei Monatsperioden empfängnißfähig ist.
>
> Schildern wir zunächst einmal was innerhalb einer Monatsperiode im Körper der Frau vorgeht:

lich beim Menschen, ebenso wie im Tierreich, Begattung und Zeugung gleichbedeutend waren, so haben sich seither die Dinge gewaltig geändert. Würden wir triebmäßig zeugen, wäre es heute keinem Ehepaar möglich, ihren Kindern ein anständiges, menschenwürdiges Leben und eine entsprechende Erziehung zukommen zu lassen. Es entsteht daher für uns die soziale Pflicht, die Befriedigung des Sexualtriebes von der Zeugung scharf zu trennen. – In zunehmendem Maße bilden sich in der ganzen Welt Gesellschaften, die unter der Bezeichnung: Geburtenregelung (birth control, die Bewegung geht von Amerika aus), die Forderung nach systematischer Beschränkung der weiblichen Fruchtbarkeit erheben. Es soll das selbstverständliche Recht jedes Menschen sein, die Größe seiner Familie je nach seinen sozialen Verhältnissen zu bestimmen.

Die Knaus-Ogino-Methode zur Berechnung der fruchtbaren Tage der Frau: mit der *Schrift X* fing alles an.

Aufstellung

Monatsnorm	Unfruchtbare Tage nach Eintritt der Periode	Fruchtbare Tage	Unfruchtbare Tage vor der zu erwartenden Periode
20 Tage	6	7	7
21 Tage	7	7	7
22 Tage	7	7	8
23 Tage	7	8	8
24 Tage	7	8	9
25 Tage	7	8	10
26 Tage	7	9	10
27 Tage	8	9	10
28 Tage	8	9	11
29 Tage	9	9	11
30 Tage	9	10	11
31 Tage	9	11	11
32 Tage	9	12	11

Anleitung:

Da bei fast allen Frauen der zeitliche Abstand zwischen zwei Monatsperioden schwankt (Eine Frau hat z. B. in einem Monat 26 Tage zwischen ihren Blutungen, im nächsten Monat 28 Tage und im dritten 27 Tage), ist es die erste Vorbedingung für alle Frauen die Anzahl der Tage zwischen zwei Monatsblutungen genau festzustellen. Auf dem Kalender wird einige Monate lang der Beginn der Blutungen eingezeichnet. Hat die Frau so die Dauer ihrer Monatsperiode gefunden und dabei festgestellt, das z. B. die längste Periode 29 Tage, die kürzeste 25 Tage betrug, so ist es aus Sicherheitsgründen ratsam die **längste Periode**, also in diesem Fall 29 Tage als Norm anzunehmen. Um Ungenauigkeiten in der Berechnung zu vermeiden, empfiehlt es sich die Tage auf dem Kalender auszuzählen. Der erste Tag der Periode zählt mit.

Aus der Aufstellung ersehen Sie welche Tage bei den entsprechenden Monatsnormen fruchtbar und welche unfruchtbar sind. (In den unfruchtbaren Tagen **nach** Eintritt der Periode sind die Tage der Blutung enthalten). Es empfiehlt sich, jeweils auf dem Kalender die fruchtbaren und unfruchtbaren Tage zu kennzeichnen (siehe Beispiel). Dann sind Sie auch jederzeit in der Lage Ihre Monatsnorm ständig zu überprüfen.

Beispiel: Eine Frau mit der Monatsnorm 28 Tage hat den ersten Tag der Blutung am 4. Juli. Dann sind 8 Tage, also bis zum 11. Juli einschließlich unfruchtbar, die folgenden 9 Tage bis zum 20. Juli einschließlich sind fruchtbar und die letzten 11 Tage bis zum 31. 7., an dem die nächste Periode spätestens zu erwarten ist, sind wieder unfruchtbar.

Dieser Forderung kommen die medizinischen Forschungen der letzten Jahre entgegen, die ergeben haben, daß die Frau nur an wenigen Tagen zwischen zwei Monatsperioden empfängnisfähig ist.«

Auf drei weiteren Seiten schilderte ich etwas ungelenk, was innerhalb einer Monatsperiode im Körper der Frau vorgeht, wie das weibliche Ei ausgestoßen wird, wie lange der männliche Samen nach dem Verkehr lebensfähig ist und wie die fruchtbaren Tage zu berechnen sind.

Weil ich keinen besseren Namen für meine Schrift wußte, nannte ich sie *Schrift X*.

Die wollte ich nun drucken lassen. Und per Postwurfsendung verteilen. Postwurfsendungen waren damals eine übliche und billige Möglichkeit der Werbung. Pro Stück ein halber Pfennig Gebühr.

Drucken war komplizierter. Ich fuhr mit dem Fahrrad nach Flensburg und wurde auf die Druckerei Schwichtenberg aufmerksam.

Den Chef fragte ich, was 10 000 Postwurfsendungen und 2 000 Stück meiner *Schrift X* wohl kosten würden. Er fragte: »Wie willste denn das bezahlen, mien Deern?«

»Mit Geld«, antwortete ich. Aber mit Geld ging damals nichts.

»Wo kommste denn her?« fragte Drucker Schwichtenberg. Als er Braderup hörte, dachte er sofort an Fleisch oder Butter. Wir einigten uns auf fünf Pfund Butter. Nach drei Wochen hatte ich mein Fett, allerdings auf Marken.

Schrift X wurde gedruckt. Den Preis legte ich auf zwei Reichsmark fest. Das war nicht viel. Damals kostete zum Beispiel ein Paar Schuhe schwarz 600 RM, eine Zigarette neun RM. Als Versandadresse setzte ich »Schule Braderup« ein – »Betu«-Vertrieb.

Betu – die Abkürzung meines Namens Beate Uhse.

Ein paar Tage nachdem die Postwurfsendungen in Heide und Husum verteilt waren, kleckerten schon Bestellungen für die *Schrift X* ein. Erst drei, sieben, neun, dann 20 Stück am Tag. Es lief jedenfalls viel besser, als ich gedacht hatte.

Diesmal hatte ich richtig Glück. Am 21. Juni 1948 war die sogenannte Währungsreform abgewickelt. Jeder Deutsche hatte 40 Mark »Kopfgeld« erhalten – Deutsche Mark. Die Reichsmark war abgeschafft. Die Bezieher meiner *Schrift X* zahlten unaufgefordert eine DM. Richtig wohlhabend fühlte ich mich.

Schriftlich fragten immer mehr Kunden an, ob ich ihnen nicht auch Artikel besorgen könne, die es vor dem Krieg einmal gegeben hatte, also Kondome und Aufklärungsbücher wie Van de Veldes *Die vollkommene Ehe*. Oder *Liebe ohne Furcht*. Oder Anregungsmittel.

Wie die Jungfrau zum Kind war ich zu meinem Gewerbe gekommen. Ewe, der neue Mann an meiner Seite, machte mir Mut: »Beate, das bauen wir aus.«

»Eines Tages stand er plötzlich vor mir . . .«

Anfänge von Beate Uhse · Pastorat St. Marien

Männer mochte ich immer gern leiden. Beruflich und privat hatte ich nie Probleme mit ihnen. Im Gegenteil. Ich fand eigentlich immer schnell guten, freundschaftlichen, fairen Kontakt zu ihnen. Ich war glücklich, daß wieder ein wirklich netter Mann in meinem Leben war. Der Ewe.

Eines Tages stand er plötzlich vor mir. Ich saß mit meinem kleinen Klaus in einer Burg auf Sylt. Die Burg war aus Sand und der Strand gehörte zum FKK-Gelände. Es war im Sommer 1947, in der Zeit, in der ich versuchte, meinen Schwarzmarkt-Butterhandel mit den Rettungsschwimmern der Insel zum Blühen zu bringen.

Der fremde Mann, der mir gerade die Sonne nahm, war ein paar Minuten zuvor mein Partner beim Strandsport gewesen. Jetzt stand er vor mir und fragte: »Ist das da Ihr Kind?«

Ich nickte.

Er ergänzte: »Ich hab' nämlich auch zwei.« Und dann erzählte er mir seine Geschichte: Genau an diesem Morgen um neun Uhr war er – gegen seinen Willen – von seiner Frau geschieden worden. Gewissermaßen auch ein Kriegsopfer. Er mußte als Pionier einrücken. Er war schon beim Polenfeldzug dabei, später in Frankreich, dann Rußland. 1943 geriet er in Gefangenschaft und galt zwei Jahre als vermißt. Als er eines Tages im Herbst 45 bei seinen Eltern in Flensburg vor der Tür stand, erkannte ihn seine Schwester nicht. Ein zerlumpter Greis stand da, ein Klappergestell von 73 Pfund. Ein Wunder, daß dieser Mann überlebt hatte. Es dauerte Monate, ehe seine Familie ihn wieder aufgepäppelt hatte. Seine Frau aber wollte nichts mehr von ihm wissen. Sie hatte einen anderen Mann kennengelernt und reichte die Scheidung ein.

Mit Klaus in Westerland (1947).

Todtraurig schilderte er mir sein Schicksal. Jetzt hätte er hier 14 Tage Urlaub. Mir gefiel dieser Mann. Wir freundeten uns an. Und es dauerte nicht lange, da war er meine große Liebe. Wir paßten zusammen, die Chemie zwischen uns stimmte. Hinzu kam etwas anderes: In diesen Zeiten des großen Glücks, überlebt zu haben, aber auch der materiellen Not, war Liebe ohnehin ein willkommener, heller Hoffnungsschein über einem Haufen von Problemen und Ratlosigkeit.

Ernst-Walter Rotermund stammte aus einer Flensburger Kaufmannsfamilie. Sein Vater führte eine Spedition, Ewe hatte eine solide kaufmännische Ausbildung. Dieser Umstand sollte mir sehr zunutze kommen. Denn auch im Versandhandel, einer Geschäftsform, von der ich keinen blassen Schimmer hatte, war Ewe total firm. Gemeinsam mit einem Chemiker namens Dr. Ermann hatte er bereits ein Versandgeschäft laufen – für Haarwasser. Ihr Produkt hieß »Ewisin«. Und Ewe machte richtig Geld damit – obwohl die Geschäftsgrundlage nicht ganz einfach war. Die zukünftigen Kunden, die ein Haupthaar-Hoffnungswässerchen haben wollten, mußten zuvor eine leere Flasche einschicken. Ohne Pulle kein »Ewisin«. – So war das vor der Währungsreform.

Ewe war sportlich, schlank, sympathisch und – schwierig. Aber schwierig sind wahrscheinlich die meisten interessanten

Männer. Ewe war außerdem ungeheuer begeisterungsfähig – und ein bißchen wahnsinnig war er auch. Jedenfalls kein konventioneller Mensch. Er war ein geschickter Geschäftsmann, hatte ein gutes Feeling für Werbung und war ein einfühlsamer, phantasievoller Liebhaber.

Ehe wir uns versahen, waren wir ein Paar mit drei Kindern. Seine beiden, die zehnjährige Bärbel und der vierjährige Dirk, verstanden sich gut mit meinem Klaus, der inzwischen auch schon vier Jahre alt war. Wir konnten beruhigt zusammenziehen.

Und zwar ins Flensburger Pastorat St. Marien. Tante Elfriede Rotermund, deren Mann, der Pastor, zwei Jahre zuvor gestorben war, überließ uns ein Zimmer. So wohnten wir von nun an in einem halbheiligen Ort, gemeinsam in einem Haus mit dem neuen Pastor, Tante Elfriede und ihrer Katze, die Deborah hieß. Eine etwas irre Situation: Ausgerechnet in einem Pfarramt sollte sich die kleine Firma Beate Uhse zu mausern beginnen.

Ich verschickte weiterhin meine *Schrift X*. Im Jahr 1947 wurde dieser erste und noch einzige Artikel meines »Betu-Vertriebs« immerhin 32 000mal angefordert. Nun wurde ich kesser und propagierte mein Produkt auch schon in Hamburg und Bremen.

Als sich die Anfragen häuften: »Liebe Frau Uhse, vor dem Krieg gab es doch Fromms und Blausiegel und Bücher über die Liebe – Van de Velde zum Beispiel – haben Sie keine Beziehungen, solche Sachen zu besorgen?«, keimte in mir die Idee. Vielleicht, hoffte ich zaghaft, vielleicht ist da ja wirklich was zu machen. Vielleicht kann daraus sogar eine Existenzgrundlage für mich werden.

Bei der Firma Blausiegel in Hannover konnte ich Präservative ordern, ebenso bei den Firmen Fromms, Ritex und Hanseatische Gummiwarenfabrik. Verlage, die meine Werbung für die *Schrift X* gesehen hatten, machten mir Angebote, auch ihre Bücher zu vertreiben. Der Schweizer Verlag Albert Müller brachte die deutsche Übersetzung eines holländischen Frauenarztes namens Theodor Hendrik van de Velde neu heraus: *Die vollkommene Ehe*.

Dieses Lehrbuch für den Geschlechtsverkehr war in den zwanziger und dreißiger Jahren bereits zum Bestseller geworden. Mit nüchterner Deutlichkeit schilderte der Arzt, wie Mann und Frau ihren Lustgewinn zu steigern vermögen, wie Unlust vermieden werden kann, welche »Stellung und Haltung bei Coitus« angeraten ist. Die Intensität der Lustgefühle sei, so erklärte van de Velde, im bedeutenden Grade abhängig von der »Art der Vergattung«, und »genügende geschlechtliche Abwechselung« habe eine erhebliche Bedeutung für das Glück der Ehe. Ohne aufreizendes Vorspiel gäbe es kein befriedigendes Liebesspiel. Er zitierte schließlich Seneca, von dem die Formulierung stammte: »Willst du geliebt werden, so liebe.«

Die vollkommene Ehe, Präservative, zwei Eheberatungsbücher und ein Anregungsmittel wurden zum Grundstock meines Geschäfts. Abends setzte ich mich an den Familientisch im Pastorat und entwarf eine Werbeschrift: »In anderen Ländern und bei anderen Völkern sind die Menschen in Dingen der Liebe erfahrener als bei uns. So stehen heute in vielen Staaten die sogenannten Liebeslexikate offen zum Verkauf. Diese Bücher wollen durchaus nicht aufreizend wirken, im Gegenteil. Sie sind das Brevier des Mannes, der daraus sein Wissen schöpft, um dieses bei seiner Gattin anzuwenden.

Einige Übersetzungen guter ausländischer Literatur konnte ich erwerben. Sie finden Sie verzeichnet auf der nächsten Seite.«

»*Unter vier Augen* – dieses Buch mit zahlreichen Bildern und Original-Modellen erörtert, neben allen Belangen des intimen Verkehrs, die natürlichen fruchtbaren und unfruchtbaren Tage der Frau nach Knaus. Da Dr. med. M. Rinard den biologischen Funktionen der Sexualorgane hier besondere Aufmerksamkeit widmet, ist dieses Buch geeignet, jungen Menschen hierüber das nötige Wissen zu geben« – so pries ich das schwarz eingebundene Buch (Untertitel: »Die hohe Kunst der Gattenliebe«) damals an. Die »zahlreichen Bilder« und Original-Modelle waren traurige Strichzeichnungen, etwa der »Reizbezirke der Frau« oder der »sexuellen Erregungskurven«. Und trotzdem wurde *Unter vier Augen* mein erster Renner.

Jeden Morgen stürzte ich zum Flensburger Hauptpostamt. Die Kundenpost wollte ich natürlich nicht über das Pfarramt abwickeln, sondern über ein Schließfach. Es hatte die Nummer 185. Anfangs gingen mal fünf, mal zwei, mal sieben Aufträge täglich ein, meist wurde die *Schrift X* bestellt. Als ein Kunde

Unter vier Augen und zwölf Fromms orderte, war ich beglückt – und gleichzeitig in meiner Warenkapazität überfordert. Ich kaufte mir eine Postkarte und forderte beim Großhändler gleich 24 Fromms an, mit dem Vermerk »Eilt!« Es ging tatsächlich prompt: Nach einer Woche hatte ich meine Ware und konnte ausliefern.

Gewöhnlich legte ich meinen Kunden einen netten Brief bei: »Vielen Dank für Ihren freundlichen Auftrag. Ich beeile mich, denselben zu Ihrer Zufriedenheit auszuführen. Darf ich Ihnen gleichzeitig mein neues Prospekt beifügen. Über einen nächsten Auftrag würde ich mich sehr freuen. Mit herzlichen Grüßen, Ihre Beate Uhse.«

Bescheidene Anfänge. Die Firma – das war ich. Meine Firma hatte kein Kapital, kein Warenlager, noch keinen wirklichen Kundenstamm. Aber ich ahnte, daß da eine potente Kundschaft schlummern könnte. Ich existierte von der Hand in den Mund. Immer dann, wenn ein bißchen Geld in der Kasse war, ließ ich neues Werbematerial drucken, schrieb aus Telefonbüchern, die ich mir besorgte, Adressen heraus und verschickte meine Werbebriefe. Bei Großhändlern bestellte ich, was die Kunden bei mir anforderten. Als eines Tages drei-, viermal *Unter vier Augen* verlangt wurde, besprach ich mit Ewe, ob es vertretbar sei, beim Hoffmann-Verlag in Heidenheim auf einen Schlag gleich zehn Exemplare zu ordern – dann gäbe es eins gratis dazu.

Die Geschäfte gingen gemächlich, aber stets voran. Bis Ewe für ein Jahr ausfiel. Er hatte, als Resultat seiner Gefangenschaft, große Sorgen, daß wir – Westdeutschland – von den Russen besetzt würden. Die politische Situation war im Sommer 1948 noch nicht stabil. Noch regierten die Besatzungsmächte, noch wurden immer neue Grenzbegradigungen vollzogen. Eines Tages sagte Ewe: »Ich will weg aus diesem Land.« Legales Auswandern war nicht möglich, weil niemand im Besitz gültiger Reisepässe war. Gemeinsam mit neun Gleichgesinnten plante Ewe insgeheim, nach Südamerika zu segeln. Die Vorbereitungen, die Verproviantierung waren schwierig, aber am 9. September stachen die zehn Flensburger Segler tatsächlich in See.

Ewe wollte mindestens ein Jahr in Argentinien bleiben, um

zu erkunden, ob es möglich wäre, dort eine neue Existenz aufzubauen. Falls er bliebe, sollte ich dann mit dem Dampfer und den Kindern zu ihm stoßen. Wir waren noch unverheiratet.

Kaum war Ewe weg, da merkte ich: Ein Baby ist unterwegs. Es war ein Abschiedsschmerzkind. Die Knaus-Ogino-Regel, von der ich lebte und nach der ich liebte, versagte ausgerechnet bei mir. Der Abschiedskummer mußte für die Kapriolen beim Eisprung gesorgt haben.

Verzweifelung über meine Umstände: Da hatte ich nun drei Kinder und keinen Mann. Ein viertes, uneheliches Kind war unterwegs, und ich lebte in einem Pfarrhaus. Angst vor sozialer Ächtung dämpfte meine Mutterfreuden. Sollte ich mich an einen dieser Engelmacher in Dänemark wenden und abtreiben? Acht Wochen lang kämpfte ich mit mir. Schließlich setzte sich die Einsicht durch: Wo drei Kinder satt werden, wird auch ein viertes satt. Und: Würde ich Ewe je wiedersehen? Würde ich jemals wieder einen Mann treffen, von dem ich ein Kind wollte? Ich entschied mich – du kriegst das Baby.

Ein Problem blieb: Wie sag' ich's der Familie.

Im Clan der Rotermunds war damals Ewes Bruder Horst mein Vertrauter. Der schlug gleich vor: »Heirate doch mich, das Kind stört mich nicht.« Seine Idee war gut gemeint, aber ich liebte nicht ihn, sondern Ewe. Horst übernahm jedoch den heiklen Dienst der Aufklärung. Die Rotermunds reagierten zunächst mit Totenstille, doch dann erreichte mich eine Einladung zum Essen. Kein Donnerwetter, sondern natürliches Verständnis. Sie nahmen die Nachricht freundlich auf – und mich dazu. Eine wichtige Unterstützung: Das Gefühl, wieder zu einer Familie zu gehören, gab mir das seelische Gleichgewicht zurück. Meine eigene Familie hatte ich in den Kriegswirren verloren; über die neue Familie in Flensburg war ich sehr froh.

Die Arbeit für meinen Beate-Uhse-Vertrieb fiel mir in diesen Monaten schwer. Im Pastorat stellte ich einen mickrigen Schreibtisch auf und tippte auf einer gebrauchten Schreibmaschine Versandpapiere und Adressen.

Monatelang war von Ewe nichts zu hören. Erst kurz vor Weihnachten traf ein Luftpostbrief aus Buenos Aires ein. Er lebte! Er berichtete von schwerer See im englischen Kanal, gleich zu Beginn der Atlantik-Passage: Der Segler der zehn

Dieses Foto schickten wir Ewe 1948 zu Weihnachten nach Argentinien (v.l.n.r.: Klaus, Dirk, Beate, Bärbel).

Flensburger wäre fast abgesoffen. Ewe war als Diener bei einer alten Dame untergekommen. Er führte ihren Hund Gassi, scheuerte die Treppen – unglücklich klang er in seinem Brief.

Mich aber beglückte seine Nachricht. Mitsamt der Kinder rannte ich zum Fotografen: »Kommt, wir schicken Papi ein Bild von uns.« Das Baby in meinem Bauch erwähnte ich nicht in meinem ersten Brief. Wer weiß, ob ihn die Nachricht aufgerichtet hätte.

Fünf Monate später schrieb Ewe: »Unsere Kinder würden sich hier sicher wohlfühlen. Aber du und ich – wir nicht. Ich glaube, es hat für uns hier keinen Zweck. Ich komme nach Hause. Irgendwie.«

Inzwischen war unser Kind schon auf die Welt gekommen. Am 9. Mai 49. Ein Junge, dem ich den Namen Ulrich gab, aus Sympathie zu meinem geliebten Bruder. Ulli, ein strammer Kerl, machte mich glücklich. Besonders da das Flensburger Jugendamt mir Ewes Kinder Bärbel und Dirk weggenommen hatte: »Ihre Erziehung sollte nicht länger einer Person anvertraut sein, die in ungeregelten Verhältnissen lebt«, lautete die offizielle Begründung. Die beiden wurden ihrer leiblichen Mutter zugesprochen, die inzwischen einen Banker geheiratet hatte.

Irgendwann im Herbst 49 kam Nachricht von einem Anwalt aus Lörrach: Ernst-Walter Rotermund saß im örtlichen Gefängnis, wegen illegalen Grenzübertritts. Auf einem italieni-

Meine Gewerbeanmeldung (1949).

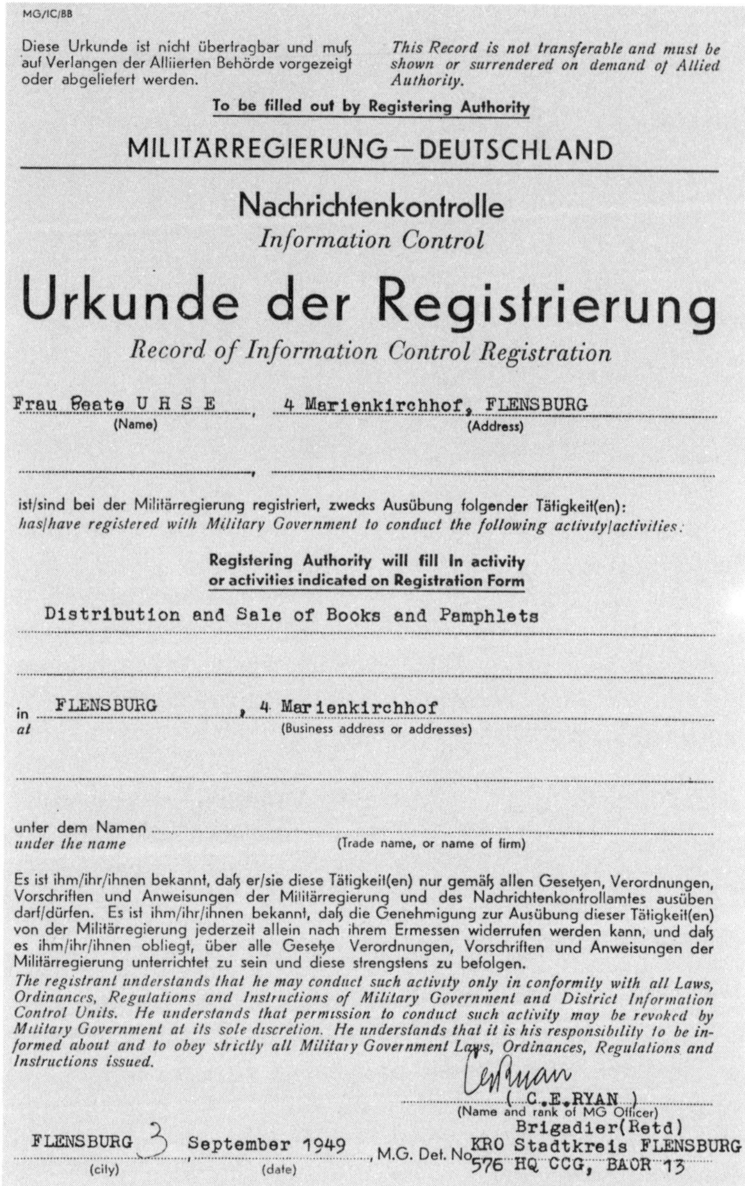

MG/IC/BB

Diese Urkunde ist nicht übertragbar und muß auf Verlangen der Alliierten Behörde vorgezeigt oder abgeliefert werden.

This Record is not transferable and must be shown or surrendered on demand of Allied Authority.

To be filled out by Registering Authority

MILITÄRREGIERUNG – DEUTSCHLAND

Nachrichtenkontrolle
Information Control

Urkunde der Registrierung

Record of Information Control Registration

Frau Beate U H S E, 4 Marienkirchhof, FLENSBURG
(Name) (Address)

ist/sind bei der Militärregierung registriert, zwecks Ausübung folgender Tätigkeit(en):
has/have registered with Military Government to conduct the following activity/activities:

Registering Authority will fill in activity or activities indicated on Registration Form

Distribution and Sale of Books and Pamphlets

in FLENSBURG, 4 Marienkirchhof
at (Business address or addresses)

unter dem Namen
under the name (Trade name, or name of firm)

Es ist ihm/ihr/ihnen bekannt, daß er/sie diese Tätigkeit(en) nur gemäß allen Gesetzen, Verordnungen, Vorschriften und Anweisungen der Militärregierung und des Nachrichtenkontrollamtes ausüben darf/dürfen. Es ist ihm/ihr/ihnen bekannt, daß die Genehmigung zur Ausübung dieser Tätigkeit(en) von der Militärregierung jederzeit allein nach ihrem Ermessen widerrufen werden kann, und daß es ihm/ihr/ihnen obliegt, über alle Gesetze Verordnungen, Vorschriften und Anweisungen der Militärregierung unterrichtet zu sein und diese strengstens zu befolgen.

The registrant understands that he may conduct such activity only in conformity with all Laws, Ordinances, Regulations and Instructions of Military Government and District Information Control Units. He understands that permission to conduct such activity may be revoked by Military Government at its sole discretion. He understands that it is his responsibility to be informed about and to obey strictly all Military Government Laws, Ordinances, Regulations and Instructions issued.

CERyan
(C.E.RYAN)
(Name and rank of MG Officer)
Brigadier(Retd)

FLENSBURG 3 September 1949, M.G. Det. No KRO Stadtkreis FLENSBURG 576 HQ CCG, BAOR 13
(city) (date)

schen Frachter hatte er angeheuert, ohne Paß fast Deutschland erreicht und war blöderweise einem Zöllner in die Arme gelaufen, der mit seinem Mädchen im Wald lag. Mit dem war natürlich nicht zu reden, der mußte vor seiner Freundin den dicken Max markieren, und Ewe kam ins Gefängnis. Drei Wochen. Familie Rotermund legte zusammen für ein Zugticket nach Lörrach, damit ich Ewe besuchen konnte.

Nach 14 Tagen wurde er entlassen. Vorzeitig. Wegen guter Führung. Gerade noch rechtzeitig, um seine krebskranke Mutter ein letztes Mal zu sehen. »Nun seht aber zu«, sagte sie bei seiner Wiederkehr, »daß ihr schnell heiratet.«

Wir erfüllten ihr diesen Wunsch, der auch der unsere war. Es wurde eine stille Feier. Wir hatten nicht einmal Ringe, die wir tauschen konnten. »Wir ham kein Geld«, sagte Ewe, »für so'n Käse.«

Merkwürdig. Als junges Mädchen hatte ich immer von einer romantischen Hochzeit geträumt. Jetzt war ich schon zum zweiten Mal verheiratet. Das erste Mal, als ich zu Frau Beate Uhse wurde, mußte Herr Uhse Minuten später in den Krieg. Und nun hatte ich einen Mann geheiratet, der jegliche Konventionen verabscheute. Wieder nichts mit schöner bunter Märchenwelt.

Erst nachdem auf dem Standesamt mein Name Beate Uhse in Beate Rotermund geändert worden war, sollte der Aufstieg von Beate Uhse richtig beginnen.

»Durch einen glücklichen Zufall . . .«

Warenlager Wickelkommode · der erste Prospekt · Justiz

Kurios war das schon: Bereits vor dem Krieg existierten mindestens zehn, fünfzehn Firmen, die auf dem Versandweg erotische Artikel vertrieben. Mir aber war das Gewerbe völlig unbekannt.

Nach dem Krieg schossen ein paar Dutzend Versandgeschäfte aus dem Boden. Der größte, Walter Schäfer in Schmieden bei Stuttgart, beschäftigte schon kurz nach der Währungsreform 70 Mitarbeiter und hatte große eigene Betriebsgebäude. Trotzdem mußte ich gewissermaßen eine Marketingstrategie neu für mich erfinden. Mir war kein Vorbild bekannt.

Für Ewe, meinen Mann, war das anders. Er erzählte mir von der schrecklichen Zeit seiner russischen Gefangenschaft. Um nicht verrückt zu werden, hatte er all seine Gedanken auf ein einziges Thema konzentriert: In seinem Kopf hatte er ein Versandgeschäft gegründet und geführt. Ein Versandgeschäft für Haarwasser.

Jetzt, zurück in Flensburg, gab mir Ewe durch seine kaufmännischen Kenntnisse und sein Engagement wichtigen Rükkenwind für »Beate Uhse«.

Wir wohnten immer noch im Pastorat. In anderthalb Zimmern. Auf dem teilverglasten Balkon hatte ich mir eine Primitivkochstelle mit zwei Elektroplatten eingerichtet. Dort stand auch unser damals wichtigstes Möbelstück: die Wickelkommode, die uns Ewes Mutter geschenkt hatte. Wie alle diese nützlichen Kommoden hatte sie drei große, tiefe Ausziehschübe, in denen alles Platz finden konnte, was ein Baby an Ausstattung so braucht. Ich mußte diese Schubkästen allerdings zweckentfremden, da ich ja »Lagerkapazität« für Beate

Uhses Waren brauchte. Also wurden Ullis Jäckchen und Windeln ins oberste Fach gepfercht, während in den unteren Schüben die Bestände an Büchern und Präservativen lagen. Wenn ich Kunden-Päckchen packte, rollte ich die Wickel-Auflage der Kommode einfach zusammen. Und los ging's: rationell und bequem in Stehhöhe.

Als die Aufträge mehr wurden, mietete ich für 16 Mark zusätzlich einen Kellerraum auf der Westlichen Höhe der Stadt. Wir teilten uns die Arbeit.

Vormittags, während Ewe die Kinder hütete, Wäsche wusch und den Haushalt schmiß, rotierte ich im »Kellerloch«, wie wir unseren Arbeitsplatz liebevoll nannten. Morgens fand ich meistens ein Dutzend Aufträge im Schließfach 185 vor. Dann hieß es Präservative und Aufklärungsbücher verpacken, Begleitschreiben verfassen. Mittags verließ ich das Kellerloch. Schnell einkaufen, kochen, essen. Anschließend schob Ewe los und ich

»Frischgebackene Unternehmer«: mit Ewe (1951).

blieb bei den Kindern. Er bestellte Ware und brütete über neuen Werbemitteln. Abends nahmen wir uns viel Zeit für die Kinder. Das Abendbrot dehnten wir gemütlich aus. Wenn die Kinder schliefen, legten wir im Kellerloch noch eine Schicht ein. Adressen schreiben, Briefe beantworten.

Damals lag jeder dritten Bestellung ein persönlicher Brief bei. Kunden klagten mir ihr Leid mit dem Sexuellen, sie formulierten ihre Ängste, geheimen Wünsche und Probleme mit dem Partner. Aus den meisten Briefen gingen verblüffende und verheerende Unkenntnis und Ahnungslosigkeit hervor. Kriegt man vom Küssen Kinder? Kommen die Kinder aus dem Bauchnabel? Warum wollen Männer nur das Eine?

Mein Wissensstand war damals der einer aufgeklärten, aufgeschlossenen Frau und Mutter. Eine Expertin war ich beileibe nicht. Fortan bemühte ich mich jedoch, alle zugänglichen sexualwissenschaftlichen Bücher zu besorgen und zu lesen, um für die Kunden daraus zitieren zu können.

Die Käufer verlangten ständig nach neuen Produkten. Selbstverständlich wollte ich ihren Bedarf stillen. Laufend erweiterten wir unser Sortiment. Gummiwarenhersteller boten raffiniertere Kondome an; Verlage sandten erotische Literatur zur Ansicht; Arzneimittelhersteller schickten Vertreter vorbei, die Präparate und Anregungsmittel anboten. Durch Zeitschriftenlektüre und in Apotheken und Drogerien informierte ich mich, was sonst noch auf den Markt kam. Ende 1949 bestand unser Angebot bereits aus acht gedruckten Seiten. Ein einfacher Faltzettel, der den Namen Prospekt noch nicht ganz verdiente.

Immer war ich bemüht, dem zögerlichen Kunden die Kaufentscheidung zu erleichtern, indem ich versuchte, ihm ein gutes Gewissen zu geben. Meist war es spät am Abend, wenn ich Zeit fand, werbende Texte zu entwerfen. Sie sollten ein bißchen poetisch, aber gleichzeitig auch populär und informativ sein. Einer der allerersten liest sich so:

»Es gibt kaum ein bedeutungsvolleres persönliches Problem für die Menschen unserer Tage als das der sexuellen Anpassung im Eheleben. – Der Leiter des Instituts für Familienangelegenheiten, Dr. Paul Poenoe in Los Angeles, der auf Grund seiner überaus zahlreichen Untersuchungen heute als einer der ersten Sachverständigen in allen Fragen des ehelichen Lebens gilt, sagt: Drei Hauptgründe sind es, die eine gutgehende Ehe bestimmen, und zwar in dieser Reihenfolge:

1. Sexuelle Harmonie
2. Übereinstimmung über die Anwendung der Freizeit
3. Gesicherte Einkommensverhältnisse.

Ein Mensch mit gesundem Sexualleben besitzt die größere Chance, im Leben zufrieden, glücklich, gesund und erfolgreich zu bleiben, sagt die heutige Psychologie. Sollte es nicht für jeden Mann wesentlich mehr bedeuten, eine zufriedene Frau und dadurch ein friedvolles, glückliches Heim sein eigen zu nennen, als eine Million im Jahr zu verdienen?

Eine Kapazität auf dem Gebiet der Sexualforschung schrieb mir einmal: Ihre Artikel sind in gegebenen Fällen durchaus eine Notwendigkeit, und wenn sie zu gleicher Zeit das bißchen Freude, das wir auf dieser Erde haben, erhöhen, so ist das nur ein Vorteil.«

Zum Beispiel Anregungsmittel. Ende der vierziger Jahre nahm ich Präparate wie »Erotin« (30 Tabletten DM 7,20), »Erosex« (flüssiges Konzentrat), »Cythera« (gemixter Cocktail DM 13,50) oder »Sanursex« (Hormonpräparat, das dem Körper verlorene Spannkraft und Frische zurückgibt) ins Sortiment auf. Mein wohlmeinender Werbetext damals: »Oft schlagen das Herz eines Mannes und das einer Frau nicht im gleichen Rhythmus, mögen sie auch noch so sehr von Liebe erfüllt sein. Sie lieben sich, aber nicht zur selben Zeit. – Und dabei hätte der Abend so wunderschön werden können... wieviel schön begonnene Stunden wären harmonischer verlaufen, wenn ein Mittel die fehlende Bereitschaft des anderen herbeigezaubert hätte?

Künstler, Wissenschaftler und Männer, die in der Wirtschaft stehen, alle, die sich in ihre Arbeit versenken und auf diese Weise ihre Kräfte verbrauchen, scheinen oft nicht fähig zu sein, die eigene sexuelle Erregungskurve derjenigen der Frau anzupassen. – Zweifelsohne zehrt schöpferische Arbeit an der Lebenskraft.

›Antipraecox‹ verhindert die vorzeitige Ejukalation des Mannes und ermöglicht so eine Verlängerung des Aktes.

›Corrigé‹, ein Präparat der Firma Hein & Co. in Tablettenform, beseitigt nervöse Übererregung und schwache Erektion.

Erstes Werbematerial (1951).

›Salubre‹ wird dem Mann in all den Fällen zur Verwendung empfohlen, in denen die Wiederholung der Vereinigung nicht mehr gelingt. Um eine Normalpackung dieser Hormonsubstanz zu gewinnen, werden etwa 60 Stierhoden verarbeitet.«

Solche Sätze schrieb ich damals. Noch einigermaßen arglos vertraute ich den Angaben der Hersteller. Doch schon im Jahre 1951 stellte ich einen graduierten Mediziner ein, einen großen, gutaussehenden Mann, Anfang dreißig, dem das Geld für eine eigene Praxis fehlte. Ich zahlte ihm fortan ein Gehalt und er nannte sich Dr. Rath. Er beantwortete heikle medizinische Kundenfragen, die an Beate Uhse gerichtet waren, er testete Präparate auf ihre Tauglichkeit, ermittelte die zu empfehlende Dosierung, ehe wir sie in unser Angebot aufnahmen.

Jedes Vierteljahr entwarfen Ewe und ich neue Broschüren. Weiterhin schrieb ich die Adressen potentieller Kunden aus Telefonbüchern ab. Besonders eifrig bestellten Zeitgenossen aus den katholischen Hochburgen Süddeutschlands und im Raum Köln und Münster – das war aus den Rücklaufquoten zu erkennen.

Allerdings erreichten mich von dort auch die ersten Anzeigen von Leuten, die meine Werbemittel als »Schweinerei« verteufelten.

Das erste Mal war eine Qual: Die erste Vorladung bei der Flensburger Kriminalpolizei empfand ich als entsetzliche Prozedur. Nie zuvor hatte ich mit der Polizei zu tun gehabt. In meiner Familie gab es fast nur Juristen und Pfarrer – und jetzt wurde ich wie eine Kriminelle behandelt. »Sie haben am 25. Mai 1950 dem Professor Soundso unaufgefordert eine Broschüre mit schweinischem Inhalt zugeschickt. Warum?« Der Protokollbeamte war anmaßend. Und ich unbedarft. Ich hätte die Aussage vor der Polizei verweigern können. Aber von diesem Recht hatte ich keine Ahnung, und niemand klärte mich auf.

Sprachlos, empört und nervös ließ ich die ersten Beschuldigungen seitens der Staatsorgane über mich ergehen. In den nächsten vierzig Jahren sollten gut 2000 Anzeigen gegen mich zusammenkommen. Nach vier, fünf Vorladungen begriff ich schließlich, daß es vernünftiger ist, einen Anwalt zur Seite zu haben.

Mein erster hieß Dr. Kickstadt, ein vierschrötiger Flensburger, der nicht bange im Gewitter war. Wie ich auf ihn kam, kann ich nicht mehr sagen. Pikanterweise war Dr. Kickstadt Spezialist für Verkehrsdelikte – er war also vor allem im Umgang mit sündigen Autofahrern erfahren.

Kaum eine Woche verging ohne Vorladung. Allmählich hatte ich mich an den rüden Umgangston der Polizisten gewöhnt und ging längst unbekümmert mit diesen Ordnungshütern um.

Eines Tages kam einer mit einer vertraulichen Offerte: Man suche bei der Kripo tüchtige, vitale weibliche Kräfte – so Leute wie mich. Und schon hielt ich Bewerbungsunterlagen in der Hand.

Ich blieb bei meinem Gewerbe. Dessen Ausübung wurde durch die ersten Verfahren allerdings beträchtlich erschwert. In einem der Prozesse wurde nämlich festgestellt: Jeder, der unaufgefordert Werbematerial der Firma Beate Uhse erhält, könnte sich in seinem Persönlichkeitsrecht getroffen fühlen und sei vor einem solchen Eingriff zu schützen. Man dürfe niemandem zumuten, Material mit sexuellem Inhalt zur Kenntnis zu nehmen. Ich wurde dazu verurteilt, den Kunden künftig zu erklären, welcher Art mein Werbematerial sei, bevor sie es überhaupt lesen konnten.

Was tun?

Mir fiel zum Glück etwas ein: Unsere nächste Broschüre – inzwischen 16 Seiten und rot auf gelbem Papier gedruckt – wurde mit einem roten Verschlußsiegel verklebt und mit der Einführung (»Bitte erst lesen, ehe Sie das Siegel lösen«) aufgemacht:

»Durch einen glücklichen Zufall gelangte Ihre Werbeschrift auch zu mir. Mit diesem Satz beginnen immer wieder Briefe, die ich täglich auf meinem Schreibtisch finde. Wenn Sie nun heute dieses kleine Heftchen – doppelt verschlossen – erhalten, so trägt die unaufgeforderte Zusendung an Sie keinen persönlichen Charakter. – Die nächsten Seiten enthalten Angebote über Sexual-Literatur und hygienische Artikel. Ärzte und Wissenschaftler haben viele Bücher geschrieben und Hilfen geschaffen, die eine Ehe vervollkommnen können. Mit den ausführlichen Hinweisen darüber möchte ich denen helfen, die neben der seelischen auch nach der körperlichen Harmonie in der Ehe streben ...«

Diese Werbeschrift mit der Mahnung »Bitte Jugendlichen nicht zugänglich machen!« wurde ein erster großer Erfolg. Ewe und ich konnten die eingehenden Bestellungen kaum mehr allein bearbeiten. Schweren Herzens entschlossen wir uns, halbtags einen Packer anzustellen. Wenig später kam die erste Mitarbeiterin fürs Adressenschreiben hinzu. Sie hieß »Häppchen«. Das Kellerloch war längst zu klein geworden. 1951 mieteten wir einen doppelten Büroraum in der Nikolaistraße 10, gegenüber vom *Flensburger Tagblatt*, hinzu. Dummerweise im vierten Stock. Dieser Nachteil wurde mir deutlich, als ich zum erstenmal hundert Stück *Die vollkommene Ehe* eigenhändig die Treppen hochwuchten mußte.

Am 22. Februar 1951 wurde mein »Versandhaus Beate Uhse« offiziell als Firma ins Flensburger Handelsregister eingetragen. Wegen des Namens Beate Uhse gab es zunächst Schwierigkeiten, denn ich hieß ja mittlerweile Rotermund. Er wurde

Dem Staatsanwalt Genüge getan: der versiegelte Prospekt (1951).

schließlich durch eine Entscheidung des OLG Schleswig doch akzeptiert, weil ich nachweisen konnte, in der Vergangenheit schon viel Geld für die Werbung von »Beate Uhse« ausgegeben zu haben.

Mitbewerber wählten damals Phantasienamen wie Pothos-Versand (Stuttgart), Takt-Versand (Bremen), Eros-Versand (Bad Wildungen), Merkur-Versand (Seesen) oder etwa Gummi-Vollmar (München). Mir schien es nicht gut, mich hinter einem anonymen Begriff zu verschanzen. Die Menschen, die ihre sexuellen Sorgen loswerden wollten und Rat suchten, sollten sich an eine Person wenden können, die es wirklich gab. Deshalb zeigte ich von Anfang an Flagge: nämlich mein Gesicht. Gleich vorn in jedem Werbemittel. Später dann auch Fotos der drei Jungen. Welchen Anteil meine instinktive Entscheidung am späteren Geschäftserfolg hatte, läßt sich nur erahnen.

In dieser Zeit fand ich morgens manchmal hundert Briefe im Schließfach, hundert Bestellungen, doch auch dreißig, manchmal vierzig vertrauensvolle Anfragen, die beantwortet werden mußten. Für die einfachen Briefe, die mit Hilfe eines Korrespondenzhandbuches erledigt werden konnten, stellte ich eine zweite Dame ein. Und weiterhin antwortete Dr. Rath den ratsuchenden Kunden. Inzwischen waren jeden Monat fast tausend Mark Gehalt für die vier Mitarbeiter fällig. Ich hatte panische Angst davor, daß eines Tages mal keine Post im Schließfach wäre – kein Auftrag, kein Umsatz, kein Geschäft, keine Zukunft.

Zudem nahmen die juristischen Probleme zu.

Richter lernte ich als sachliche und um Neutralität bemühte Menschen kennen. Aber die Staatsanwälte! Ein ums andere Mal trat ein Staatsanwalt als wütender, eifernder Fanatiker im Gerichtssaal auf.

Ein Beispiel: Staatsanwalt Carlson profilierte sich als gnadenloser Uhse-Feind. Eines Tages fand dieser Staatsanwalt eines meiner Werbemittel in seinem Briefkasten. »Die Angeklagte entblödet sich nicht, mir ihre schmutzigen Pamphlete ins Haus zu schicken«, fauchte er im Saal und pfefferte dem Richter meine rot-gelbe Broschüre auf den Tisch.

Zaghaft bat ich den Richter: »Darf ich mir das mal ansehen?«

Der Umschlag war gefüttert und hatte sogar das Wasserzeichen von »MK-Papier«. Mithin ein Produkt des Herstellers Max Krause (»Werbeslogan: »Schreibste mir, schreibste ihr, schreibste auf MK-Papier.«). Wir verwendeten damals preiswerteres Material: Zetamattpost. Darauf wies ich den Richter hin. Und auf den Poststempel. Mein »schmutziges Pamphlet« war dem Staatsanwalt aus Schleswig zugeschickt worden – von einem der vielen Witzbolde. »Da hat der Staatsanwalt wohl einen Freund«, sagte ich dem Richter, »der ihn verarschen wollte.«

Damit war die Sache vom Tisch.

»Jux-Bestellungen« machten mir das Leben nicht leichter. Oberprimaner beispielsweise bestellten ihrem ungeliebten Mathelehrer eine Packung Spezialpräservative. Die Pennäler hatten ihren Spaß, der Pauker bekam vielleicht Ärger mit seiner Frau – und ich hatte die Scherereien vor dem Amtsgericht: Anklage wegen unverlangter Zusendung erotischen Materials.

Die Lage wurde ernster, als eines Tages drei Polizisten mit einem Hausdurchsuchungsbefehl in der Tür standen, wahllos in die Kundenkartei griffen und Kunden, die Kondome bestellt hatten, notierten. Mit 72 Adressen rückte die Polizei ab.

Prompt folgte eine Anklage der Staatsanwaltschaft Flensburg – wegen Beihilfe zur Unzucht. Die Begründung lautete dem Sinne nach so: Sie haben 72mal Kondome geliefert. Möglicherweise an eine Vielzahl Unverheirateter. Weil Geschlechtsverkehr zwischen unverheirateten Paaren unzüchtig ist, ist auch die Lieferung von Präservativen an Unverheiratete unzüchtig – denn sie leistet der Unzucht Vorschub.

Unzucht war damals ein schweres Vergehen. »Unzucht« wurde als eine Handlung definiert, »die objektiv das normale sexuelle Schamgefühl erheblich verletzt und subjektiv der Reizung oder Befriedigung des Geschlechtstriebs dienen soll«.

Im Deutschen Strafgesetz von 1909 wurde Unzucht auf »außerehelichen Geschlechtsverkehr« angewandt, ein Verhalten, »das gegen die geschlechtliche Zucht verstößt«. Schon in den 20er Jahren wurde darüber debattiert, was Unzucht denn eigentlich sei und ob das Wort, das mehr ein Ausdruck des Zornes als ein juristischer Begriff sei, nicht durch »Geschlechtsumgang« ersetzt werden könne. 1975 verschwand der Begriff aus dem Strafgesetzbuch und wurde durch »Pornographie« ersetzt.

Als die Anklage wegen Beihilfe zur Unzucht erhoben wurde, wechselte ich zu einem qualifizierten Strafverteidiger, Dr. Kuntze. Er sagte: »Wir können nur hoffen, daß viele der Kondom-Besteller verheiratet sind«, und beantragte bei der Staatsanwaltschaft acht Wochen Zeit, um den Vorgang zu prüfen.

Bei einer eventuellen Verurteilung wollte mein Anwalt in Berufung gehen. Die nächsthöhere Instanz war das Landgericht. Dort wollte er argumentieren, es sei inzwischen üblich, daß Unverheiratete zusammenleben. Ein Gutachter sollte entscheiden, ob das eine zeitgemäße Lebensform sei. Wir waren entschlossen bis zur letzten Instanz zu gehen, um eine zeitgemäße Entscheidung herbeizuführen.

Inzwischen hatten wir Auskünfte über die Kondom-Käufer eingeholt. Das Ergebnis trieb dem Staatsanwalt die Zornesröte ins Gesicht: alle waren verheiratet.

Ein Sieg. Wieder einer der vielen im Jahre 52. Doch der Staatsanwaltschaft wurde ich dadurch nicht sympathischer. Im Gegenteil.

»Was muß ich tun, damit es endlich klappt?«

Frühe, prüde Jahre · Fragen der Kunden · der Staatsanwalt

Wohlanständigkeit, Kleinlichkeit, Biederkeit – die beginnenden fünfziger Jahre ließen offensichtlich kein opulentes Vergnügen, keine unverklemmte Sinnenfreude zu.

Die Trümmer des Krieges waren einigermaßen weggeräumt, Hunger und Elend schienen überstanden. Jetzt wünschten die Deutschen vor allen Dingen Geborgenheit, Gemütlichkeit und Ordnung. Moral wurde großgeschrieben. Man war redlich und fleißig und hatte züchtig zu sein.

Wie es um die Sittsamkeit stand, zeigt anschaulich *Die Sünderin*. Der Film wurde zum Skandal – und gleichzeitig zum größten Kassenerfolg des Jahres 1951. Von den Kanzeln der Erzdiözese Köln wurde in einem Hirtenbrief des Kardinals zum Kulturkampf gegen das »Schandwerk« aufgerufen. Landesregierungen debattierten über die »entsittlichende Wirkung« dieses Werkes. In Kinos platzten Stinkbomben und die »Sünderin« Hildegard Knef mußte sich allerwärts beschimpfen lassen.

Die Geschichte der »Sünderin« ist simpel: Das Mädchen Martina hat jede Menge Probleme. Der Vater wird von der Gestapo verhaftet, die Mutter geht fremd, sie wird vom Stiefbruder verführt. Endlich lernt Martina einen netten Maler kennen, aber der ist schwer krank. Um das Geld für eine Operation zusammenzukriegen, geht Martina auf den Strich.

Diese Darstellung der käuflichen Liebe als ehrenwertes Gewerbe und die Tatsache, daß die Schauspielerin Hildegard Knef sekundenlang nackt zu sehen ist, sorgten damals für unerhörten Zündstoff. Gemeinsam mit Ewe hatte ich mir den Film in Flensburg angesehen. Das Theater, das um ihn gemacht wurde, konnte ich nicht verstehen. Aber ich verstand die Knef, die verbittert darüber war, »daß mit Währungsreform, regelmäßiger Nahrung, geheizten Schlafzimmern eine auf Keuschheit bedachte Betulichkeit Einzug gehalten« hatte.

So sah ich das auch. Schließlich erlebte ich die Prüderie in den fünfziger Jahren beruflich hautnah mit.

Die Atmosphäre der Lustfeindlichkeit kommt besonders deutlich und besonders drastisch in einer Studie zum Ausdruck, die der Bonner Staatsanwalt Schilling im Auftrag des »Volkswartbundes« verfaßte. Der Volkswartbund, bereits 1898 gegründet, verstand sich als Vereinigung zum »Schutz und zur Fürsorge der Jugend« und als »bischöfliche Arbeitsstelle für Fragen der Volkssittlichkeit«. Ein Jahr lang studierte Staatsanwalt Schilling das »erotisch-sexuelle periodische Schrifttum«, ehe er im März 1952 zum rigorosen Rundschlag ausholte:

»Unsere gegenwärtige geistige und kulturelle Existenz, alles

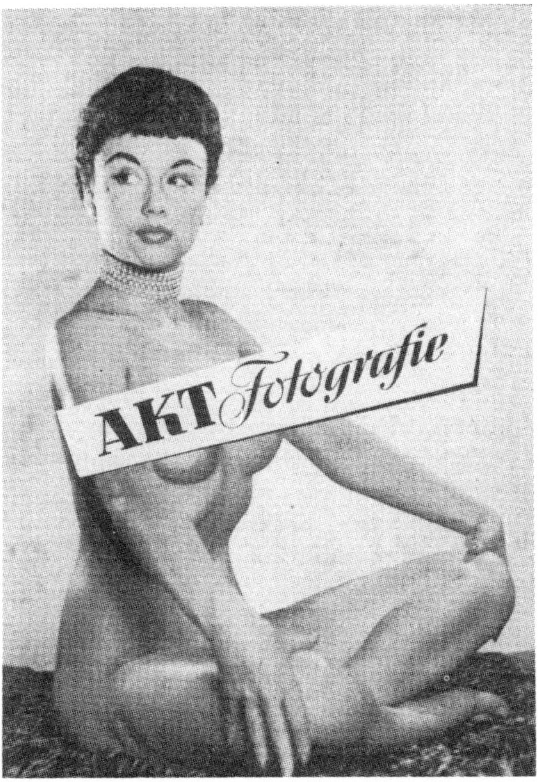

Wir waren von Anfang an bemüht, die Bedürfnisse unserer Kunden zu befriedigen.

das, was wir als notwendige Lebensgrundlage empfinden, ist vielseitig bedroht. Eine der tödlichsten Gefahren ist die zunehmende Verbreitung der moralischen Bindungslosigkeit. Eine der sichtbaren Folgen dieser Bindungslosigkeit ist eine aufdringlich bemerkbare Hypersexualität, und deren augenscheinlichste Erscheinungsform das erotisch-sexuelle, vielfach unzüchtige periodische Schrifttum.«

Über vierzig bis dato bekannt gewordene Versandfirmen, darunter auch »Beate Uhse« in Flensburg, hatte der Staatsanwalt aufgelistet, die ihre »hygienischen Artikel«, Sexualstimulanzien, Aktbildserien sowie »interessante Bücher zur Verschönerung des Ehelebens« anpriesen. Und die durch die Verbreitung dieses »schleichenden Giftes« zur »Verseuchung der sexuellen Phantasie« beitrugen, deren auf »die niedersten Instinkte und auf primitivste sexuelle Sensationsgier abgestellte Massenreklame« eine große Gefahr darstelle.

»Die Gefahr kann nicht ernst genug genommen werden«, wetterte Staatsanwalt Schilling. »Denn es handelt sich um nichts weniger als um eine folgenreiche Verfälschung der Anschauungen und des Lebensgefühls breiter Massen, nämlich der Hunderttausende von Lesern, und zwar auf einem für die Gesamtpersönlichkeit wichtigem Gebiete. Es ist eine Seuchengefahr.

So wie einem Trauernden die Welt in grau erscheint, einem Glücklichen in rosarot, so verfälscht auch ein übersteigertes Sexualgefühl den Blick für die Wirklichkeit. Das Sexualgefühl wird künstlich überreizt. Es ist eine für die Reklamepsychologie bekannte Erscheinung, daß man Bedürfnisse, also die Empfindung eines Mangels, erzeugen kann. Der Durchschnittsamerikaner ist überzeugt davon, daß er ohne Kaugummi nicht leistungsfähig ist. Die Mode ist eine Auswirkung derselben Erscheinung. Darin besteht die größte Gefahr des erot. Schrifttums: das Gefühlsleben wird verzerrt und die Wertmaßstäbe verschieben sich.

Die Lektüre der erotischen Zeitschriften, ganz besonders der Sittenromane, hinterläßt in naiven Gemütern und unreifen Köpfen genau so ihre Spuren und zwar in Form einer Verfälschung der Vorstellungswelt und der moralischen Maßstäbe. Nach einer gewissen Zeit der ungehinderten Betätigung dieser

Literaturgattung wird es dahin kommen, daß das junge Mädchen, dem man fortgesetzt sein ›Recht auf den eigenen Körper‹, die hemmungslose Sexualbetätigung usw. als selbstverständlich, sogar als Glück, vorgepredigt hat, seine Sauberkeit und Intaktheit als einen Mangel empfindet. Es wird sein Verhalten und seine Wünsche nach dem Leitbild ausrichten, daß es sich an Magazinen und Sittenromanen gebildet hat, lebhaft unterstützt von den Sumpfblüten, die nur dann eine Scheinrechtfertigung ihrer moralischen Minuseinstellung erhoffen können, wenn es gelingt, ihr unmoralisches Verhalten zur Norm zu machen, und unterstützt von den Geschäftemachern, die an Erotik verdienen. Die Enthemmung und Entsittlichung des Sexuallebens wird ungeahnte Fortschritte machen.«

Mit seinen bösen Prophezeihungen befand sich Staatsanwalt Schilling damals durchaus in guter Gesellschaft. Ein warnendes Beispiel aus der bürgerlichen *Westfalenpost*:

»... In der Tat sind viele Magazine ein Krebsschaden. Sie sind zum Teil raffiniert gemacht, geben sich einen literarischen und wissenschaftlichen Anstrich. Aber der ist nur das Feigenblatt. Das Paradies, dessen Unschuld sie zu erstreben vorgeben, ist ein Dschungel der Lüsternheit. Der Briefkasten mit Leserbriefen und Aktphotos gibt einen schamlosen Kuppelmarkt ab. Der frische Wind, der angeblich bläst, ist tatsächlich ein schwüler Föhn der allzu deutlichen Andeutungen.«

Ein weiteres Beispiel: Stuttgarter *Volksstimme*. Überschrift: »Sterne und nackte Mädchen; ein Beitrag zur Kulturgeschichte Westdeutschlands«: »Zur Zeit sind Sterne und nackte Mädchen die beliebtesten und pfleglichst behandelten Gegenstände der westd. Journalistik. (...) Wer Pornographie sucht, findet an jedem Zeitungsstand ein reichliches Angebot. Nicht nur die Magazine, die in Deutschland schon immer eine pikante Note hatten, auch die üblichen, scheinbar seriösen Illustrierten und Journale sind daran beteiligt, und die Bildleute bemühen sich redlich, einander in der Erfindung und im Mut zur Ausgezogenheit zu übertreffen. Ist plötzlich eine Welle heidnischer Sinnenfreudigkeit über uns gekommen? Stehen wir im Begriff, zurückzukehren in den schönen Urzustand paradiesischer Unschuld, der des Feigenblattes nicht mehr bedarf? Für Unschuld sprechen die nackten Tatsachen, die uns en masse serviert werden, leider ganz und gar nicht. Sie erinnern vielmehr an die penetrante Atmosphäre zusammengepferchter Sinnlichkeit, wie wir sie aus Kasernen und ähnlichen Massenunterkünften kennen, und sie sind nicht selten erfüllt von der Schamlosigkeit der Etappen-Prostitution.«

Sogar die harmlose Freikörperkultur (FKK), eine Bewegung, die bereits um die Jahrhundertwende in Deutschland ihren Anfang genommen hatte, wurde in den fünfziger Jahren als »grundsätzlich bedenklich« betrachtet.

Für mich war Naturismus, Nacktkultur, immer schon etwas vollkommen Natürliches. Der Erziehung meiner Mutter verdanke ich diesen unbekümmerten Umgang mit der Nacktheit. »Laß doch den Badeanzug weg«, sagte sie, wenn ich bei unserem Gut Wargenau in der Ostsee badete. Als Kind fand ich das Wechseln der »nassen Plünnen« ohnehin lästig und folgte dankbar ihrer Empfehlung. Später fühlte ich mich nackt einfach wohler. Nie habe ich mich geniert. Anfangs war ich für diese Art der Scham noch zu jung, später war mir Nacktheit längst zu etwas Vertrautem geworden.

Staatsanwalt Schilling sah auch in diesen Sonnenfreunden eine Gefahr für das Lebensgefühl der Bevölkerung: »Es handelt sich bei der FKK in Wirklichkeit um einen Kampf gegen das natürliche sittliche Empfinden. Es wird dort die Moral auf den Kopf gestellt. Als sittlich wird bezeichnet, was natürlich empfindende Menschen als Unsitte ansehen. (...) Tatsächlich fallen ›Fesseln‹, aber mit dieser Befreiung fallen auch moralische Schranken; es handelt sich um eine moralisch anstößige, auflösende Propaganda.«

Die selbsternannten Sittenwächter der Nation vom Volkswartbund verdammten die »Herabwürdigung des unbekleideten menschlichen Körpers aus Profitsucht und Geldinteresse«, sie geißelten das »Herausstellen des Geschlechtlichen, das von der Natur mit dem Schleier zurückhaltender Achtung und Scheu verbunden ist«, und forderten unter anderem Landesstellen zur Bekämpfung unzüchtiger Bilder, Schriften und Inserate sowie eine »Bundeseinrichtung«.

Die kam schon ein Jahr später: die Bundesprüfstelle für jugendgefährdende Schriften. Ihr erster Leiter: Oberregierungsrat Schilling. Hier wurden dann auch Bücher von Henry Miller,

So bot ich 1952 FKK-Hefte an.

Heinrich Böll, Faulkner, Camus und Genet auf ihre »Jugendgefährdung« hin überprüft. Werke weltberühmter Schriftsteller kamen auf den Index. Die Indizierung wurde damals wie heute im Bundesgesetzblatt bekanntgegeben. Das bedeutete: nicht nur kein Verkauf an Jugendliche, sondern absolutes Werbeverbot für diese Schriften. Sie durften nirgendwo ausgelegt oder angeboten werden. Ein Verkauf im Versandhandel oder am Kiosk war ausgeschlossen. So kam eine Indizierung, die dem Schutz der Jugend dienen soll, einer Zensur gegenüber Erwachsenen gleich.

Wie weit die akademischen Tugend-Theoretiker mit ihrer Besorgnis über ausgefallene Sexualpraktiken von den wirklichen Nöten vieler Menschen entfernt waren, erlebte ich tagtäglich in meinem Geschäft.

Das wuchs langsam, aber sicher. 1952 hatten wir drei Räume im Haus Wilhelmstraße 1a bezogen, einer ehemaligen Eisengießerei, in der vor uns der Arbeitgeberverband und eine Milchkontrollstelle untergebracht waren. Wir waren mittlerweile sechs Leute. Mein Mediziner, Dr. Rath, hatte ein eigenes

Unsere Geschäftsräume in der Flensburger Wilhelmstraße (1952).

Beratungszimmer: Holzfußboden, grüner Baststrohteppich, schwarzer Nierentisch und gelbe Sessel. Hier diktierte er Kundenbriefe. Und zwar so laut, daß es durch alle Wände zu hören war. Und hier empfing er Gäste, die aus der Beate-Uhse-Broschüre wußten, daß es die Möglichkeit kostenloser Beratung gibt.

Wir wußten nur zu gut, wie der Aufklärungsgrad der Menschen in dieser Zeit war: unter aller Kanone. Die Unkenntnis und Phantasielosigkeit vieler war beängstigend. Furcht, schlechtes Gewissen, sich mit Sexualität zu beschäftigen, hemmte sie in erschreckendem Ausmaß. Hunderte, Tausende von Briefen schrieb ich, und in jeder Zeile war ich bemüht zu vermitteln, daß Sex nichts Böses ist, sondern ein wichtiger Bestandteil des menschlichen Zusammenlebens.

Fünf von sechs, die schrieben, waren Männer. Manche entschuldigten sich im voraus für die Wahl ihrer Worte, wenn sie ihr Problem erklärten. Sie wüßten keine anderen Ausdrücke als »Pimmel« oder »spritzen«.

Die häufigsten Fragen waren:

»Was muß ich tun, wenn ich kein Kind kriegen will?«

»Was muß ich tun, damit es endlich klappt?«

»Was muß ich tun, damit ich nicht gleich komme – meine Frau kommt nämlich gar nicht mit.«

Jeden Morgen Briefe, Briefe ...

»Was muß ich tun, wenn meine Frau keine Lust hat?« »Wie kommt es, daß mein Mann immer will?«

»Was muß ich tun, wenn mein Mann keinen hochkriegt?«

»Was soll ich tun? Meine Frau geht fremd.«

»Ist es schweinisch, wenn ich in meinem Alter noch will? Ich bin schon 65 Jahre.«

»Mein Mann will, daß ich an seinem Pimmel sauge. Ist das Sünde?«

»Ich möchte, daß meine Frau mal oben liegt, sie weigert sich aber, weil sie glaubt, das wäre unnatürlich. Stimmt das?«

Übrigens: *Zuviel* Bedürfnis war zu jener Zeit das größte Problem der Männer. Und die Artikel, die damals am besten gingen, waren Dämpfungscremes.

Im Laufe der nächsten Jahre sollte ich noch von vielen tausend Menschen ihre geheimen Wünsche und Ängste erfahren. Doch in den prüden fünfziger Jahren traf mich ihr Dilemma doppelt. Auf der einen Seite schuftete ich, um das enorme Bedürfnis nach Aufklärung zu erfüllen. Auf der anderen Seite wurde Aufklärungsarbeit als »Schweinkram« verpönt.

Ein makaberes Beispiel lieferte Horst Uhse, ein Stiefbruder meines ersten Mannes. Jahrelang hatte Hans ihm seine Ausbildung zum Schauspieler finanziert. Jetzt ließ er mir durch seinen Anwalt mitteilen, ich solle gefälligst unter anderem Namen arbeiten. Der Name Uhse sei durch mich zu einem Synonym für ein schmuddeliges Gewerbe geworden, und das sei seiner Karriere abträglich.

Aber über »Beate Uhse« ließ Beate Uhse am allerwenigsten mit sich reden. Der Name wurde zum Synonym für Sex und Erotik.

»Der Schwung der frühen Jahre!«

Erweiterung des Angebots · erste Erfolge · FKK

»Unwissenheit ist die Wurzel allen Übels – das hat Sokrates schon vor rd. 2400 Jahren gesagt, und die große Weisheit dieses Wortes gilt besonders für Eheleute. Für zwei Menschen, die sich für ein ganzes Leben verbinden, sollte es auch in den Fragen der körperlichen Liebe keine Geheimnisse und Unaufrichtigkeiten, sondern Vertrauen und Anvertrauen geben. (...)

Wissen zerstöre die Illusion, so hört man oft. Kann man denn eine Lebensgemeinschaft auf Illusion aufbauen? Psychologen beweisen unserer Generation: das Zusammenleben zwischen den Geschlechtern ist natürlicher geworden! Sie führen dies auf die offene Erörterung vieler Fragen des Liebeslebens zurück, was heute selbstverständlich ist. Erst Wissen schafft die Grundlage für menschliches Verstehen der gegenseitigen Schwächen und so die Voraussetzung für eine harmonische Ehe.«

So schrieb ich Ende 1952. Und zwar in einer kleinformatigen Informationsbroschüre mit dem Titel *Stimmt in unserer Ehe alles?*. Sie sollte der Firma Beate Uhse zu einem großen Geschäftserfolg verhelfen. Erstmals verschickte ich mit 32 Seiten schon einen Minikatalog. Wiederum versiegelt, wiederum unaufgefordert – und wiederum wurden Adressaten aus Telefonbüchern angeschrieben.

Diesmal konnte ich schon ein ansehnliches Sortiment anbieten. Neben der zunehmenden Sexual-Literatur (Chesser: *Liebe ohne Furcht;* Kahn: *Unser Geschlechtsleben; Liebe, Terra Incognita* – ein Liebesroman, der unsere Kenntnis von der Welt der Sinne vermehrt) und dem breiteren Angebot von Kondomen nun auch eine Salbe, die »Antipraecox« hieß (»Sie ist dazu bestimmt, die vorzeitige Ejakulation des Mannes zu verhindern und so eine Verlängerung des Aktes zu ermöglichen«). Wir boten »Kraft-Bonbons« an, »Mammoform-Gallerte« (»Zur Pflege und Formvollendung der Brüste«) und ein bezauberndes Wäschestück namens »Annette«.

Das fand ich todschick und dichtete drauflos: »Annette, das von der Liebesgöttin selbst inspirierte Perlonmodell macht SIE unwiderstehlich liebenswert.«

Von Verkaufspsychologie hatte ich damals noch keinen blassen Schimmer. Aber irgendwie hatte ich im Gefühl, daß besondere Sorgfalt und Behutsamkeit in dieser Branche nötig sind, besonders wenn man Frauen ansprechen möchte.

Auf der Rückseite der kleinen Werbeschrift warb ich mit folgenden Sätzen um Sympathie: »Sie haben mir bisher Ihre Aufmerksamkeit geschenkt, und ich danke Ihnen dafür. Sie haben gewiß gesehen, daß gerade die Frau am nachhaltigsten unter Unstimmigkeiten auf dem Gebiet der Liebe leidet. Verstehen Sie daher, weshalb es gerade eine Frau ist – nebenbei gesagt,

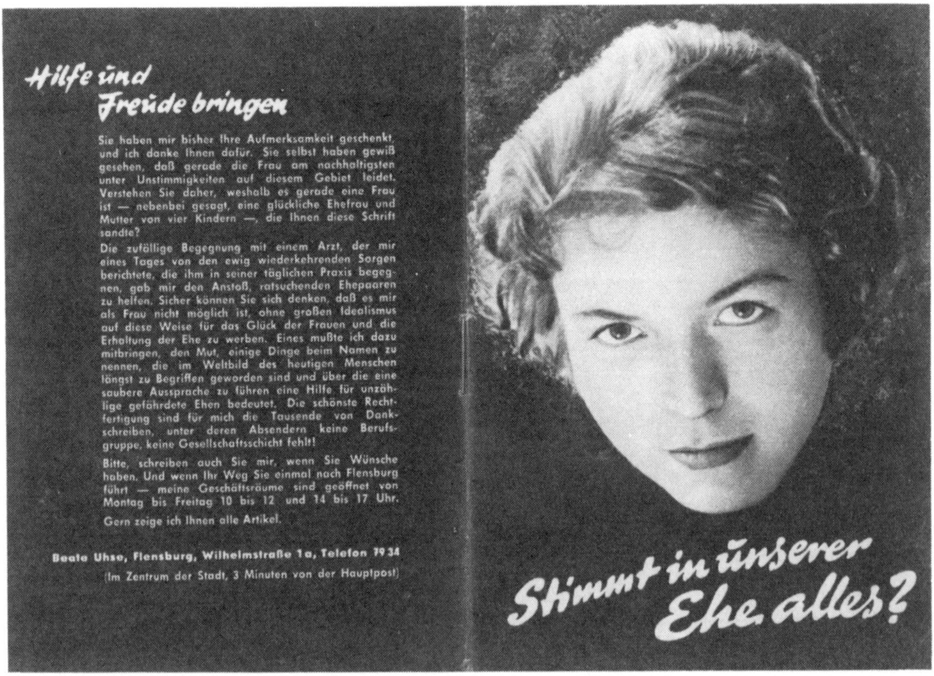

Dieser kleine Katalog brachte den großen Durchbruch (1952).

eine glückliche Ehefrau und Mutter von vier Kindern – die Ihnen diese Schrift sandte?

Sicher können Sie sich denken, daß es mir als Frau nicht möglich ist, ohne großen Idealismus auf diese Weise für das Glück der Frauen und die Erhaltung der Ehe zu werben. Eines mußte ich dazu mitbringen: Den Mut, einige Dinge beim Namen zu nennen, die im Weltbild des heutigen Menschen längst zu Begriffen geworden sind und über die eine saubere Aussprache zu führen eine Hilfe für unzählige gefährdete Ehen bedeutet. Die schönste Rechtfertigung sind für mich die Tausende von Dankschreiben, unter deren Absendern keine Berufsgruppe, keine Gesellschaftsschicht fehlt!«

Der Schwung der frühen Jahre! In dieser Zeit wurde ich von einer starken Aufbruchstimmung beflügelt. Trotz aller Widrigkeiten. Denn weiterhin wurde ich ständig mit immer neuen juristischen Kapriolen konfrontiert. Und auch finanzielle Sorgen begleiteten nach wie vor das Wachstum der kleinen Firma Beate Uhse. Das bißchen Geld, das damals verdient wurde, steckte ich gleich wieder ins Geschäft – in neue Kataloge, in Porto, in neue Mitarbeiter. Am Ende des Jahres 1953 standen bereits 14 Leute auf der Gehaltsliste. Diese Entwicklung machte mir natürlich Freude. Aber auch Angst. Immer noch befürchtete ich, daß schon morgen alles vorbei sein könnte. Irgendwann, so glaubte ich, wird der Nachholbedarf an sexueller Aufklärung doch gedeckt sein.

Aber die Euphorie über die ersten Erfolge überwog. Das lag vor allem an meinem guten, intakten Familienleben. Bei allem Streß: Es ging mir gut. Die Arbeitsteilung mit Ewe funktionierte. Und unsere Ehe auch. Kein Wunder, daß ich damals über die »körperliche Liebe« jubeln konnte. In einem Katalog textete ich:

»Die eheliche Vereinigung ist ein Vorgang, der die Partner in eine ungeheure Spannung bringt. Die Natur will, daß diese Spannung gelöst wird. Die viel geübte ›Unterbrechung‹ ist nicht nur eine psychische Belastung, sondern auch noch eine solche des Nervensystems. Die sog. Sexual-Neurastheniker stellen eine der Hauptgruppen unter den Patienten der Fachärzte und den Klienten der Scheidungsanwälte.«

Und dann kam ich auf Verhütungsmittel zu sprechen, deren Aufgabe über die ursprüngliche Zweckbestimmung hinausgeht: Spezial-Kondome. So etwas durfte man damals noch nicht abbilden.

»Durch Erhöhung der Reibungsintensität gleichen sie in Fällen echter Frigidität die kühlere Veranlagung der Partnerin aus; auch helfen sie ungünstige anatomische Anlagen oder Veränderungen überbrücken, wie sie sehr oft nach Schwangerschaften auftreten, und verhindern außerdem noch die vorzeitige Ejakulation. – In jedem Falle also begünstigen sie die Harmonie körperlichen Erlebens.«

»Ausführung 5 schenkt kühler veranlagten oder noch wenig geweckten Frauen ein besonders tiefes und starkes Erleben.«

»Ausführung 8 ermöglicht durch Verlängerung um ca. 25 mm die Berührung gewöhnlich nicht erreichter, aber bedeutsamer vaginaler Empfindungssphären.«

»Ausführung 9 bewirkt den unumgänglich wichtigen Clitoriskontakt auch bei Unterentwicklung oder Verlagerung dieses hochempfindsamen weiblichen Organs.«

Ausführung 5 (»mit igelähnlichem Spitzenbesatz«), Ausführung 8 (»mit kronenartigem Zackenansatz«) und Ausführung 9 (»mit kammähnlichem Zackenaufsatz«) hatte ich selbst mit Ewe, meinem Mann, einem Test unterzogen – wie fast alle neuen Produkte, die ich in meinen Katalog aufnehmen wollte. Es war, als würden wir ein neues Rezept ausprobieren, mit dem wir den Speiseplan bereichern wollten. Soviel ich weiß, hatte Ewe nichts dagegen und fühlte sich nie als Versuchskaninchen.

Auch die anderen Männer aus der Firma schickte ich immer wieder mal mit der Bitte nach Hause: »Probiert das mal!« Zum Beispiel, wenn wir in unserer »Neuaufnahme-Besprechung« zu der Überzeugung gekommen waren, ein Dämpfungspräparat könnte unser Sortiment sinnvoll ergänzen. Erst wenn der mündliche Bericht meiner Mitarbeiter überzeugend war, textete ich zu diesem Produkt, das fortan »30-Minuten-Männer-Creme« hieß: »Bei nervöser Überempfindlichkeit und zu frühem Anstieg der männlichen Erregungskurve. Sie wird örtlich äußerlich angewandt und dient zur normalisierenden Beruhigung. Gemeinsam die Liebeserfüllung zu erreichen ist das erstrebte Ziel eines jeden Ehepaares. Schon vor 2000 Jahren hatte Ovid, der römische Dichter, in seinem Lehrbuch des Liebens geschrieben: ›Gemeinsam eilet zum Ziele!‹«

Um eigene Produkte entwickeln zu können, übernahm ich 1953 das ortsansässige Labor für pharmazeutische und biologisch-kosmetische Spezial-Präparate »H. & G. Honemann«. Eine unserer ersten Neuentwicklungen: »Hona-6-Bonbons« – »zur Überwindung zeitweiligen Desinteresses, zu Kräftigung und Aufbau«. Eine »Kurpackung« kostete 10 Mark 20.

Der Liebe auf die Sprünge zu helfen – darin sah ich meine Aufgabe.

Wir hatten weiterhin unsere kleine, einfache Wohnung im Pastorat. Aber von Mitte Mai bis zum September zelteten wir meist draußen in Glücksburg, auf dem Gelände des heutigen Yachthafens. Da draußen hatten wir Platz und die Kinder ihre

Meine drei Jungens an der Geltinger Bucht (1955).

Freiheit. Sie hatten das »Kinderzelt«, Ewe und ich das sogenannte »Elternzelt« und ein Vorrätezelt. Alles sehr einfach und klein, keine Stehhöhe, wie die Zeltburgen heute. In den Sommerferien lebten auch Ewes Kinder Bärbel und Dirk bei uns, die in den übrigen Monaten bei ihrer Mutter und dem Stiefvater in Frankfurt waren.

Bärbel war inzwischen 14 Jahre alt, ein lebhaftes, warmherziges Mädchen, das sich mit mütterlicher Sorge um den fünfjährigen Ulli kümmerte. Klaus, inzwischen neun, entwickelte sich immer mehr zum Schelm; in der Schule spielte er den beliebten Klassenclown, während Dirk, ein Jahr jünger, introvertiert wirkte und gern alleine spielte, mit Klötzen und mit Tieren. Bei der kleinsten Unstimmigkeit konnte er explodieren. Ich wunderte mich immer, wie verschieden Kinder sein können.

Wir lebten damals sehr einfach. Aber trotz aller notwendigen Sparsamkeit empfanden wir unser Leben als paradiesisch. Später, als die Kinder erwachsen waren, fragte ich sie einmal, ob ihnen das nicht zu spartanisch gewesen sei.

»Nee, Mutti«, sagten sie, »das war damals toll.«

Wir lebten naturnah. Die Kinder schipperten mit ihrer kleinen Jolle in der Flensburger Förde. Auf einem Druckkocher bereitete ich unser Essen. Nur morgens fuhren wir zum Duschen in unsere Wohnung am Marienkirchhof. An den Wochenenden waren wir häufig auf Sylt und tummelten uns in »Abessinien«, wie der Nacktbadestrand genannt wurde.

Später entdeckten wir auf der dänischen Insel Røme einen Zeltplatz, nahe dem FKK-Gelände und von Flensburg aus schnell zu erreichen. In der Zeit darauf fuhren wir mit unserem VW Ziele an, die wir aus dem Naturistenführer *FKK in Europa* kannten. Montalivet an der französischen Côte d'Argent, das größte FKK-Gelände der Welt, war uns alle Jahre wieder eine Reise wert. Für die Kinder wurde Nacktheit so normal, wie sie für mich als Mädchen auch normal gewesen war.

Unsere Kinder sollten nicht verklemmt, sondern freizügig aufwachsen. Dazu gehörte auch, daß sie über unseren Beruf Bescheid wußten. Schließlich handelten ihre Eltern nicht mit Kraut und Rüben, sondern mit Sex.

Ich finde, junge Menschen sollten immer frühzeitig und in kleinen Portionen aufgeklärt werden. Wenn zum Beispiel die Frage auftaucht, wo das Licht herkommt, ist es unnötig, das Kind daraufhin umfassend über das Wesen der Elektrizität zu informieren. Man würde es nur überfordern. Es reicht zu sa-

Camping-Ferien mit den Kindern auf Røme/Dänemark.

gen: Sieh mal, hier ist ein Schalter. Wenn man den drückt, kommt das Licht.

Damit ist ein Kind zunächst vollauf zufrieden. Später wird es dann natürlich fragen, wo der Schalter das Licht her bekommt. Mit dem Sex ist es genauso. Wo kommen die Kinder her? Um diese Frage zu beantworten, sollte man ein anschauliches Beispiel anführen, vielleicht den Bauch einer schwangeren Frau.

Wie die Kinder in den Bauch kommen? Diese Frage nutzte ich, um meine Kinder über die Bedeutung von Verhütungsmitteln aufzuklären. »Ihr kennt doch Erna. Und Erna kriegt ein Baby. Aber sie ist nicht verheiratet und muß das Baby ganz allein versorgen. Das ist schlimm. Deswegen muß man gut aufpassen, wenn man kein Kind kriegen will. Auch verheiratete Leute möchten vielleicht gerade kein Kind, sondern erst später oder sie haben schon genug. In solchen Fällen kann man Kondome nehmen, damit kein neues Baby entsteht. Und solche Kondome verkaufen wir.«

Wir erklärten ihnen, was »Okasa« ist (»Wenn man zu müde für die Liebe ist, kann man das nehmen«), und wir fütterten sie mit Informationen, kurz bevor sie danach fragten.

Lieber ein Jahr zu früh als eine Stunde zu spät – man sollte unbedingt mit seinen Kindern über das Geheimnis des Lebens sprechen. Mich wunderte die Umsicht, die Liebe, mit der Eltern ihre Kinder zu erziehen versuchten – und wie scheu und verlegen sie werden, wenn es um die große Frage vom Werden des Menschen ging. Deshalb versuchte ich, Aufklärungs-Titel wie *Sag du es deinem Kinde; Kind, Sexualität und Erziehung; Der Storch brachte dich nicht* unter die Leute zu bringen.

Mein Sohn Ulli; für die Veröffentlichung dieses Fotos in dem Magazin *Sonnenfreunde* erhielten wir DM 50,– Honorar (1955).

Diese Bücher wurden übrigens sehr zurückhaltend bestellt. Offensichtlich schienen viele Eltern die Mär vom Storch vorzuziehen.

Je älter unsere Kinder wurden, desto größer wurde folgendes Problem: Unsere Kinder durften auf keinen Fall ihr Wissen um die Sexualität in der Schule ausplaudern. Und erst recht nichts von den Produkten, die wir führten, mitnehmen. Keine Aktbilder, Hefte, Bücher, Kondome. »Wehe ein Wort, wehe ein Bild von uns in der Schule – dann knallt's. Und zwar fürchterlich.« So rigoros impfte ich ihnen Verschwiegenheit ein. Und versuchte ihnen gleichzeitig zu erklären, warum unsere Gesellschaft so schizophren ist. Einerseits wollen viele Menschen sexuelle Artikel benutzen, aber andererseits mögen sie das nicht zugeben. Ich versuchte meinen Kindern das am Beispiel FKK zu erklären:

»Seht, wir sind gerne nackt am Strand. Aber viele Leute finden das schlimm. Die schimpfen dann und wollen nichts mit uns zu tun haben. So ist das auch mit dem Sex. Einige finden das schlimm – Sex. Wir nicht. Aber wir dürfen anderen deswegen nicht unsere Meinung aufdrängen. So ist das in einer Demokratie: Da hat jeder das Recht, so zu sein, wie er will.«

Auf dem FKK-Gelände in Montalivet/Südfrankreich (1960).

Theoretisch. Welche Probleme wir damit in der Praxis bekommen hatten und bekommen würden – darüber sprach ich mit den Kindern lieber nicht. Wie sollten sie das auch verstehen können.

Erfreulicherweise hat sich keiner von ihnen in der Schule jemals verplappert. Klaus wurde am häufigsten von seinen Mitschülern angehauen: »Mensch, Klaus, bring doch mal was Schönes aus eurem Lager mit!«

Aber er ließ nie mit sich reden.

Und Ulli, arglos, aber schon geschäftstüchtig, antwortete keß: »Mitbringen kann ich euch nix. Aber tauschen könnte ich mit euch – meine Briefmarken. Davon trudeln bei Mutter nämlich viele ein.«

Bis jetzt stand mir Ewe treu zur Seite. Er arbeitete in der Firma mit, diskutierte Werbeideen und Problemlösungen. Den Kindern war er ein interessanter Vater.

Aber er war immer auch ein Hypochonder. Er glaubte, strengstens auf seine Gesundheit achten zu müssen, sonst würde er in wenigen Jahren oder Monaten, davon war er fest überzeugt, nicht mehr sein. Er kündigte an, daß er ab vierzig nicht mehr arbeiten wollte.

Und das machte er auch wahr.

»Du willst doch wohl nicht, daß ich früh sterbe«, sagte er zu mir.

Aber es sollte noch viel schlimmer kommen.

»Wat is bi wat.«

Kurheim in Ambach · Ehekrise · Prozesse

Vielleicht fing alles damit an, daß Ewe sich das Rauchen abgewöhnte.

Jahrelang hatte er wie ein Schlot gepafft: Jeder Gedanke eine Zigarette. Dann plötzlich sein Gesundheitstick. Nachdem er sich ein Jahr damit beschäftigt hatte, wie man das Rauchen aufgibt, hörte er von einem Tag auf den anderen auf. Dann fuhr er nach Nesselwang ins Allgäu, um mit den Entzugserscheinungen fertig zu werden. Bei den Saunagängen in der vegetarischen Pension überzeugten ihn Gäste, daß der Mensch kein Fleisch-, sondern ein Körnerfresser sei.

Ewe »fraß« nicht nur diese, sondern auch die Erkenntnis, daß die Ernährungslehre eines Schweden namens Waerland das Nonplusultra für ein gesundes Leben sei.

Die Folge: In diesem speziellen Fall spürte ich am eigenen Leib, daß die alte ostpreußische Weisheit (»Wo die Liebe hinfällt, da frißt die Kuh kein Gras mehr«) teilweise umgeschrieben werden muß. Denn weil Ewe ab sofort nur noch Rohkost mümmelte, mümmelte ich mit – ihm zuliebe. Und die Kinder natürlich auch.

Als Nichtraucher kehrte Ewe also aus Nesselwang zurück, und zum Wiedersehen gab es Kuchen und abends Würstchen mit Kartoffelsalat. »Heute sündige ich nochmal«, sagte Ewe, »aber ab morgen gibt es nur noch Waerland.«

Zum Frühstück Langmilch, Joghurt mit Körnersamen, getrocknete Früchte, Vollkornbrot, Pflanzenmargarine, Käse. Mittags: Fünfkornschrot mit einer Handvoll gekochter Rosinen. Abends Kartoffeln, dreierlei Gemüse – roh. Gerieben, geraspelt, höchstens mal gedünstet. Wenn es ganz luxuriös zuging, durfte ich dazu Sojaschnitten auftischen.

Nur wenn Ewe weg war, gab es heimlich Schinken und Eier und Würstchen und Gulasch. Sonderbar, aber wahr: Zehn, zwölf Jahre lang lebte die ganze Familie mit den heranwachsenden Kindern nach Waerland. Ewe verlangte einfach, daß wir uns alle so ernährten. Und ich machte mit, dachte: Sicherlich gar nicht so schlecht, nur Gemüse. Inzwischen lebe ich längst wieder »normal«. Meine Liebe gehört aber immer noch dem Gemüse und Salat. Auf Fleisch könnte ich gut verzichten.

Immer wieder diskutierten Ewe und ich über die Möglichkeit, unserer wirtschaftlichen Existenz zu einem zweiten Standbein zu verhelfen. Immer noch glaubte ich nämlich, daß der Nachholbedarf in Sachen Sex und Erotik eines Tages gedeckt sein würde.

Deshalb beteiligte ich mich am Kurheim des Dr. Wiedemann in Ambach am Starnberger See. Wiedemann begann damals gerade, Patienten mit Bogomoletz-Serum, Frischzellen und Vitamin E zu behandeln. Das war damals eine fortschrittliche Regenerationstherapie. Fast ein Jahr lang arbeitete ich überwiegend im bayerischen Kurheim, denn ich war dort nicht nur für die Werbung verantwortlich, sondern auch für die praktische Abwicklung im Haus, für Personal, Küche und den Umgang mit den Gästen.

In dieser Zeit meiner Abwesenheit entdeckte Ewe seine Liebe zu unserem Hausmädchen Helga. Eines Tages, als ich endgültig wieder aus Ambach nach Hause kam, spürte ich, daß er sich verändert hatte. Ich litt wie ein verlassener Hund und konnte einfach nicht verstehen, wie das hatte passieren können.

Helga war für meine Begriffe keineswegs besonders attraktiv. Sie war groß und schlank und zuverlässig, dabei aber sehr still und introvertiert. Über 15 Jahre jünger als ich, damals 21.

Vielleicht war ich als Frau dem Ewe ein bißchen unheimlich? Ich war selbständig, sportlich, hatte die Firma aufgebaut und nebenher noch vier Kinder großgezogen.

»Versteh' mich, Ewe«, sagte ich, »aber ich kann nicht damit leben, daß du mit Helga auf unserer Couch liegst.«

»Dann ziehe ich aus!«

Türen knallten. Ewe machte ernst. Er zog sofort aus. Mit einem Koffer und unserem blauen VW, der mobilen Grundlage des Geschäfts.

Mit Sohn Ulli und Helga, unserem Hausmädchen, auf Sylt.

Mein Stolz, meine feminine Eitelkeit hatten Prügel bezogen. Tief verletzt war ich und verzweifelt, denn ich hing wahnsinnig an meinem Mann. Heulend reichte ich die Scheidung ein.

Unser Rechtsanwalt Dr. Kuntze, der die Firma Beate Uhse in den letzten Jahren ständig gegen juristische Spitzfindigkeiten der Staatsanwaltschaft, gegen Anzeigen und Beleidigungsklagen vertreten hatte, klärte mich auf: »Wir müssen Ihrem Ehemann jetzt erst einmal einen Brief schreiben und ihn auffordern, die eheliche Gemeinschaft wieder aufzunehmen. Das ist reine Formsache.«

Die gesetzliche Frist betrug 14 Tage. Innerlich war ich darauf eingestellt, daß auf den Brief nichts kommen würde. Und Ewe schon gar nicht.

Als ich am 13. Tag vom Geschäft nach Hause kam, begrüßten mich die Kinder mit den Worten: »Vati ist wieder da.«

Gemäß den Buchstaben des Gesetzes nahm mein Mann also

die Ehe wieder auf. In der Realität sah das so aus: Er verrammelte sich im dritten Stock des Pastorats, in einem Mansardenkämmerchen. Muffelnd erschien er zu den Mahlzeiten. Wichtige Nachrichten wurden über Mittler weitergegeben – unsere Kinder.

Erst als es komplizierte Probleme im Geschäft gab, gelang es uns, wieder sachlich miteinander zu reden. Mehr noch: Wir kamen uns sogar wieder näher. Noch mehr: Wir schliefen wieder miteinander.

Schließlich nahm ich die Scheidungsklage wieder zurück.

Doch Ewe ging weiterhin zu Helga. Heimlich. Er hoffte, ich würde es nicht merken.

Und ich? Ich *wollte* es wohl nicht bemerken. Ich hoffte: Vielleicht stehe ich es ja durch. Vielleicht wird ja alles wieder gut. Da waren die Kinder, da war das Geschäft – das wollte ich erhalten. Wie viele Frauen bin auch ich ein »Erhalter«. In Flensburg sagt man: »Wat is bi wat.« (Sinngemäß: Nichts ist vollkommen.) Das, was ich hatte, wollte ich auf keinen Fall aufgeben.

Der Erfolg der Firma zeigte sich jetzt schon in Zahlen. 1953 hatte ich 14 Mitarbeiter. Der Umsatz belief sich auf 365 000 Mark. Im folgenden Jahr stieg er bereits auf über eine halbe Million und 1955 auf 822 000 Mark. 1956 sollte der Umsatz die Millionengrenze übersteigen – 1 326 000 Mark.

Mir war immer klar, daß die Firma nur wirklich Zukunft hatte, wenn es gelingen würde, die Zahl ihrer Kunden deutlich zu steigern. Deswegen unternahm ich ab 1955 große Anstrengungen, mehr und mehr Broschüren meines Versandhauses unter die Leute zu bringen.

»Versandhaus für Ehehygiene« – die Bezeichnung stammte aus der Presse, sie gefiel mir so gut, daß ich sie übernahm. Ich hoffte, mit diesem seriösen Einstieg auch das eher zurückhaltende Publikum ansprechen zu können.

Zweimal im Jahr gestalteten Ewe und ich neue Kataloge, denen wir poetische Titel verpaßten wie: »Liebe – uralt und immer wieder jung«, »Frühling der Liebe«, »Vergiß die Liebe nicht!«, »Liebe – Insel des Glücks«.

Erotische Motive aus der Kulturgeschichte, die die 32seitigen Broschüren illustrierten, sollten dem Verbraucher ein gutes Gewissen suggerieren. Unterschwellig sollte klassische Liebeskunst das Gefühl erzeugen: Mensch, das war schon immer so. Du bist kein Lüstling, wenn du sexuelle Hilfestellung durch Bücher oder Artikel suchst. Und außerdem konnte kein Staatsanwalt etwas gegen »klassische Pornographie« unternehmen. Kunst ist Kunst, und Kunst war damals nicht unzüchtig.

Damals machte ich mir eine Lücke im Postgesetz zunutze. Ein Fernbrief kostete Mitte der fünfziger Jahre 20 Pfennig, ein Ortsbrief aber nur 10 Pfennig. Ich konnte also die Hälfte der Portokosten sparen, wenn ich meine Broschüren jeweils vor Ort aufgab.

Das machte ich. Und zwar fleißig und in großem Stil.

Organisation Massensendung. Schreibkräfte schrieben Adressen, Hilfskräfte kuvertierten und bündelten jeweils 100 Stück. Die wurden, nach Zustellorten geordnet, in meinen Ford 17 M gepackt. Der sandfarbene Kombi faßte 40 000 Briefe. Später schaffte ich einen »FK 1 000« an, und noch später einen blauen

Die Geschichte beweist: Das war schon immer so.

Opel Blitz Kastenwagen – Platz für 100 000 Beate-Uhse-Broschüren.

Orte mit weniger als 1 000 Adressen fuhr ich nicht an. Für die lohnenden Städte arbeitete ich eine Tour aus. Sagen wir mal den Bayrischen Raum: Coburg (4 000 Stück) – Regensburg (5 600 Stück) – Ulm (6 000 Stück) – Nürnberg (12 000 Stück) – Landshut (3 600 Stück) – Passau (4 400 Stück). Um Geld zu sparen, schlief ich im Zelt. Ich kochte selbst, nahm Vorräte mit. Wenn es regnete, schlief ich auf einer Luftmatratze, hinten auf der Ladefläche.

In den Ferien kamen die Jungs immer mit. Sie halfen beim Ausladen, sie halfen über die Einsamkeiten während der langen Fahrten hinweg. Auf Zeltplätzen suchten wir Geselligkeit, spielten Federball und badeten. Gelegentlich begleitete mich Horst Frank, der später mein Schwager und Professor für Deutsch werden sollte. Er schrieb gerade an seiner Doktorarbeit und verdiente sich bei Beate Uhse ein Zubrot.

Meist war ich aber allein unterwegs. Schrecklich Schiß hatte ich nur, weil ich bis zu 20 000 Mark bares Portogeld dabei hatte. Das war in den fünfziger Jahren sehr viel Geld. Meine schweinslederne Tasche kettete ich mir an den Körper. Einmal ließ ich sie in Coburg stehen, im Hof der Post, kurz vor der Mittagspause. Ich war auf dem Weg nach Bamberg, als ich das Malheur bemerkte. Wollte zur Tasche greifen, um ein »Hallo-Wach« zu fassen.

Katastrophe. Keine Tasche da. Und das am Anfang der Tour. Papiere, Handelsregisterauszug für die Postbeamten, 200 Hunderter – alles in der Tasche. Wie ein Blitz raste ich mit meinem Opel Blitz zurück. Kurz vor Ende der Mittagspause kam ich an. Die Postsäcke standen noch da. Meine Tasche auch.

Jede Woche drei, vier Tage auf Achse, Tausende von Kilometern, viel Arbeit, spartanisches Leben – aber der Einsatz zeigte erste Früchte. 1957 konnte ich den Kundenstamm auf 200 000 erhöhen. Der Umsatz kletterte auf über zwei Millionen Mark.

Eines meiner Geschäftsprinzipien lautete: Nicht auf Pump wirtschaften. Keine Verbindlichkeiten. Jetzt aber glaubte ich, der Zeitpunkt sei gekommen, um zu investieren. Bei der Flensburger Kreissparkasse wurde ich vorstellig – wegen eines Kredits über 10 000 Mark.

Was ich denn für Sicherheiten hätte?

Einen blauen Opel Blitz und 200 000 Sex-Käufer-Adressen.

Donnerwetter, wie mich die Leute von der Sparkasse abblitzen ließen. »Was sind denn Sex-Käufer-Adressen?« Ein Dreck! Heute übrigens vermieten die Lettershops tausend Adressen für rund 200 Mark.

Doch damals paßte das Verhalten der Banker ins Bild des Zeitgeistes. »Beate Uhse und ihr schmutziges Gewerbe« – so oder ähnlich titulierte mich die Presse, wenn wieder einmal über mich geschrieben wurde. Man berichtete natürlich immer nur, wenn ich vor Gericht stand.

Das war nie lustig – auch wenn es in der Rückschau komisch wirkt.

Die Sache mit den Aktfotos zum Beispiel. Um den Bedarf befriedigen zu können, ließen wir von einem Kieler Fotografen immer neue Serien produzieren: »Adam und Eva«, »Das Sonnenbad«, »Blonde Schönheiten«, »Anmut« oder »Die junge Renate im Wald«. Jeweils fünf Aufnahmen für 4 Mark 50 (schwarzweiß) oder 10 Aufnahmen für 25 Mark (Color). »Ihre Leuchtkraft – schon im einfachen Dia-Betrachter, noch mehr durch einen Projektor – tritt zu dem nuancenreichen Spiel von Licht und Schatten, von Farbe und Form, das der Sichtechtheit. Eine Steigerung, die kaum noch zu überbieten ist!« (Mein Werbetext)

Der Staatsanwalt sah die Sache ganz anders. Für ihn war nicht Rückenakt gleich Rückenakt oder Nackte am Strand gleich Nackte im Atelier. Minuziös untersuchte er, ob die Nackte vielleicht jenen Appeal hatte, den er als »lockendes Lächeln« entlarvte. Lockendes Lächeln war strafbar, weil es den Tatbestand der »Aufforderung zur Unzucht« erfüllte. Nackte mit Wasserball am Meer nahm der Staatsanwalt hin. Aber eine Nackte im Atelier, die dem Betrachter ihre Kehrseite bietet, dabei aber neckisch in die Kamera schaut – die brachte mich vor Gericht. Der Vorwurf: Verbreitung von unzüchtigem Material.

Zwei Stunden lang zankte sich ein Staatsanwalt mit mir vor dem Amtsgericht Flensburg herum. Ich legte dem Richter eine Mappe voller Nackter aus den Zeitschriften *stern, Praline, Revue, Quick* und weiteren Medien vor, um zu zeigen, wie sich die Publikumszeitungen mittlerweile entwickelt hatten. Der

Für den Staatsanwalt war »nackt« keineswegs gleich »nackt«. Die oberen Fotos galten als »unzüchtig«, die unteren wurden nicht beanstandet.

Richter ging darüber hinweg: »Wir sprechen heute von Ihnen. Etwas anderes interessiert mich nicht.«

Die Schöffen, der Richter und der Staatsanwalt – sie alle vertieften sich in das nackte Anschauungsmaterial. Schließlich schmiß der Richter die Akte auf seinen Richtertisch und urteilte: »Beim besten Willen kann ich im Gesichtsausdruck der Damen keine Unterschiede erkennen, tut mir leid, Herr Staatsanwalt.«

So flott und so glimpflich verlief kaum ein Verfahren.

Acht Wochen lang war ich mit Rechtsanwalt Dr. Strohm im ganzen Land unterwegs, um ein kompliziertes Beleidigungsverfahren abzuwenden. Wir absolvierten unsere Deutschlandtournee in einem grauen Citroën mit pinkfarbenem Dach, wir wohnten in Vertreter-Hotels der Kategorie 16 bis 34 Mark, in Hagen, Wanne-Eickel und Gelsenkirchen-Buer, in Regensburg in Münster, München und wer weiß noch wo.

Die Diözese Köln hatte veranlaßt, daß in katholischen Kirchen abgekanzelt wurde: »Wenn Sie, liebe Gemeinde, von einer gewissen Beate Uhse eine Schrift erhalten – das ist obszönes Material. Das ist schädlich, und wir wollen ihr das Handwerk legen. Vor der Sakristei liegen Formulare aus, da können Sie auf einfache Weise Strafantrag wegen Beleidigung stellen.«

Insgesamt 82 Strafanträge gingen ein. Eine Aktion, die mich wahnsinnig belastete. Schließlich kam ich aus einem ordentlichen Elternhaus, wie man so schön sagt. Ich fühlte mich an den Pranger gestellt.

Als Beschuldigter hat man das Recht, an Vernehmungen teilzunehmen. »Laß uns reisen«, schlug Rechtsanwalt Strohm vor, ein brillanter Strafverteidiger, der sich auf den § 184 StGB spezialisiert hatte, um den es bei mir fast immer ging. Ich hatte Dr. Strohm bei der Gründungssitzung des »Bundesverbandes des erotischen Versandhandels« kennengelernt. »Laß uns bei den Anhörungen anwesend sein«, sagte Dr. Strohm. »Die Menschen lügen weniger, wenn sie einem ins Gesicht sehen müssen.« Ich wollte auf keinen Fall vorbestraft sein. Bei künftigen Verfahren würde es sonst keine mildernden Umstände geben. Ich fürchtete, daß das Prinzip »Im Zweifel für den Angeklagten« dann für mich nicht mehr gelten würde.

Wochenlang war Dr. Strohm damit beschäftigt, die 82 Vernehmungstermine so zu koordinieren, daß wir bei allen anwesend sein konnten. Er schaffte es. Eine böse Überraschung immer für die, die mich angeschuldigt hatten! »Hier sitzt Beate Uhse, die Sie der Beleidigung beschuldigt haben. Sie darf sich anhören, was Sie zu sagen haben. Der Herr neben ihr ist ihr

Anwalt«, sprach sinngemäß jeweils der Richter. »Und nun, Herr Sowieso, erklären Sie uns mal, wie das war.«

Ein Kläger führte aus: »Als ich nach Hause kam, lag im Flur ein Brief. Und als ich den angefaßt habe, fühlte ich schon das Böse.«

»Hochinteressant«, antwortete der Richter. »Wie fühlt man das denn?«

»Ja, also, das spürt man eben.«

»Stand auf dem Brief ein Absender?«

»Nein. Aber als ich den Brief öffnete, sah ich schon den Schmutz. Ich warf alles sofort in den Abfall.«

»Haben Sie darin geblättert?«

»Nein, selbstverständlich nicht!«

»Wenn Sie nicht in die Materie eingedrungen sind, können Sie den Inhalt nicht kennen. Mithin können Sie sich auch nicht beleidigt fühlen.« Ein Drittel der Anzeigen fiel auf diese Weise unter den Tisch.

Viele erzählten vor Gericht, sie hätten sich die Broschüre zwar intensiv beschaut, aber: »Weil meine Frau nicht für so was ist«, hätten sie die Schrift lieber weggeschmissen. Um sich von Verdächtigungen frei zu machen, hatten sie geschworen, die Schrift sei »einfach so« ins Haus gekommen. Daraufhin wurden die »unschuldigen« Männer bedrängt, Anzeige zu erstatten – wie von der Kirche empfohlen.

Eine dritte Gruppe, die Beleidigungsanzeige erstattet hatte, fand ich in meiner Kundenkartei. Sie hatten bereits zuvor bei mir bestellt oder das Werbematerial angefordert.

In allen 82 Fällen wurde ich freigesprochen.

Einmal stand die Existenz der Firma wirklich auf dem Spiel. Zum ersten Male ganz ernst. Und so ernst auch zum letzten Male. Es begann am Tag vor Himmelfahrt, im Jahre 1957.

Ein paar Wochen vorher hatte ich von Adele Tschech, einer Mitbewerberin aus Stuttgart, 280 000 Adressen gekauft. Sie gab ihr Geschäft auf. Für diese neuen Kunden entwarf ich einen frechen Katalog mit meinen Produkten, außerdem einen persönlichen Brief: »Die Firma Tschech hat uns ihre Kunden überlassen. Wir freuen uns, Sie künftig...« usw. Weil ich nicht wußte, ob die Schwäbin in Sachen Alterskontrolle sorgfältig gewesen war, wollte ich sämtliche Werbesendungen auf einmal wegschicken. 35 Heimarbeiterfamilien wurden angeheuert, zum Adressenschreiben, zum Kuvertieren. Alle postfertigen Sendungen ließ ich in einer Lagerhalle auf der Westlichen Höhe einlagern, um sie am Gründonnerstag komplett abzuschicken.

Und dann erschien Staatsanwalt Carlson am Tag vor Himmelfahrt – mit 28 Kriminalbeamten. Sie besetzten die Büros in der Wilhelmstraße. Kein Telefon durfte mehr bedient werden, keiner durfte aus dem Fenster schauen. Was sie suchten, konnte ich nur ahnen. Wahrscheinlich Werbemittel, in denen Kunstglieder dargestellt waren.

Ich kam bei dieser Aktion erst gegen Mittag dazu. Hatte gerade Dirk aus Frankfurt abgeholt. Er sollte nun für immer bei uns leben.

Gegen 17 Uhr rückten die Beamten ab. Sie hatten nur drei Kartons beschlagnahmt. Enttäuscht sagte ein Fahrer zu einem unserer Hofarbeiter: »Unter Beate Uhse hab ich mir aber was ganz anderes vorgestellt. Eine große Firma? Ihr habt ja nix, das ist ja zum Totlachen.«

Offenbar fühlte sich der Hofarbeiter in seinem Firmenstolz gekränkt. »Mensch«, prahlte er, »da solltest du mal sehen, was wir oben in der Halle lagern haben ...«

Mensch, solch ein Trottel!

Alles wurde beschlagnahmt, die Halle versiegelt. 280 000 fertige Sendungen. Bereits frankiert. Jeder Brief repräsentierte einen Wert von DM 1,50. Mein erster Gedanke: Wenn ich die nicht verschicken kann, bin ich pleite. Ich hatte Wechsel unterschrieben. Wenn dieser Fall in die juristische Mühle gerät, Urteil Amtsgericht, Berufung, Revision und irgendwann das Urteil des Bundesgerichtshofes – das könnte Jahre dauern. Der Katalog wäre längst überholt. Und ich würde mich von so einem finanziellen Schlag nie wieder erholen. Vier Nächte wälzte ich mich in meinem Bett hin und her, machte mir Vorwürfe. Warum hast du Esel die Sachen nicht sukzessive verschickt?

Ich widersprach der Beschlagnahme durch den Staatsanwalt, so daß dieser eine richterliche Bestätigung einholen mußte. Der zuständige Amtsrichter lehnte diese Zustimmung allerdings ab. Hiergegen legte der Staatsanwalt Beschwerde ein, ohne mich von der fehlenden Zustimmung des Amtsrichters zu verständigen. Er wollte unbedingt die Beschlagnahme und die Versiegelung bis zur landgerichtlichen Entscheidung über die Beschwerde aufrechterhalten. Er war sicher, daß er dort obsiegen würde.

Aus Gründen, die mir verborgen geblieben sind, erhielt aber einer unserer Heimarbeiter, Herr Witte, die Nachricht, daß die bei ihm beschlagnahmten Sendungen wieder »frei« seien, da das Amtsgericht die Beschlagnahme »aufgehoben« habe. Ich glaube, es war die schönste Nachricht, die mir je ein Mitarbeiter überbracht hat. »Mensch, Herr Witte, Sie sind ein Goldstück«, jubelte ich und dachte: Wenn die bei Witte beschlagnahmten Broschüren frei sind, müssen alle beschlagnahmten Sendungen frei sein.

Rechtsanwalt Dr. Strohm bestätigte das. Nur: Meine Werbesendungen waren noch versiegelt. Und bei Siegelbruch, wußte ich, würden die Behörden keinen Spaß verstehen.

Also vereinbarte ich mit Dr. Strohm ein Telefonat, das wir aufzeichnen und gegebenenfalls bei Gericht als Beweis für meine Gutgläubigkeit vorlegen wollten.

»Herr Dr. Strohm, hier ist Beate Rotermund. Ich hab' da eine wichtige Sache: Unser Heimarbeiter Witte hat eine Bestätigung, daß seine Sendungen frei sind. Das heißt doch, daß die Beschlagnahme aufgehoben ist?«

»Ja.«

»Gilt das auch für die in der Lagerhalle?«

»Sind die gleichartig?«

»Ja.«

»Dann ist für alle die Beschlagnahme hinfällig und aufgehoben.«

Sofort rief ich meine Schwäger Horst und Heinrich, die Spediteure, an: »Besorgt uns den größten Laster, den ihr habt, und einen zuverlässigen Fahrer.« Den Lagerverwalter rief ich an: »Sperrt den Hund ein, ich hol die Sachen und will heute nacht keinen von euch sehen.«

Es war eine regnerische Nacht. Überall sah ich Polizeiautos, die es nicht gab. Ein Siegel am Hallentor sah ich nicht.

Der Fahrer sah uns – Ewe, mich und Dirk und Klaus. »Wat«, stöhnte er, »'ne halbe Portion (Ewe), 'ne Frau und zwei Kinder – ihr wollt dat laden?«

Wir konnten uns nicht leisten, Fremde zum Helfen anzuheuern. Die hätten wegen Beihilfe belangt werden können. Familienangehörige hingegen können die Aussage verweigern.

Wir rackerten die ganze Nacht. Eine Hundearbeit. Ewe feuerte uns immer an: »Lauft, ihr faulen Schweine, lauft!«

Dem Staatsanwalt ließen wir sechs Exemplare liegen. Die übrigen 280 000 wollten wir beim Hamburger Postamt Hühnerposten aufgeben, so schnell wie möglich. Aber der Fahrer wollte jetzt, morgens um sechs, erst mal gemütlich frühstücken. Ich war einem Nervenzusammenbruch nahe.

Für ein saftiges Trinkgeld bewegte er die kostbare Fuhre Richtung Hamburg. Erst als ich meine Werbebriefe übers Band im Postamt flitzen sah, wurde mir wohler. Wir gingen essen. Die Jungens durften sich aussuchen, was sie wollten. Sie nahmen Steak, Pommies und Bananensplit.

Am Dienstag nach Pfingsten wurde ich verhaftet. Der Staatsanwalt schäumte vor Wut, als er bei einer Kontrolle das Lager leer fand. Eilends bewirkte er einen Haftbefehl. Die Anklage: Dienstsiegelbruch. Mittags holte mich ein ziviler Beamter aus der Firma ab. »Ich bin gerade verhaftet worden«, grinste ich allen zu, die mir begegneten. Ich fühlte mich total sicher, ich war überzeugt, daß die Sache zu meinen Gunsten ausgehen würde.

Weil weder Flucht- noch Verdunkelungsgefahr bestand, hob der Richter den Haftbefehl auf. An diesem Tag trudelten bereits die ersten Rückläufe ein und Kundenaufträge. Die Aktion der 280 000 Sendungen wurde ein Riesenerfolg.

Auch im folgenden Strafprozeß wurde ich freigesprochen. Zeuge Witte trat auf; Verteidiger Dr. Strohm spielte seine Tonbandaufzeichnung ab; ich erzählte von der regnerischen Nacht, in der kein Siegel zu sehen war.

Ein Sieg, der mir neue Kraft verlieh. Die hatte ich auch dringend nötig.

Immer wieder hatte Ewe schon vorgeschlagen: »Wir verkaufen das Geschäft.«

»So ein kleines Sex-Geschäft ist doch so gut wie unverkäuflich«, wandte ich ein. »Und was machen wir dann?«

»Wir kaufen ein Mietshaus und leben davon.«

»Weißt du was, Ewe, ich will nie wieder arm sein.«

»Und ich«, entgegnete Ewe, »will mich nicht totschuften.«

Wir arbeiteten wirklich wie verrückt. Wir lebten sparsam. Der einzige Luxus: Freizeit am Wochenende. Zelten im Sommer und im Winter Skilaufen in Nesselwang im Allgäu.

Ewe meinte es ernst. Im Juli erklärte er, daß am 1. August für ihn endgültig Schluß sei. Und wirklich: Am 1. August packte er unser kleines Zelt ins Auto und fuhr in die Geltinger Bucht, um zu meditieren.

Da stand ich nun – und sah mich vor der Katastrophe. Bislang hatten wir uns die Firmenführung geteilt. Wir hatten uns alle sechs Monate im Ressort abgewechselt und konnten uns gegenseitig vertreten. Immer wieder hatte ich Ewe gedrängt, doch auch juristisch als Teilhaber in die Firma einzutreten. Er lehnte das stets ab. Er wollte keinerlei Verantwortung festschreiben. Vielleicht wollte er auch nicht, wie ich, ständig vor Gericht stehen?

Wie sollte ich die ganze Arbeit nur schaffen? Aber aufgeben? Diesen funktionierenden Organismus fallenlassen wie eine heiße Kartoffel? Die Firma verkaufen? Das konnte und wollte ich mir nicht vorstellen.

Die Firma war mein Kind.

Eine Firma ist unglaublich dankbar. Sie enttäuscht dich nie. Was du hineinfütterst – deine Arbeit, deine Liebe zum Detail, deine Sorgfalt, deinen Spaß und deine Lust – schlägt sich irgendwann nieder, zahlt sich aus. Du hast es selbst in der Hand. Das ist bei menschlichen Kontakten problematischer.

Ewe war das beste Beispiel dafür. Er hatte mich betrogen, er würde mich im Stich lassen. Er hatte mir viel Kummer gemacht. Doch all den Kummer hatte ich ertragen, weil in mir eine Hoffnung blühte. In all den Jahren privater und geschäftlicher Probleme träumte ich von einem schönen Haus mit Garten und Blick aufs Meer. Nichts wollte ich lieber, als später einmal mit Ewe unter einem blühenden Rosenbusch sitzen und in Frieden alt werden. Vorher wollte ich die Welt kennenlernen, reisen, Tennis spielen. Aber das würde nur gehen, wenn es mir gelänge, die Firma zu vergrößern.

Jetzt stand ich alleine da und sah mein Kartenhaus schon zusammenfallen. Aber aufgeben, ohne es wenigstens allein probiert zu haben? Kam nicht in Frage.

Erstaunlicherweise entstanden bei der Arbeit ohne Ewe viel

weniger Reibungsverluste. Seine Menschenführung war immer ungeschickt gewesen. Weil er zuwenig Zivilcourage besaß, Mitarbeitern, die Mist gebaut hatten, dies auch zu sagen, um künftigen Fehlern vorzubeugen. Ewe sagte nichts. Er korrigierte Fehler selbst und strafte Fehlverhalten dadurch, daß er die Schreibtische der Betroffenen in irgendeine entfernte Ecke stellte. Diese Degradierungen erklärte er nicht mal. Das überließ er mir. Allzuoft mußte ich schlichten, Mitarbeiter aufrichten, aber auch Kündigungen hinnehmen. Der Gärtner ging gar mit dem Spaten auf Ewe los – so sehr fühlte er sich getriezt.

Mir waren Bücher des amerikanischen Psychologen Dale Carnegie in die Hände gekommen: *Wie man Freunde gewinnt.* Und: *Sorge dich nicht, lebe!* Schon in meinem ersten Katalog (1949) pries ich die Titel an. Dale Carnegie verdeutlichte, wie Lob beflügeln kann, welche Kräfte man wecken kann, wenn man positiv denkt und handelt. Ebenso einfache wie nützliche Einsichten, die ich in meinem Alltag anzuwenden versuchte. Der Erfolg war verblüffend. Unser Betriebsklima verbesserte sich zusehends.

Die Bilanzen auch.

Bei mir stellte sich ein wunderbares Gefühl ein: Du kannst das. Du schaffst es auch alleine.

»Lehret die Liebe . . .«

Zentralisierung · Reizwäsche · Gutschein-Briefe · der erste Sex-Shop der Welt

Es ging richtig und sichtlich voran. Es war die Zeit, als Halbstarke lässig an ihren Maschinen lehnten, Mädchen auf Marlon Brando und Pferdeschwänze standen und Peter & Conny als Liebespaar galten. Es war die Zeit, in der Elvis Presley als Soldat nach Germany mußte und die Deutschen Heißhunger auf holländische Suppenhühner hatten. Es war die Zeit, als sich Damen mit Bikinis in die Öffentlichkeit trauten, als der Boxer Bubi Scholz Europas Bester wurde und *Wir Wunderkinder* der Kino-Hit des Jahres war.

Wir schrieben 1958, als das Versandhaus für Ehehygiene Beate Uhse das beste Geschäftsjahr seit Bestehen erlebte: 63,7 Prozent mehr Umsatz als im Vorjahr – nun schon über drei Millionen Mark. Mittlerweile beschäftigte ich 59 Mitarbeiter. Wir hatten mehr als 600 000 Kunden. Und wir platzten aus allen Nähten.

Die Geschäftsräume befanden sich an drei verschiedenen Standorten in Flensburg: in der Wilhelmstraße, Am Sandberg und Hafermarkt. Weil ich überall gegenwärtig sein wollte und mußte, brummte ich wie eine wilde Hummel durch die Stadt. Das war unbequem und zeitraubend dazu. Deswegen entschloß ich mich, eigene Firmengebäude zu bauen. Von der Stadt konnte ich günstig ein Grundstück kaufen: 7 000 Quadratmeter im neuen Industriegebiet Süd. An der Boschstraße 12.

Der Name gefiel mir nicht. Diese Adresse klang für mein Empfinden zu technisch. Deshalb schlug ich der Stadt Flensburg einen neuen Namen vor, von dem ich glaubte, daß er besser zu meinem Gewerbe paßte: Gutenbergstraße. nach dem Erfinder der Buchdruckerkunst deswegen, weil ich mit Druckerzeugnissen handelte. Und weil die betriebseigene kleine

»Förde-Druckerei«, die all die vielen Formulare, Werbebriefe und Broschüren für Beate Uhse herstellte, die erste Betriebsstätte war, die sich im Industriegebiet Süd ansiedelte.

Die Entscheidung für eigene Gebäude wurde zu einer der wichtigsten in der Geschichte der Firma. Alle Betriebsteile unter einem Dach ermöglichten rationelles Arbeiten. Und noch wichtiger: Mit eigenem Grundstück und modernem Neubau gab es einen großen Prestigeschub im Flensburger Umfeld für Beate Uhses Betrieb. Auf einmal waren wir wer.

Kurz zuvor hatte ich das Modellwäsche-Atelier Frau Cotelli eingerichtet. Wäsche war ein prosperierendes, aber schwieriges Geschäft. Wo bekommt man Dessous mit Charme und Chic und dem Esprit, zu dem auch ein wenig Koketterie und Extravaganz, ein bißchen Raffinesse und Betörung gehören? So fragten uns viele Kundinnen und Kunden. Die Paare glaubten, daß Vernachlässigung des Aussehens, Eintönigkeit und Gewöhnung die Gefahren gleichgültigen Nebeneinanderlebens mitverschuldeten. Intime Mode, so glaubten und hofften auch wir, würde neue Reize wecken.

Kaum eine Illustrierte, kaum eine Frauenzeitschrift, die damals nicht mit neckischen Garnituren, koketten Büstenhaltern und Höschen ihre Leser anmachte. Eine Miederwarenfabrik bezeichnete ihre Produkte gar als »das erste Kleid«.

»Annette«, ein bezauberndes Wäschestück, mitternachtsschwarz, durchsichtig, verführerisch, aus anmutig fallendem

Im Atelier: Die Cotelli-Girls bei der Arbeit.

Perlon, hatte ich schon früh im Sortiment. Wir bemühten uns um immer neue Modelle. Aber immer wieder gab es Lieferschwierigkeiten der Hersteller, man mußte Monate voraus bestellen. Größen und Farben und Muster disponieren. Wie sollte man sich auf die Nachfrage kaufmännisch korrekt einstellen? Häufig verärgerten wir Kunden, weil »Annette«, »Regina« oder »Lolita« gerade nicht vorrätig waren. Da entschloß ich mich zur Eigenfertigung.

Frau Cotelli, nach der das Modellwäsche-Atelier benannt war, gab es wirklich. Sie hatte sich eines Tages bei mir vorgestellt und große Sachkenntnis bewiesen. Ich stellte sie ein, und sie entwarf fortan eine umfassende Kollektion zarter Dessous, reizvoller Garnituren, bezaubernder Nachtwäsche, modischer Miederwaren, schicker Hausanzüge und hübschen Schnickschnack aus Spitze, Rüschen und feinem Zierat. Acht Mitarbeiterinnen nähten nach ihren Entwürfen auf modernen Nähmaschinen. Unseren neun Cotelli-Girls standen sechs Heimarbeiterinnen zur Seite, denn auch dieses Geschäft hatte seine Saison – Weihnachten stimulierte die Nachfrage ganz besonders.

Mit meinen poetischen Werbetexten gab ich mir ganz besondere Mühe. Ein Beispiel aus dem Katalog, den ich »Paris... Dessous d'amour« nannte:

»Paris! Ein Wort, nein ein Begriff, prickelnd wie Sekt für viele, geheimer Wunschtraum erfüllter Liebe, Tänzerinnen im rasenden Wirbel des French Can-can, vollendete Frauenbeine, umspielt von duftigen, zarten Dessous. Ausgelassene Lebensfreude, atemberaubende Revuen, knisternde Erotik. Denn, meine Herren, geben Sie es ruhig zu:

Wessen Mannes Herz schlüge nicht schneller, wenn ein indiskreter Windstoß über einem Nylonstrumpf einen zarten Streifen des Oberschenkels und hauchdünne Spitzen enthüllt? Wer könnte sich der Wirkung so eines Stückchens Seide oder einer kleinen Spitzenkrause entziehen? In Frankreich, dem Land der Liebe, kennt man die Wirkung der Dessous d'amour schon lange, etwa wenn sich Gleichgültigkeit in der Liebe abkühlend und störend breitmachen will. (...)

Allerdings, fast allen Männern ist es unangenehm und peinlich, sich in einem Laden von einer Verkäuferin intime Damenwäsche vorlegen zu lassen. Meine Kunden haben es leichter.

Nachdem Sie in Ruhe Ihre Wahl getroffen haben, brauchen Sie nur den Wunschzettel auszufüllen und den Brief an mich in den nächsten Postkasten zu werfen. Bald kommt dann Ihr Päckchen, im hübschen Geschenkkarton, und ein attraktives Modell wird Ihnen den ›Hauch von Paris‹ ins Haus bringen. Alle Ihre Wünsche erfülle ich gern.«

Alle Ihre Wünsche erfülle ich gern... Ich wünschte, es wäre weniger problematisch gewesen. Denn immer wußte ich ein

»Dessous d'Amour«.

Damoklesschwert über mir: Die wollen dir die Gurgel abdrehen, die Behörden, die Staatsanwälte wollen deine Firma kaputtmachen.

Manchmal geben nackte Zahlen Aufschluß über komplizierte Verhältnisse. In meiner Bilanz des Jahres 1959 steht: Umsatzplus: 3,9 Prozent. Eine magere Marke im Vergleich zum Vorjahr und auch dem folgenden Geschäftsjahr. Der Hintergrund: ein Urteil des Bundesgerichtshofes. Das oberste Gericht hatte entschieden, daß »eingehende Ausführungen über Sexualität« an Unbekannte nicht mehr unaufgefordert verschickt werden durften. Das war ein harter Schlag. Der Expansionskurs – die große Verbreitung und Streuung der Beate-Uhse-Kataloge – konnte fortan nicht mehr fortgesetzt werden. Verzweiflung. Ich wußte nicht mehr, wie ich neue Interessenten gewinnen, wie ich werben sollte.

Ich sehe mich noch in meinem kleinen Büro in der Wilhelmstraße sitzen, mit Blick auf den Hof. Stundenlang saß ich da, starrte hinaus, wochenlang kaute ich auf meinem Bleistift, zermarterte mir den Kopf.

Und mir fiel nichts ein. Monatelang nicht.

Plötzlich aber doch. Ich könnte doch, dachte ich, an Herrn und Frau Jedermann schreiben und ihnen anbieten, daß sie bei mir was kriegen können. Die Idee des Gutschein-Briefes war geboren. Zunächst schrieb ich »Jungverheirateten«. Der Test (an 5 000 Adressen) verlief erfolgversprechend. Daraufhin verschickte ich hunderttausend dieser Gutschein-Briefe. Später an »junge Mütter«, noch später an »Jedermann«. »Ihre ganz intimen Wünsche vertrauten mir über eine Million Menschen an...«

Die Gutschein-Briefe für den 128seitigen Katalog waren der große Hit. Aus der Not war ein erfolgreiches Werbemittel entstanden. Dieser Katalog war schon ein »Leitfaden und Ratgeber der Liebe und Ehe«.

»Es gibt kaum ein menschliches Problem, das so auf das Vertrauen zu seinem Gesprächspartner aufgebaut ist, wie eine Aussprache über das Liebes- und Eheleben. Wer in Tausenden von Fällen sieht, wie jener Schleier des Verschweigens zu Irrungen und Verwirrungen führt, zu Unwissenheit und Mißverstehen, zu Fehlern und Fehlentscheidungn, zu ungelösten Problemen und tragischem Unheil, der wird die Notwendigkeit einer Einrichtung erkennen, wie sie mein ›Versandhaus für Ehehygiene‹ darstellt. Als Bezugsquelle für den persönlichen Bedarf, wie auch als Adressat für Fragen, Anliegen und Ersuchen nach Auskunft und Rat ist es ein erfahrener, verständnisvoller, verantwortungsbewußter und vertrauenswürdiger Partner.«

So stellte ich mich dar. Von meinem Tun, von der Notwendigkeit war ich vollkommen überzeugt. Meine Arbeit erfüllte mich. Und sie war, trotz aller Fährnisse, dankbar.

Bis zu 70 Briefen mit Fragen trudelten täglich bei mir ein. Ihre Beantwortung machte verdammte Arbeit. Das muß man wohl machen, dachte ich, das gehört bei diesem Geschäft dazu. Darüber hinaus lernte ich aus den Briefen viel über Partner-

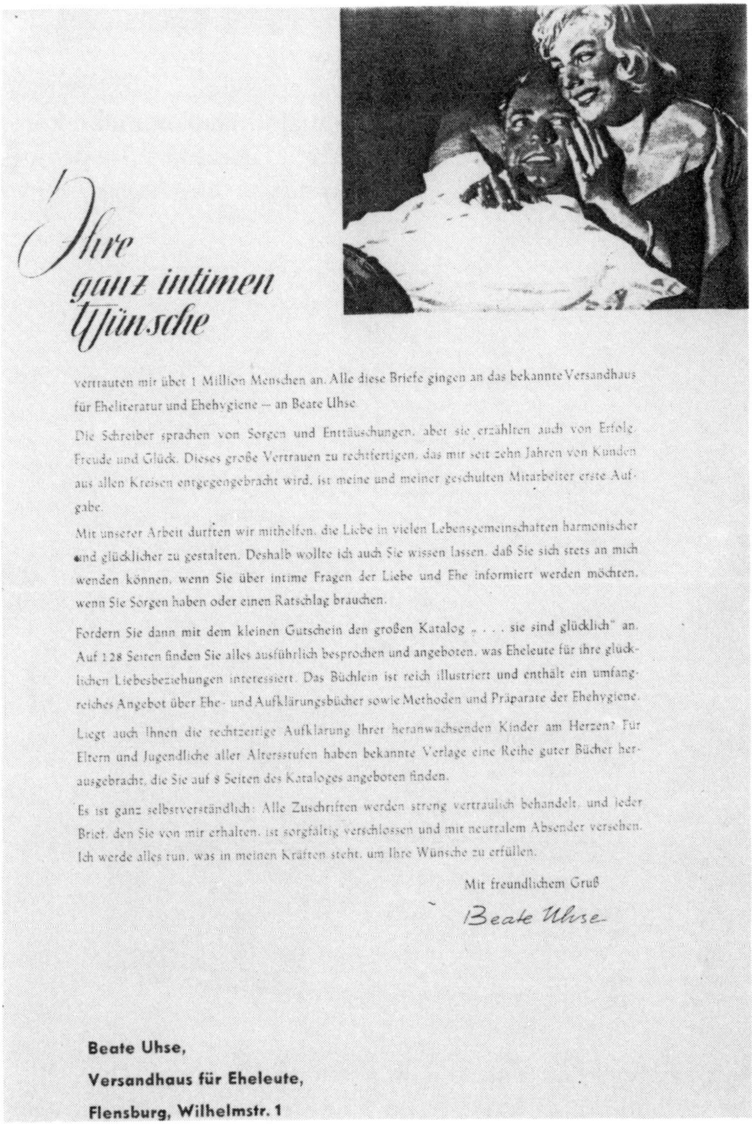

Ihre ganz intimen Wünsche

vertrauten mir über 1 Million Menschen an. Alle diese Briefe gingen an das bekannte Versandhaus für Eheliteratur und Ehehygiene – an Beate Uhse.

Die Schreiber sprachen von Sorgen und Enttäuschungen, aber sie erzählten auch von Erfolg, Freude und Glück. Dieses große Vertrauen zu rechtfertigen, das mir seit zehn Jahren von Kunden aus allen Kreisen entgegengebracht wird, ist meine und meiner geschulten Mitarbeiter erste Aufgabe.

Mit unserer Arbeit durften wir mithelfen, die Liebe in vielen Lebensgemeinschaften harmonischer und glücklicher zu gestalten. Deshalb wollte ich auch Sie wissen lassen, daß Sie sich stets an mich wenden können, wenn Sie über intime Fragen der Liebe und Ehe informiert werden möchten, wenn Sie Sorgen haben oder einen Ratschlag brauchen.

Fordern Sie dann mit dem kleinen Gutschein den großen Katalog „. . . sie sind glücklich" an. Auf 128 Seiten finden Sie alles ausführlich besprochen und angeboten, was Eheleute für ihre glücklichen Liebesbeziehungen interessiert. Das Büchlein ist reich illustriert und enthält ein umfangreiches Angebot über Ehe- und Aufklärungsbücher sowie Methoden und Präparate der Ehehygiene.

Liegt auch Ihnen die rechtzeitige Aufklärung Ihrer heranwachsenden Kinder am Herzen? Für Eltern und Jugendliche aller Altersstufen haben bekannte Verlage eine Reihe guter Bücher herausgebracht, die Sie auf 8 Seiten des Kataloges angeboten finden.

Es ist ganz selbstverständlich: Alle Zuschriften werden streng vertraulich behandelt, und jeder Brief, den Sie von mir erhalten, ist sorgfältig verschlossen und mit neutralem Absender versehen. Ich werde alles tun, was in meinen Kräften steht, um Ihre Wünsche zu erfüllen.

Mit freundlichem Gruß

Beate Uhse,
Versandhaus für Eheleute,
Flensburg, Wilhelmstr. 1

Die rettende Idee: der Gutschein-Brief (1959).

schaftsprobleme und hatte auf diese Weise immer die Hand am Puls des Verbrauchers.

Wer weiß, ob ich meine Ehe so lange so friedlich hätte weiterführen können, ob ich nicht viel früher abgedreht hätte – ohne die intimen Einsichten in das Liebesleid anderer. Man darf den Partner nicht überfordern – diese Erkenntnis zog sich wie ein roter Faden durch alle Krisen.

Ewe, mein Mann, hatte sich, wie angekündigt, wirklich total aus der Firma ausgeklinkt. Aber auch um die Familie kümmerte er sich herzlich wenig. Er reiste. Zeltete in St. Tropez, bewegte den Wohnbus durch Frankreich, nahm Anhalterinnen

Nicht immer lief in diesen Jahren der Entwicklung alles, wie man es sich gedacht hatte. Aber es ist nun einmal so, wenn man ein Ziel vor Augen sieht, überwindet man auch Schwierigkeiten. Meine Mitarbeiter und ich hatten kein Vorbild, nach dem wir uns richten konnten. Unser Ziel – keineswegs ein unerreichbares Ideal – war ja nur, für das Wohl der Familie und die Erhaltung der Ehe zu arbeiten. Wir waren dabei auf unseren gesunden Menschenverstand angewiesen und auf die wissenschaftlichen Erkenntnisse unseres Spezialgebietes.

Mut haben und die Dinge beim Namen nennen, das mußten wir dabei allerdings. Und bald zeigte es sich auch, daß wir auf dem rechten Wege waren, wenn wir eine saubere Aussprache über das führten, was im Weltbild des heutigen Menschen längst zu Begriffen geworden ist. Das war eine echte Hilfe für unzählige gefährdete Ehen. Als Beweis hierfür und als schönste Rechtfertigung unserer Arbeit habe ich in den langen Jahren meiner Tätigkeit Tausende von Dankschreiben erhalten, unter deren Absendern keine Berufsgruppe und keine Gesellschaftsschicht fehlt!

Es mag sein, daß die Gewissenhaftigkeit und die Offenheit in der Behandlung aller Probleme, daß die Höflichkeit und das ehrliche Eingehen auf die Sorgen und Wünsche des andern ihren Anteil an diesem Echo haben. Ja, ich glaube, daß es diese grundsätzliche Einstellung ist, die der Firma Beate Uhse das „Gesicht" gegeben hat, den guten Ruf und das Vertrauen der Kunden in Deutschland und über die Grenzen hinaus.

Daß Sauberkeit des Denkens und Handelns für uns selbstverständlicher Grundsatz ist, spürt jeder, der schriftlich oder persönlich mit uns zu tun hat.

Übrigens sind auch die aufklärenden und beratenden Briefe nie „aus dem Handgelenk" geschrieben worden. Ein Arzt kam zu Wort, übernahm womöglich ganz die Behandlung des angeschnittenen Themas, so daß immer eine bestmögliche Hilfe gewährleistet war.

Mehr als ein Katalog: ein echter Ratgeber mit 128 Seiten (1960).

mit und blieb mit manchen monatelang zusammen. Unser Eheleben kam arg zu kurz. Wenn Ewe freilich bei mir war, empfand ich ihn nach wie vor als guten, interessanten Partner. Und ich schlief gerne mit ihm. Auf andere Männer mochte ich mich nicht einlassen. Wenn auch ich noch fremdgehe, dachte ich, ist alles aus.

Die Entwicklung der Firma war eine Freude. Die Idee mit den Gutschein-Briefen schlug voll ein. 1960 kletterte der Umsatz auf über fünf Millionen Mark, 1961 gar auf 7,3 Millionen. Nun arbeiteten schon über 100 Mitarbeiter an der Bewältigung der Aufträge.

Im März 1961 wurde mir der Carl Stephenson Verlag, 1932 in Wien gegründet, zum Kauf angeboten. Eine kleine Klitsche, die sich auf schöngeistige Literatur spezialisiert hatte. Bei 5 000 Mark wurden wir uns einig. Im Preis war sogar ein unveröffentlichtes Manuskript inbegriffen: *Liebes- und Eheleben* von Dr. med. Emilie und Dr. phil. Paul Fried. Der »praktische Berater für die gesunde und harmonische Ehe« (Untertitel) sollte für meinen Verlag ein erster großer Erfolg werden. Viele andere folgten. Lücken im Buchhandel, Themen, die interessant und aktuell geworden waren, aber noch ungenügend oder überaltert behandelt wurden, konnten wir fortan im eigenen C. Stephenson Verlag herausbringen.

Lehret die Liebe hieß einer der ersten Titel, ein modernes, umfassendes Buch zur Sexualaufklärung von Kindern und Jugendlichen. »Die Welt der Liebe, in die Kinder unweigerlich hineinreifen, überfällt sie mit unmittelbarer Wucht und meist völlig unvorbereitet. Das Elternhaus schweigt oder deutet oft nur geheimnisvoll und warnend an, ohne der suchenden Jugend Klarheit zu geben. Die Schule schweigt, während die ersten ›Wissenden‹ unter den Schulkameraden ihre halben oder falschen ›Wahrheiten‹ den ahnungslos Staunenden zum besten geben. Neugierde bohrt. Wer seine Söhne oder Töchter ins Leben entläßt, ohne ihnen auch eine festgefügte, wahre und klare Vorstellung von der Welt der Liebe, der Beziehungen von Mann und Frau mitzugeben, setzt ein Boot auf ein stürmisches Meer ohne Kompaß und Steuer. Beweisen unzählige Ehen von heute nicht die Erziehungsmängel von gestern?«

Lehret die Liebe war mir ein wichtiges Anliegen.

Immer war ich ein leidenschaftlicher Leser, immer auch ein Amerika-Fan. Und immer versuchte ich, auf dem letzten Stand zu bleiben, was amerikanische Fachliteratur betraf. Ich informierte mich besonders über alles, was mit Werbung, Management, Organisation und Betriebsführung zu tun hatte. Von amerikanischen Versendern lernte ich, daß die großen, erfolgreichen Firmen immer auch Läden oder Ladenketten betreiben.

Hinterher erscheint vieles leicht. Aber das, was von der

Presse spektakulär als »erster Sex-Shop der Welt« tituliert wurde, war ein mühsames Unterfangen.

Monatelang diskutierten wir in der Firma meinen Plan. Alle waren gegen meine Idee. Bis auf Hannes Baiko, unseren Werbemann. »Mensch«, meinten die anderen, mit denen ich sprach, »das Versandgeschäft läuft doch gut. Aber in einem Laden werden uns die Leute empört die Schaufenster einschmeißen.«

»Kommt drauf an«, sagte ich. »Ich mache auf, wenn die Leute friedlich sind – kurz vor Weihnachten.«

Pionierarbeit. Ein schwieriges Problem war die Frage: Wie richtet man ein »Fachgeschäft für Ehehygiene« ein? Es gab dafür kein Vorbild auf der Welt. Auch im liberalen Schweden und Dänemark nicht, wo ich mich genau umsah. In Kopenhagen existierten damals nur schmuddelige Verkaufsräume für Pornohefte.

In Flensburgs Angelburger Straße mietete ich einen Laden, zwischen Bäcker und Fleischer, gegenüber von einem Textilgeschäft. Aber wie die Ware darbieten? Präservative, Klitorisreizer oder Erektionshilfen sehen nicht sonderlich dekorativ aus. Schließlich entschied ich mich für Artikelkastenfelder – ein Wabengestell mit kleinen Fächern, in denen die Artikel mit Beschreibung zur Ansicht lagen. Der Kunde mußte die betreffende Nummer abhaken, zur Kasse gehen, und dort wurde ihm die Ware eingepackt. An Selbstbedienung dachte ich damals noch nicht.

Um die Behörden zufriedenzustellen, trennte ich das »Fachgeschäft für Ehehygiene« von der »Fachbuchhandlung« durch separate Eingänge. Zur Eröffnungs-Party hatte ich rund 40 Leute eingeladen, Beamte vom Bauamt und der Handelskammer, Nachbarn und die Presse. Der Berichterstatter der *Südschleswigschen Heimatzeitung* schrieb, nachdem er mit uns Sekt und Brötchen konsumiert hatte: »›Das ist eine notwendige Ergänzung unseres Versandhauses‹, sagte Beate Uhse gestern zur Eröffnung ihres ›Fachgeschäfts für Ehehygiene‹ in der Angelburger Straße 58. – Wenn der Versuch in Flensburg gelingt, dann wird mit sicherem Erfolg eine Kette solcher Läden in den westdeutschen Großstädten eingerichtet werden können.

Die von Architekt Sönnichsen gestalteten Räume haben Atmosphäre, das heißt, der moderne Stil strahlt Sauberkeit aus,

Der erste Sex-Shop der Welt (Flensburg 1962).

und die verarbeiteten edlen Hölzer bezeugen eine Solidität, die den ratsuchenden Menschen durchaus Vertrauen zu schenken vermag. Das Fachgeschäft ist in drei Abteilungen gegliedert:

* Buchhandel mit rund 200 Titeln an Aufklärungs- und Eheliteratur (sowie Antiquariat)
* Hygiene-Artikel, die dezent in Schaufächern angeboten werden, so daß der Kunde nur das Nummernschild der gewünschten Ware an der Kasse abzugeben braucht und sich mündliche Erklärungen seiner Kaufabsichten erübrigen
* Beratungsraum zur persönlichen Aussprache mit erfahrenen Mitarbeitern des Versandhauses Beate Uhse. Aus ganz Deutschland kamen bisher schon viele Besucher ins Versandhaus, um sich zu informieren. Daraus war zu schließen, daß auf das Gespräch von Mensch zu Mensch nicht verzichtet werden kann.

Von den Ratsuchenden gehören 26,2 Prozent der Altersgruppe 21 bis 30 Jahre an, und 38,9 Prozent sind 31 bis 40 Jahre alt. Dr. Lappe, beratender Arzt des Flensburger Versandhauses für Ehehygiene, berichtete uns gestern aus einer Diskussion in der Evangelischen Akademie, daß gerade in den Fragen der Intimsphäre ein großes Informationsbedürfnis bestehe. Diese Aufgabe könne weder von Seelsorgern noch in der ärztlichen Sprechstunde gelöst werden. Und ob der Staat es kann, dahinter muß man ein dickes Fragezeichen setzen. Also bleibt

Innenansicht.

der privaten Initiative ein wichtiges Aufgabengebiet überlassen.«

Die Flensburger Kaufmannschaft würdigte die Geschäftsidee, aber die Flensburger Bürger genierten sich, im Laden gesehen zu werden. Die Kunden rekrutierten sich anfangs vor allem aus Handelsvertretern, die zwischen zwei Besuchen in der Leseecke in erotischer Literatur schmökerten. Zunächst wurde wenig verkauft, aber ein bißchen immer. Und es wurde immer mehr. Als ich 1963, nach gut einem Jahr, Bilanz zog, hatte ich sogar einen kleinen Gewinn gemacht. Und es hatte nie Ärger gegeben.

Da klingelte es bei mir! Mensch, dachte ich, wenn wir in einer Großstadt in eine gute Innenstadtlage gehen, abseits des großen Passantenstroms, wo der Kunde inkognito kommen kann – vielleicht geht dann die Rechnung noch besser auf.

Der zweite Laden, in Hamburgs Adenauerallee, lief schon wesentlich besser. Genauso in Frankfurt.

Der vierte schließlich, in Berlin gegenüber der Gedächtniskirche und dem Zoopalast, erfüllte alle Erwartungen. Dort versuchte ich es erstmals mit Selbstbedienung, damit die Kunden nicht mehr so lange an der Kasse auf ihre Ware warten mußten. Wieder stellte sich das Problem: Wer könnte eine gefällige SB-

Ladeneinrichtung für Sex und Erotik liefern? Ich inserierte in einem Fachblatt. Eine Firma Späthi aus der Schweiz hatte das beste Angebot. Sie schickte mir ihren Innenarchitekten. Um die kleinen, wenig attraktiven Produkte ansprechend zu präsentieren, entwarf er Schüttgondeln.

Das Ergebnis von Späthis Schüttgondeln, gepflegter Dekoration, Präsentation und Selbstbedienung: Wir konnten den Umsatz im Berliner Beate-Uhse-Laden verfünffachen.

Nun setzte ich voll auf Expansion. In jeder deutschen Stadt mit über 250 000 Einwohnern wollte ich einen Beate-Uhse-Laden.

»In einem Dickicht von dunklen Locken . . .«

Der Fall Fanny Hill

Erotische Literatur lese ich mit Freude und mit Spaß an lustvollen Schilderungen, aber unbewußt lese ich vielleicht doch eher wie ein Profi, der Bücher auch auf Machart und Typographie, Ausstattung und kaufmännische Verwertbarkeit hin prüft.

Die Memoiren der Fanny Hill fand ich durchaus anregend, allerdings schien mir der Stil ziemlich altbacken. Deshalb hätte ich das Freudenmädchen Fanny Hill fast nicht ins Sortiment aufgenommen.

Schließlich kam der Klassiker doch in mein Programm. Mit der Folge, daß wir jahrelang Ärger mit dem Freudenmädchen hatten. Hohe Gerichtsinstanzen beschäftigten sich mit *Fanny Hill,* viele Sachverständige fertigten Gutachten darüber an, ob die Geschichte der Dirne und ihres Lotterlebens ein Kunstwerk sei – oder einfach nur Schweinkram. Die Prozesse, die Antworten auf diese Frage brachten, zogen sich ganze fünf Jahre lang hin: von 1964 bis 1969.

Der Schriftsteller John Cleland hatte *Fanny Hill, or the memoirs of a woman of pleasure* (dt.: *Memoiren eines Freudenmädchens*) im Jahre 1750 veröffentlicht. Immer wieder kam das Buch vor den Richter. Prozesse fanden unter anderem in England, den USA und Dänemark statt. Und Cleland wurde jedesmal freigesprochen. *Fanny Hill,* so entschied der Oberste Gerichtshof in New York, »ist die Geschichte eines Bordellmädchens – und in dieser Beziehung bringt das Buch ziemlich interessante Einzelheiten. Aber es ist auch ein Stück englischer Geschichte aus dem 18. Jahrhundert. London hat es nicht so anstößig für das Feingefühl gefunden, um seinen Verkauf zu verbieten – und die Engländer gelten weiß Gott als eine prüdere Rasse als wir Amerikaner«.

»Die Grundrichtung des Buches ist eine dichterische Verherrlichung der sinnlichen Freuden des Geschlechtslebens. Daß es hierbei zu Übertreibungen kommt und zunächst das Körperliche in den Beziehungen der Geschlechter im Vordergrund steht, ist natürlich, bis es mit zunehmender Reife seinen für die Gesundheit und Natürlichkeit dieser Beziehungen nicht zu unterschätzenden Rang erhält.« So urteilte im Oktober 1964 Dr. Wiessner vom Amtsgericht Lindau. Die Strafsache gegen eine örtliche Buchhändlerin wies der Amtsgerichtsrat zurück, weil *Die Memoiren der Fanny Hill* seiner Überzeugung nach »keine Frivolitäten und Schlüpfrigkeiten und kein vulgäres obszönes Wort« enthielten; die beigefügten Zeichnungen seien von »künstlerischem Rang«, und ein »reifer, natürlich empfindender Erwachsener wird sich durch das Buch in seinen Anschauungen über die Bedeutung gesunder körperlicher Beziehungen

Original-Illustrationen von Franz von Bayros aus der ersten *Fanny Hill*-Ausgabe, die 1906 in Wien herauskam.

zwischen Lebenspartnern bestätigt, nicht aber in seinem Scham- und Sittlichkeitsgefühl verletzt finden«.

Denkste.

Am 30. Oktober 1964 erschienen vier Herren mit dienstlichem Gesicht im Beate-Uhse-Laden in der Angelburger Straße in Flensburg, zückten einen »Durchsuchungsbefehl – Beschlagnahmebeschluß«, und mit mehreren *Fanny-Hill*-Büchern rückten die Kriminalbeamten wieder ab.

Unter dem Aktenzeichen 7 Js 1537/64 wurde von der Flensburger Staatsanwaltschaft Anklage erhoben. Gegen jenen Paragraphen 184 Ziffer 1 des Strafgesetzbuches hatte ich verstoßen, der schon zu Zeiten Kaiser Wilhelm II. formuliert worden war: »Mit Gefängnis bis zu einem Jahr und mit Geldstrafe oder mit einer dieser Strafen wird bestraft, wer unzüchtige Schriften feilhält, verkauft, verteilt, an Orten, welche dem Publikum zugänglich sind, ausstellt oder anschlägt oder sonst verbreitet, sie zum Zwecke der Verbreitung herstellt oder zu demselben Zwecke vorrätig hält, ankündigt oder anpreist.«

Die Vorgeschichte: Im Frühjahr 1964 lieferte der Kurt-Desch-Verlag in München eine Neuausgabe an den Buchhandel aus. Trotz Liebhaberpreis (58 Mark) wurden in wenigen Wochen 15 000 Exemplare verkauft. Diese Neuausgabe stützte sich auf eine Übersetzung aus dem Jahre 1906, die im königlichen Bayern und im kaiserlichen Österreich ungehindert gedruckt und verkauft werden konnte. Im Juli 1964 nahm der schon erwähnte »Volkswartbund« Anstoß. Die Polizei beschlagnahmte bei Desch Restexemplare und erhob Anklage. Die Vierte Strafkammer des Münchner Landgerichts lehnte jedoch die Eröffnung des Hauptverfahrens mit der Begründung ab, das Buch sei zwar »unzüchtig«, aber der Verleger habe möglicherweise die Unzüchtigkeit des Buches nicht erkannt, so daß es am subjektiven Tatbestand fehle. Gegen diesen Ablehnungsbeschluß legte die Staatsanwaltschaft sofortige Beschwerde zum Oberlandesgericht ein. Der Strafsenat des Oberlandesgerichts gab der Beschwerde statt, die Strafkammer des Landgerichts mußte das Hauptverfahren in Sachen *Fanny Hill* eröffnen. Und inzwischen wurde auch noch gegen mich Anklage erhoben. Übrigens gegen keinen der anderen 1 500 Buchhändler, die den Titel ebenfalls führten.

Der Fall *Fanny Hill* sollte zu einem Meilenstein in der Rechtsprechung werden. Denn es ging nicht nur um das Buch und ob es unzüchtig ist oder nicht. Am Beispiel von *Fanny Hill* wurden prinzipielle Probleme deutlich: Was heißt eigentlich »Unzucht« in Zeiten, die liberaler werden? Was ist eigentlich mit den »guten Sitten« gemeint, auf die sich Gerichte in ihren Urteilen stets stützen? Wie muß man den Begriff »Moral« verstehen? Wann wird der Beschreibung von Intimszenen literarischer Wert beigemessen?

Der schottische Autor John Cleland, in jungen Jahren bereits Konsul in Smyrna, schrieb die Geschichte des Freudenmädchens Fanny Hill aus Geldnot. Er gehörte zu den gebildeten Ständen und propagierte den körperlichen und geistigen Genuß gleichermaßen. Fanny Hills erste Liebesnacht beschreibt er so:

»Das Bett knarrte, als es die neue Last aufnahm. Er legte sich an die Außenkante, wo er die brennenden Kerzen niedergestellt hatte, zweifellos in der Absicht, alle seine Sinne zufriedenzustellen. Sobald er mich geküßt hatte, rollte er die Bettdecke beiseite und schien entzückt zu sein, als er meinen Körper vor sich sah. Er bedeckte ihn jedenfalls mit zahllosen Küssen und ließ auch nicht eine Stelle aus. Dann ließ er sich zwischen meinen Schenkeln auf die Knie nieder, schob sein Hemd hoch und legte seinen steifen, strotzenden Speer mit seiner rotglühenden Spitze bloß, der eingewurzelt schien in einem Dickicht von dunklen Locken, die seinen Leib bis zum Nabel hin bedeckten. Und bald spürte ich, wie er seinen Nagel in mich hineintrieb, bis nur noch das dazwischenliegende Haar uns trennte ...«

Gewiß, nicht alle Liebesszenen der Lebedame sind so lieblich beschrieben. Einmal stimuliert sie einen schüchternen, gänzlich unerfahrenen und blöden Burschen, der sich unter der Hose als Eigentümer eines Naturwunders entpuppt. Nach dem dritten Versuch stellt sich der Lehrling in Sachen Liebe schon recht geschickt an: »Ich selbst war mit meiner Lust daran mehr als belohnt für das Vergnügen, das ich ihm damit machte, daß er alle meine geilen Schönheiten nackt und offen vor sich und seinen kühnsten Wünschen geneigt sah. Seine Augen strömten Feuer, seine Wangen glühten im tiefsten Rot, und er stöhnte, während seine zuckenden Hände meine Schamlippen drückten, sie öffneten oder sich in dem Moos der Haare verloren ...«

»An dem Auge des Lesers ziehen in ununterbrochener Reihenfolge grob-geschlechtliche Vorgänge vorüber. Die ausführliche, aufreizende Schilderung des Geschlechtsverkehrs mit seinen Abirrungen bildet den Hauptgegenstand des Buches«, urteilte das Oberlandesgericht München im Dezember 1966 und verbot *Fanny Hill* als »unzüchtige Schrift«. »Soweit vereinzelt philosophische oder moralische Betrachtungen angestellt werden, treten diese ganz zurück hinter der eingehenden Schilderung sexueller Ausschweifungen. Die für unzüchtige Darstellungen charakteristischen Deflorations- und Verführungsszenen fehlen nicht. Besonders abstoßend wirkt die Verführung des Neunzehnjährigen und Schwachsinnigen. Typisch für den unzüchtigen Charakter des Buches ist die wiederholte Hervorhebung der ungewöhnlichen Größe des männlichen Gliedes und des gesteigerten Geschlechtstriebs.«

Sonderbare Ängste offenbarten sich in den staatsanwaltschaftlichen Bewertungen. »Das Buch verherrlicht das Dirnenleben und reizt zur Nachahmung eines zügellosen Geschlechtslebens an. Auch unter Berücksichtigung der Wandlungen der zeitgenössischen Wertvorstellungen auf dem Gebiet der Sexualität besteht die nahe Gefahr, daß Jugendliche durch die aufrei-

Seit 1969 genießt *Fanny Hill* den Schutz des Grundgesetzes.

zende Darstellung geschlechtlicher Vorgänge und sexueller Techniken, die die geschlechtliche Begehrlichkeit und Neugier anregen, in ihrer sittlichen Entwicklung auf falsche Bahnen gelenkt werden.«

Wichtig und hilfreich war, daß sich Sachverständige mit dem heiklen Thema gutachterlich auseinandersetzten und die Diskussion ein ganzes Stück voranbrachten.

Professor Dr. Wilhelm Emrich, Direktor des Germanistischen Seminars der Freien Universität Berlin, bewertete *Fanny Hill* als ein »Kunstwerk von bedeutendem Range, welches nach Form und Inhalt eine besondere literarische Leistung darstellt, bei der die besondere künstlerische Art der Darstellung dem Gesamtwerk den Charakter des Unzüchtigen nimmt. Aus der Werkanalyse ergibt sich ferner die Tatsache, daß die Schrift ein wichtiges kultur- und sittengeschichtliches Dokument ist, das nicht zur Pornographie gehört, sondern ethischen und künstlerischen Wert besitzt, ja sogar – geistesgeschichtlich gesehen – einen hervorragenden Platz in der neuzeitlichen Entwicklung zu einem personalen sittlichen Liebesbegriff einnimmt«.

Professor Dr. med. Dr. phil. Hans Giese, Leiter des Instituts für Sexualforschung an der Universität Hamburg, verwies auf die Diskrepanz zwischen dem, was noch vor zwanzig Jahren als unzüchtig angesehen worden ist – zum Beispiel von der »Missionarstellung« abweichende Liebespositionen –, und dem, was der amerikanische Sexualforscher Kinsey an tatsächlichen Vorlieben der Menschen unter der Bettdecke hervorzauberte. Sexualität sei nicht nur arterhaltend, erklärte Giese, sondern erfülle auch eine wichtige Funktion für die Partnerschaft. Auch was Pornographie eigentlich ist, sprach er deutlich aus: »Pornographie ist die völlige Distanzlosigkeit, das Vergnügen an gemeiner Formulierung und das Außerachtlassen jeglicher außerhalb der reinen Triebsexualität liegenden Phänomene.«

Ausgerechnet ein Gutachten vom »Verein zur Selbstkontrolle der deutschsprachigen Unterhaltungsliteratur – Godesberger Ring« lieferte außerordentlich wertvolle Argumente, die ich deswegen ausführlich zitieren möchte. Peter Paul Möbius, von Beruf Schriftsteller, gutachtete über die Beurteilung des Wertes oder Unwertes eines Buches, die weitgehend von der jeweiligen Einstellung der Sexualmoral der Menschen jeder Epoche abhängt:

»Das Verlangen nach sexueller Befriedigung ist zu allen Zeiten im gleichen Ausmaß wirksam gewesen. In der Antike befriedigte man es ohne Schuldbewußtsein; im Mittelalter kam es infolge der Askeseforderung zur Verdrängung der natürlichen Sexualität in die Bereiche der Perversität; der Mensch der Renaissance riß die seine Freiheit beschränkenden Hindernisse nieder und stellte den Körper mit all seinem Verlangen ins Zentrum als Ausrichtungspunkt aller Funktionen; das Barock zwängte die menschlichen Liebesbeziehungen in ein steifes Zeremoniell, das sich erst im Rokoko zum galanten Spiel auflöste; die Revolutionen aktivierten vergebliche Bemühungen, zur Natur zurückzufinden und das Natürliche als Natürliches anzuerkennen; das bürgerliche Zeitalter schließlich suchte – mit Mißerfolg – das Verlangen des Menschen nach sexueller Betätigung mit den Maximen einer allgemeinen Hochmoral zu vereinen. Es scheiterte daran, daß es der Ehe die Funktion zur *vollen* geschlechtlichen Befriedigung *beider* Partner wenn schon nicht entsprach, so doch einer solchen nicht die gebührende Geltung verschaffte. Die Folge davon war die Bildung und offiziöse Anerkennung einer ›doppelten‹ Moral, die für Mann und Frau, Arm und Reich, Alltag und Festtag geradezu konträre Verhaltensweisen aufstellte. Dieses unselige Erbe ist uns noch heute aufgebürdet und hat seit dem 19. Jahrhundert zu schweren Krisen in der Beurteilung aller Moralmaßstäbe schlechthin geführt.

Lessings ›Minna von Barnhelm‹, ›Nathan der Weise‹, Schillers ›Die Räuber‹, Kleists ›Käthchen von Heilbronn‹, ›Madame Bovary‹, Ovid, Aristophanes, Casanova, de Laclos, Balzac, Petronius, Baudelaire, Boccaccio, Anatole France, Ernest Hemingway, James Joyce, Henry Miller, Mary McCarthy, um nur einige Beispiele zu nennen, wurden irgendwann aus den verschiedensten Gründen verboten, obwohl es sich um beträchtliche kulturhistorische Werte oder solche von hohem literarischen Rang handelte.

Seit etwa 1820, in England seit 1840, kann man von zahlreichen Verboten der Erotica sprechen. In Deutschland handhabte man die Zensur solcher Bücher erst ab 1866 weniger duldsam.

Aus Gründen, die im sozialen Sektor zu suchen sind, haben die unterschiedlich großen und damit unterschiedlich überschaubaren menschlichen Gemeinschaften seit Menschengedenken versucht, dieses natürliche Zueinanderdrängen der Geschlechter in Grenzen zu halten und zu ordnen; aus diesem Grunde, um die Gemeinschaften lebensfähig zu halten, wurden Moralthesen aufgestellt und das allgemeine Sittengesetz entwickelt. Mit der Änderung der Gemeinschaften hinsichtlich Größe, Zusammensetzung und Lenkbarkeit änderten sich zwangsläufig mit der ständigen Entwicklung auf allen Gebieten des Lebens durch neue Erkenntnisse und Verhaltensweisen der Massen der Gemeinschaften auch die Ansichten über die Richtigkeit dieses oder jenes Teils einer Moralthese. Kurz, das ungeschriebene Sittengesetz eines Volkes unterliegt einer ständigen Wandlung und Entwicklung. So hat man, um dies an einigen Beispielen deutlich zu machen, die Praktizierung der Prügelstrafe fast überall abgestellt, man hat, mehr oder weniger, eine bis dahin gültige Diskriminierung verschiedener Rassen als Unrecht gekennzeichnet, und man hat in der Bundesrepublik der Frau die Gleichberechtigung gegeben.

In den letzten 50 Jahren war diese Entwicklung in Deutschland besonders stürmisch.«

Der Geschäftsführer des Godesberger Rings, Peter Paul Möbius, schlußfolgerte:

»Die ›christlich-abendländische‹ Weltanschauung unterliegt dem Wandel, anderer Akzentuierung und Modifikationen. Dies gilt auch und gerade für den Bereich der Sexualität.

Im nicht religiösen Feld der ›gesellschaftlichen Ordnung‹ ist ein zunehmender Wertungswandel der Sexualität noch weit deutlicher erkennbar.

Die allgemeine Entwicklung in den letzten fünfzig Jahren hat eine Änderung im Umgang der Geschlechter, auf dem Gebiet der Kleidungssitten und auf dem Gebiet der Sexualpädagogik gebracht. Die auf diesem Gebiet überlieferte Rigorosität ist von freieren Auffassungen und Praktiken abgelöst worden.

Im Rahmen der von der überwiegenden Mehrheit des Volkes anerkannten Wertvorstellungen hat sich gegenüber früher eine im richtigen Sinne unbefangenere und freiere Auffassung hinsichtlich der ernsthaften Erörterung sexueller Fragen, besonders bezüglich der geschlechtlichen Aufklärung der Jugend, durchgesetzt.

Die Einflüsse der Kommunikationsmittel werden, unbeschadet entgegenstehender engerer Moralauffassungen einzelner Bevölkerungskreise, im öffentlichen Bewußtsein nicht schlechthin als ›verderblich‹ empfunden. Die Mehrzahl der Zeitgenossen betrachtet die Wort- und Bilderzeugnisse unserer Zeit im allgemeinen als ›alltäglich-normal‹ und damit als sittlich wertneutral.

Die vorliegende Druckschrift ›Memoiren eines Freudenmädchens‹ ist der Weltliteratur und damit dem Kunstbereich zuzurechnen. Weltliteratur und Kunst kann nicht ›unzüchtig‹ im Sinne des § 184 StGB sein, denn diese Begriffe schließen sich gegenseitig absolut aus.

Diese Schrift ist keineswegs ein Jugendbuch; aber es liegen keine sachlichen Gründe vor, es nicht einem Leserkreis zugänglich zu machen, der sich für klassische erotische Literatur, für Sittengeschichte, Sexualwissenschaft und soziale Verhältnisse zurückliegender Jahrhunderte interessiert.«

»Bei dem Roman ›Die Memoiren der Fanny Hill‹ handelt es sich zwar um ein Werk der erotischen Literatur, nicht aber um eine unzüchtige Schrift« – entschied schließlich der Bundesgerichtshof am 22. Juli 1969. »Es bedarf demnach nicht mehr der Entscheidung, ob der Roman als Kunstwerk den verfassungsrechtlichen Schutz des Artikels 5, Absatz 3 Grundgesetz genießt.«

Ein wirklicher Meilenstein auf dem Weg zur Liberalisierung.

Die Bundesrichter waren zu der Überzeugung gekommen, daß »die Toleranzgrenze gegenüber geschlechtsbezogenen Darstellungen einem Wandel unterworfen ist«. Mittlerweile sei es so, daß die »Sexualität als Grundproblem des menschlichen Lebens offen betrachtet und sachlich erörtert wird«.

»Angesichts dieser Entwicklung kann die Schilderung geschlechtlicher Vorgänge als solche nicht mehr als unzüchtig im Sinne § 184 StGB angesehen werden, wenn sie nicht aufdringlich vergröbernd oder anreißerisch ist und dadurch die Belange der Gemeinschaft stört oder ernsthaft gefährdet.«

Bei *Fanny Hill* werde zwar »die Sinnenfreude stark herausgehoben, die Sexualität bei alledem aber in den Bereich der allgemeinen Lebensfreude einbezogen«.

Und da gehört sie schließlich auch hin.

»Nie wieder arm sein!«

Kein Tennis in Flensburg · USA · internationale Anerkennung · Harzburger Modell

»Der Koitus ist ein Politikum ersten Ranges. Die Schlafzimmer sind bürgerliche Grabkammern. Wir müssen endlich damit beginnen, den Geschlechtsverkehr direkt zu publizieren. Autoren und Künstler, die Erotik in Bild und Text übersetzen, sind onanierende Voyeure und formalistische Fetischisten. Weg mit den Vorhängen! Für totales Theater! Weg mit den Gardinen! Für transparente Häuser! Für totale Politik!

Wir in Frankfurt fordern, erklärt die Untergrund-Station Hauptwache zum Love-Tunnel! Kein U-Bahn-Zug ohne Liegewagen! Verabredet euch, wenigstens 200 Männer und 200 Frauen, alle zu einem präzisen Termin, bestellt und nehmt alle greifbaren Taxis und laßt euch sternfahrtartig zur Hauptwache fahren, haltet die Taxifahrer durch Geldsuchen, Trinkgeldgeben, Fragen etc. so lange auf, bis der Verkehr zum Erliegen kommt. Fangt dann sofort an zu ficken.«

Ein Verkehrsaufruf, der 1969 erschienen ist, auf dem Höhepunkt der Sexwelle. Sicherlich eine extreme Position. Aber »Make love, not war«, Love-ins, Happenings, Schulmädchen-Reporte, die Nackten der Kommune I, Sexuelle Revolution – das waren Stichworte, die Ende der sechziger Jahre fast jedem geläufig waren.

Anfang der sechziger Jahre war noch alles, was mit Sex zu tun hatte, verpönt. Ich mußte weiterhin mit dem Stigma leben, ein »übles Gewerbe« zu betreiben. Und damals hatte ich keinerlei Hoffnung, daß die herrschende Verklemmtheit so bald überwunden werden könnte.

1963 zählte mein Unternehmen schon zu den größten Arbeitgebern in Flensburg. Und zu den besten Steuerzahlern. Innerhalb der Flensburger Kaufmannschaft wurde ich als ordentliche Geschäftsfrau respektiert – glaubte ich jedenfalls.

Denkste.

Immer schon wollte ich furchtbar gerne Tennis spielen. Erst war ich zu klein dazu. Später hatte ich keine Gelegenheit. Noch später kein Geld. Und dann keine Zeit. Jetzt aber paßte endlich alles. Fröhlich meldete ich mich beim Flensburger Tennis-Club an.

Neue Mitglieder müssen zwei Bürgen bringen, sagte man mir. Die Bürgen brachte ich, honorige Kaufleute. Als im Club bekannt wurde, daß Beate Uhse einen Aufnahmeantrag gestellt hatte, ging ein Riß durch die Mitgliederschaft. Der Vorstand rief eigens eine Mitgliederversammlung ein. Man zankte sich. Schließlich, mit zwei Stimmen Mehrheit, wies man meinen Antrag ab. »Aus generellen Gründen«, wie man mir schrieb. Ich war enttäuscht und empört und erzählte es jedem, der es hören wollte. Anderntags bastelte die *Bild*-Zeitung ihre Schlagzeile daraus. Ich blieb draußen vor der Tür des Flensburger TC. Spielen lernte ich dann in Südfrankreich in einer Tennisschule.

Meine Reputation, das Zwitterdasein zwischen gesellschaftlicher Ächtung und unbestreitbarer Erfolgsbilanz, brachte Staatsanwalt K. in einer seiner Anklageschriften unfreiwillig auf den Punkt:

»Die Angeschuldigte ist in Ostpreußen als Tochter eines Gutsbesitzers aufgewachsen. Sie erhielt eine gute Schulbildung. In den Jahren 1937/38 ließ sie sich als Fliegerin ausbilden; im letzten Krieg war sie als Werk- und Überführungsfliegerin tätig. Im Jahre 1939 heiratete sie zum ersten Mal. Aus dieser Ehe ist ein Sohn hervorgegangen. Der Ehemann fiel im Mai 1944. Nach Kriegsende gelangte die Angeschuldigte nach Schleswig-Holstein. Später ließ sie sich in Flensburg nieder und befaßte sich mit der Versendung von sexuellen Aufklärungsschriften und dem Verkauf entsprechender Artikel. Sie nannte ihre Firma zunächst B. Uhse Reformversand. Ende 1949 heiratete sie ihren jetzigen Ehemann. Aus dieser Ehe stammt ein weiteres Kind.

Das Unternehmen der Angeschuldigten vergrößerte sich im Laufe der nächsten Jahre so stark, daß der Betrieb Ende 1961 in einen eigenen Neubau in die Gutenbergstraße 12 übersiedelte. Neben dem Versandbuchhandel, durch den die Angeschuldigte im wesentlichen Sexualliteratur und erotische Lektüre verkauft, betreibt sie zur Hauptsache einen Versandhandel mit sogen. hygienischen Artikeln. Daneben ist sie Inhaberin des Modell-Wäsche-Ateliers Frau Cottelli, das vor allem Damenunterwäsche für den Versandhandel herstellt, und der Firma Honema GmbH in Flensburg, die pharmazeutische und kosmetische Präparate für ihren Versandhandel erzeugt. Schließlich ist sie auch Inhaberin des C.-Stephenson-Verlages Flensburg, der zur Hauptsache Sexualliteratur herausbringt, und der Fravex-Verlagsgesellschaft mbH sowie der Interoptik, Gesellschaft für das künstlerische Bild mbH, die sich im wesentlichen mit der Herstellung und dem Vertrieb von mehr oder weniger künstlerisch gestalteten weiblichen Aktbildaufnahmen befassen. – Neben dem Fachgeschäft in Flensburg eröffnete die Angeschuldigte weitere Fachgeschäfte für sogen. hygienische Artikel und für Sexualliteratur in den Jahren 1965/66 in Hamburg, Frankfurt und Berlin. Die Angeschuldigte gibt ihren Jahresumsatz für das Jahr 1966 mit 18,5 Millionen DM an. Seit Ende Juni 1966 läuft die Auftragsbearbeitung und die Adressierung aller Werbesendungen an ca. 2 Millionen Kunden über elektronische Datenverarbeitung. Es handelt sich damit um das bei weitem größte Unternehmen dieser Art im norddeutschen Raum.«

Profitstreben – mit diesem Attribut faßte der Flensburger Staatsanwalt seine wirtschaftliche Durchleuchtung der Unternehmerin Beate Uhse zusammen. Er verurteilte Profitstreben ebenso wie das Gewerbe schlechthin: unmoralisch.

Für mich ist das Streben nach Profit – wie für jeden Unternehmer – selbstverständlich wichtige Voraussetzung um eine Firma leben und wachsen zu lassen. Inzwischen beschäftigte ich fast 300 Mitarbeiter, für die ich mich verantwortlich fühlte. Nur wenn das Unternehmen weiter wuchs, davon war ich überzeugt, konnte es langfristig Bestand haben.

Ein privates Motiv für meine Hingabe kam hinzu: Ich wollte nie wieder arm sein.

Ein wichtiger Orientierungspunkt für meine geschäftliche Ausrichtung war immer Amerika. Immer schon las ich amerikanische Fachliteratur. Amerika, auch davon war ich überzeugt, war uns stets fünf bis sieben Jahre voraus. In seinen

Trends, in der Wirtschaft, bestimmt auch in Organisation, Technik und besonders der Werbung des Versandhandels. Davon wollte ich profitieren – und flog deshalb häufig in die USA.

Beim ersten Mal, im September 1961, staunte ich wie ein kleines Kind über die Größe der Dinge. Alles war king-size, nicht nur die Gebäude und die Steaks, die Kinos und das New Yorker Down Town Hilton Hotel, in dem ich wohnte, um an der Jahreshauptversammlung der »Direct Marketing Association of America« (DMAA) teilzunehmen. Zweitausend Werbe-

In Amerika ist alles king-size.

leute trafen sich, tauschten Erfahrungen aus, lauschten Vorträgen, die nur ein Ziel hatten: Mehr Erfolg im Geschäft.

Wie gering mein eigener noch war, im Vergleich zu denen meiner amerikanischen Kollegen, spürte ich unter anderem daran, daß ich bei meiner ersten Geschäftsreise in die USA mit jedem Cent rechnen mußte. Der Dollar kostete etwa vier Mark. Im Hilton Hotel kostete ein Frühstück vier Dollar. Deswegen ging ich um den Block, um in einem der Coffee Shops zu frühstücken – für 60 Cent.

Während der Tagung wurde ich mit Bob Delay bekannt, dem Geschäftsführer der DMAA. Er ermöglichte mir, in der gut sortierten Bibliothek des Verbands in Manhattan nach Herzenslust zu wühlen. Ich fand jede Menge verwertbare Informationen über Versandhandel, aber spezielle Veröffentlichungen über die Erotik-Branche fand ich nicht. Denn selbst in Amerika waren die erogenen Zonen dem Geschäft noch unerschlossen.

Amerika war immer seine Reisen wert. Was ich von früher aus den Büchern Dale Carnegies kannte, hier wurde es wirklich vorgelebt. Die Menschen gingen locker miteinander um. Man ging lässig aufeinander zu, man pflegte einen freundlichen Umgangston. Geldverdienen war nichts, für das man sich schämte – im Gegenteil. Geld zu machen galt als Tugend. Mir gefielen die Gepflogenheiten und die geschäftliche Atmosphäre in der Neuen Welt. Meine amerikanischen Kollegen schienen die Erkenntnisse moderner Public-Relations-Lehrbücher zu leben: Tu Gutes und rede drüber.

Das, was ich aus Amerika mitbrachte, besonders die werblichen Erkenntnisse, ließen sich unmittelbar umsetzen: Erfolgreiche Werbung in den USA mußte damals vierfarbig sein; ich wagte den Versuch und riskierte die hohen Werbekosten mit farbigen Angeboten. Es klappte, die Kunden honorierten Farbe. Die Folge: erfreuliche Umsatzzuwächse. Vier Jahre später – 1965 – prämiierte das Preisgericht des DMAA – des amerikanischen Verbandes für Direktwerbung per Post – unsere drei Gutschein-Briefe.

Vierhundert Direkt-Werbekampagnen wurden von der Jury beurteilt, Werbeaktionen von Weltfirmen wie »Life« und »Readers Digest« und von ausgekochten US-Versendern, die es verstanden, auf einem überfüllten Markt Bücher und Versicherungen, Nüsse, Nasenwärmer und Kinderpantoffeln, die quakquak machen – Nützliches und Überflüssiges – erfolgreich mit der Post zu verkaufen. Deutschlands »guter Stern auf allen Straßen«, Mercedes, gewann den begehrten »Goldenen Briefkasten«. Das Versandhaus Beate Uhse wurde mit einer Urkunde für »ausgezeichnete Leistungen« geehrt, »verliehen in

Einer der von der *Direct Mail Association* prämierten Gutschein-Briefe; der »Bräutigam« ist mein Sohn Klaus.

Liebes jungvermähltes paar

alle nennen den Hochzeitstag "den glücklichsten Tag", aber soll er nicht eigentlich erst der Anfang sein vom wirklichen Glück?

Hier ist ein Gutschein für Sie, der mithelfen wird, aus einem glücklichen Anfang eine noch glücklichere Zukunft zu machen:

Er verschafft Ihnen gratis und ohne daß Sie irgendeine Verpflichtung eingehen, den viel begehrten 64-seitigen "Beate Uhse Informations-Katalog".

Dieser Katalog informiert Sie über alle Fragen, die in der Ehe, in den Beziehungen zwischen Mann und Frau von Bedeutung sind:

Über Erotik in der Ehe. Über die sexuelle Harmonie. Über die Gemeinsamkeit im Glück. Wie man sich in der Liebe "jung" hält. Über moderne Methoden der Empfängnisverhütung. Wie sich Schwierigkeiten beheben lassen.

Ein Beispiel:

Die Frage "Schon jetzt ein Kind oder später?" wird Sie sicherlich beschäftigen. Sie haben auch bestimmt schon viel über Geburtenregelung gelesen. Der "Beate Uhse Informations-Katalog" aber sagt Ihnen mehr: Nicht nur, was Sie tun können, sondern auch wie und vor allem womit.

Er zeigt Ihnen auf mehr als 150 Großfotos modernste Erzeugnisse, Bücher und Hilfsmittel zur Ehehygiene und wie Sie sie bestellen können.

Sie werden nirgendwo eine größere Chance finden, sich so umfassend informieren und aus so vielen interessanten Angeboten wählen zu können, wie hier!

Und es gibt keinen besseren Zeitpunkt, das zu tun, als jetzt. Gerade jetzt, wo für Sie so viel Glück, so viel Erfolg, so viel Zukunft davon abhängt.

Senden Sie den Gutschein ein! Lesen Sie selbst, was sich Ihnen alles bietet. Nutzen Sie die Gelegenheit. Es kostet Sie nichts und bringt Ihnen viel.

Mit freundlichen Grüßen

Beate Uhse

Versandhaus Beate Uhse · 239 Flensburg · Gutenbergstraße 12

Anerkennung einer Versandhauswerbung, die durch schöpferische Ideen, hervorragende Resultate sowie durch wirkungsvollen Einsatz eines Direktwerbemittels zur Förderung des Verkaufs einer Ware oder Dienstleistung hervortrat« (Text der Laudatio). – Ich war sehr stolz auf diese Würdigung meiner Idee mit den Gutscheinbriefen.

Ein prominenter Amerikaner war dadurch auf uns aufmerksam geworden: Melvin Belli, der bekannte Star-Anwalt aus San Francisco. Belli regierte damals über ein Büro mit 60 Mitarbei-

Der amerikanische Staranwalt Melvin Belli zu Besuch (1970).

tern und war durch seine aufsehenerregenden Prozesse in aller Welt bekannt. Meistens gewann er sie – das feierte er dann durch das Abfeuern von Böllerschüssen auf seinem Gelände.

Er kam zu uns, um mir zu einem Start im amerikanischen Versand-Business zu raten. Flotte Sprüche hatte Belli drauf: »Ich glaube an die amerikanische Verfassung, an das Gesetz und an den Sex, aber nicht zwingend in dieser Reihenfolge.« Und: »Wenn Zensoren sich erlauben würden, freien Bürgern die Sex-Literatur zu verbieten, dann wäre das nicht anders, als würden sie befehlen, das Gebetbuch zuzuschlagen.« Wirklich, ein interessanter Mann. Diesen bemerkenswerten Besuch werde ich nie vergessen.

Viele Leute – Journalisten, Moderatoren, VIPs und Werbefachleute haben mich oft gefragt, wie ich meinen Geschäftserfolg erklären könne? Ob ich über außergewöhnlichen kaufmännischen Instinkt verfüge? Wann ich diese Marktlücke mit dem Sex entdeckt hätte und ähnliches. Im Anfang habe ich nie eine Marktlücke bewußt erkannt und geschäftlich genutzt. Ich war auch keine Missionarin. Wenn mich ein Instinkt leitete, dann vielleicht der weibliche. In einem meiner Werbebriefe sprach ich junge Mütter an: »Gerade Sie als Frau haben den größten Einfluß auf die Harmonie in der Ehe, auf die Ausgeglichenheit, die Wärme und Liebe. Wieviel liegt doch in Ihrer Hand, glücklich zu machen und glücklich zu sein.« – Davon war ich überzeugt.

Eine meiner Stärken ist vielleicht Einfühlungsvermögen. Ich glaube, ich weiß, was Leute mögen, was ankommt, was »in« ist. Meine alte Wirtschafterin Frau Gieske sagte immer: »Wenn was in der Zeitung angeboten wird, dann haben wir das längst.« Was ich allerdings nicht hatte: ein funktionierendes Führungssystem.

Anfangs, als die Firma noch klein und überschaubar war, gab es keine Führungsprobleme. »Lisa, mach das«, »Herr Schulze, achten Sie auf jenes.« Doch je größer der Betrieb wurde, desto größer wurden auch die Mitarbeiterprobleme. Bei vierzig, fünfzig Beschäftigten sind Zwischenvorgesetzte nötig. Doch niemand wollte jemand anders als der Chefin direkt unterstellt sein. Dann die generelle Frage: Wer ist eigentlich wem unterstellt, wer hat was und wieviel zu sagen? Immerzu gab es Reibereien, Stunk – und Kündigungen. Meterweise las ich Management-Literatur, vor allem amerikanische Ratgeber: *How to organize ...;* ein ums andere Mal holte ich Experten ins Haus, deren Weisheiten mir oft längst bekannt waren; ich besuchte Kurse vom »Rationalisierungs-Kuratorium der Deutschen Wirtschaft«. Nichts und niemand bot damals ein Führungsmodell an, das rundum funktionierte.

Schließlich wurde ich in der *Welt* auf einen Professor Dr. Höhn aufmerksam, der ein Buch veröffentlicht hatte: *Menschenführung im Handel.* Das nahm ich mit in den Sommerurlaub und arbeitete es in Montalivet am FKK-Strand durch. Professor Höhn hatte eine überzeugende Form personeller Unternehmensorganisation erarbeitet – das sogenannte »Harzburger Modell«.

An seiner Akademie für Führungskräfte belegte ich einen Kurs und kehrte begeistert aus Bad Harzburg zurück. Ich schickte meine führenden Mitarbeiter hin: »Das möchte ich bei

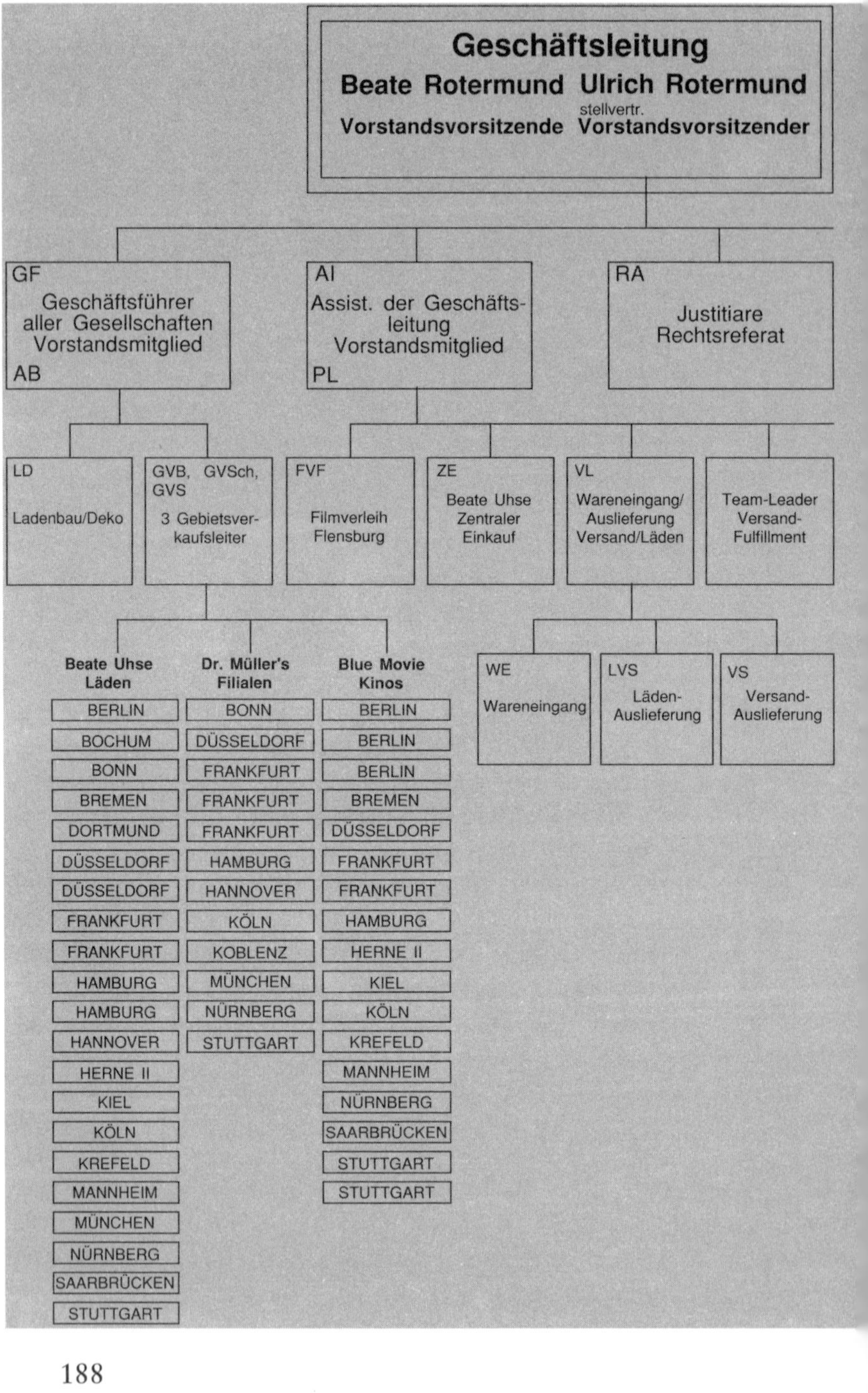
Geschäftsleitung
Beate Rotermund
Vorstandsvorsitzende
Ulrich Rotermund
stellvertr.
Vorstandsvorsitzender
GF
Geschäftsführer aller Gesellschaften Vorstandsmitglied
AB
AI
Assist. der Geschäftsleitung
Vorstandsmitglied
PL
RA
Justitiare Rechtsreferat
LD
Ladenbau/Deko
GVB, GVSch, GVS
3 Gebietsverkaufsleiter
FVF
Filmverleih Flensburg
ZE
Beate Uhse Zentraler Einkauf
VL
Wareneingang/ Auslieferung Versand/Läden
Team-Leader Versand-Fulfillment
Beate Uhse Läden
BERLIN
BOCHUM
BONN
BREMEN
DORTMUND
DÜSSELDORF
DÜSSELDORF
FRANKFURT
FRANKFURT
HAMBURG
HAMBURG
HANNOVER
HERNE II
KIEL
KÖLN
KREFELD
MANNHEIM
MÜNCHEN
NÜRNBERG
SAARBRÜCKEN
STUTTGART
Dr. Müller's Filialen
BONN
DÜSSELDORF
FRANKFURT
FRANKFURT
FRANKFURT
HAMBURG
HANNOVER
KÖLN
KOBLENZ
MÜNCHEN
NÜRNBERG
STUTTGART
Blue Movie Kinos
BERLIN
BERLIN
BERLIN
BREMEN
DÜSSELDORF
FRANKFURT
FRANKFURT
HAMBURG
HERNE II
KIEL
KÖLN
KREFELD
MANNHEIM
NÜRNBERG
SAARBRÜCKEN
STUTTGART
STUTTGART
WE
Wareneingang
LVS
Läden-Auslieferung
VS
Versand-Auslieferung

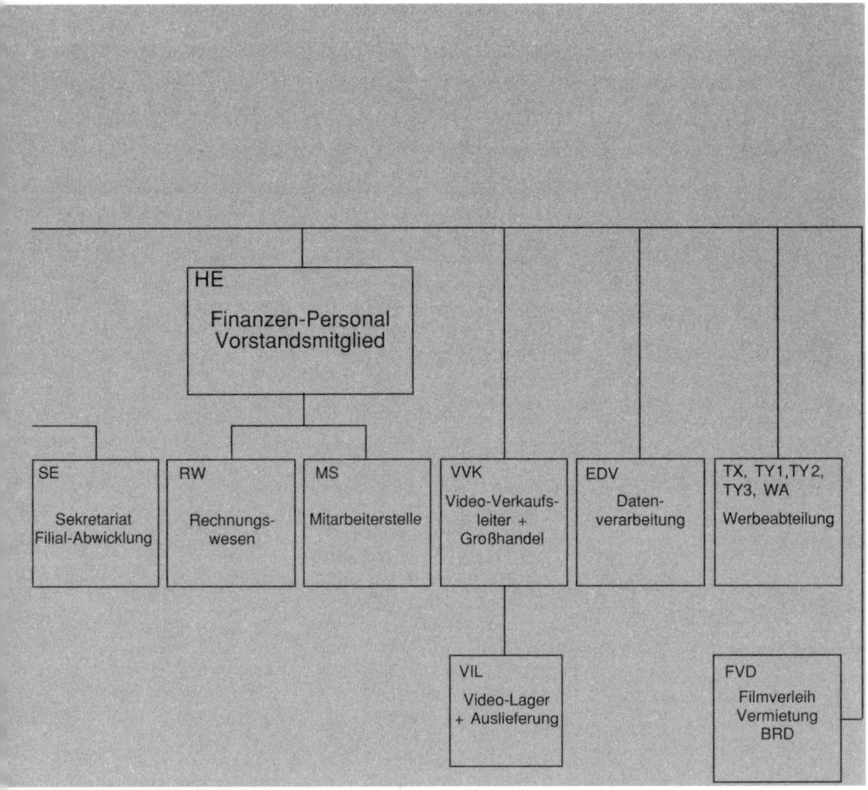

Nach dem »Harzburger Modell«: das Organogramm von »Beate Uhse«.

uns auch einführen. Sagen Sie mir bitte, was Sie davon halten?« Alle waren angetan.

Professor Dr. Reinhard Höhn, ein agiler Mann von 70 Jahren, ehemals Oberstleutnant im Generalstab, empfahl eine neue Führungskonzeption. Weg vom autoritären Stil alter Prägung. Durch Delegation von Verantwortung und klaren Kompetenzen werden die Initiative, das Mitdenken und das Mithandeln der Mitarbeiter optimal zur Entfaltung gebracht – das war sein Konzept. In der »Allgemeinen Führungsanweisung« werden Grundsätze für das Zusammenwirken zwischen Mitarbeitern und Vorgesetzten in verbindlicher Form festgelegt; in der »Stellenbeschreibung« wird bestimmt, welche Aufgaben und Kompetenzen mit jeder Stelle verbunden sind. Ein Organisationsplan zeigt die Führungsebenen im Unternehmen. Jeder weiß also, was er zu tun hat, wem er unterstellt ist, wer seine

Mitarbeiter sind, was von ihm erwartet wird, was er selbständig entscheiden darf – Führungsverantwortung und Handlungsverantwortung.

Alles dies festzulegen und einzuführen war eine große Arbeit, die viele Monate in Anspruch nahm. Es lohnte sich aber wirklich. Die Mitarbeiter wußten nun, wie alles laufen sollte, weil es klare und verbindliche Anweisungen gab. Das Betriebsklima wurde sehr gut. Für die Entwicklung des Unternehmens Beate Uhse war die Einführung des »Harzburger Modells« ein wichtiger Schritt – ein großer Schritt nach vorn.

»Unsere Zeit hat viele Schranken überwunden. Uns steht offen, was uns früher verschlossen war. Wir können unser Leben nach eigenen Vorstellungen und Zielen leben. Und wir haben die Möglichkeit, glücklicher zu werden.

Wir sprechen auch über das, ›worüber man nicht spricht‹ (wie es einmal hieß), und wir gewinnen Erkenntnisse dabei, Wissen, Verständnis und Glück. Das Glück echter, Erfüllung schenkender Partnerschaft« – mit dieser Einführung verschickte ich den Beate-Uhse-Informations-Katalog 1966. Der Knüller darin: ein Buch des japanischen Frauenarztes Sha Kokken: *Sexuelle Technik in Wort und Bild*. Die »Vielfalt der Möglichkeiten eines beiderseitig beglückenden Liebesspiels«, »Positionen der körperlichen Vereinigung« – erstmals wurden hier in einem Buch Liebesstellungen gezeigt. Zwar nur von Holzpuppen demonstriert, aber das war damals revolutionär. So befürchtete ich, daß der Staatsanwalt mir die Bude auseinandernehmen würde, noch bevor wir Sha Kokkens *Sexuelle Technik* ausliefern konnten. Deshalb verhängten wir eine Urlaubssperre, um eine Million Kataloge auf einen Schlag an die Kunden zu verschicken und dann die ersten 50 000 Exemplare schon verkauft zu haben, ehe eine Beschlagnahme durchgeführt werden konnte. Die Druckunterlagen lagerte ich bei einer fremden Adresse in Hamburg aus. Sicherheitshalber.

Dieses Aufklärungsbuch war freizügig wie keines zuvor. Es verkaufte sich wie geschnitten Brot, rund eine Million Mal. Das größte Wunder aber war: Es gab nur ein Strafverfahren, und das wurde schnell eingestellt.

Das machte Mut, auch verlegerisch. Im Stephenson Verlag produzierten wir ein eigenes Aufklärungsbuch: *Helga & Bernd*

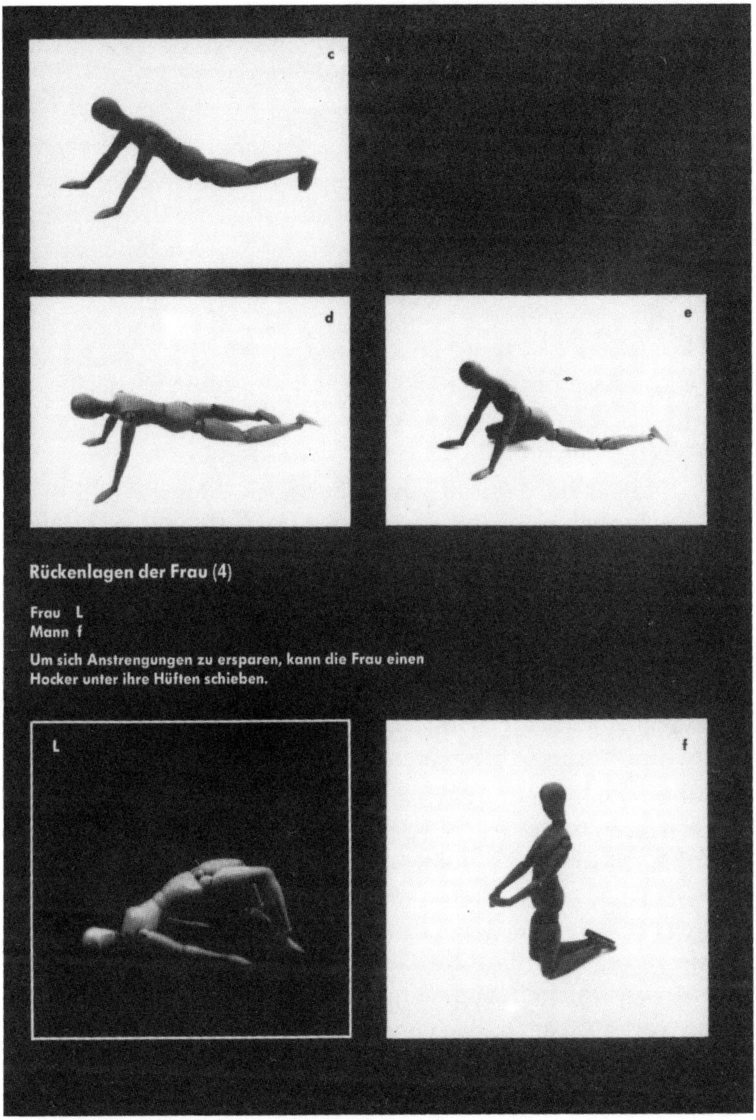

Mitte der sechziger Jahre eine echte Sensation: Sha Kokkens *Sexuelle Technik in Wort und Bild* – dargestellt von Holzpuppen. Die deutsche Erstausgabe des japanischen Bestsellers erschien in unserem Stephenson Verlag.

zeigen 100 Liebespositionen. Hundert Fotos eines liebenden Paares, erstmals »gemeinsam fotografiert, wie in der Wirklichkeit eines Liebesspiels, scharfe, realistische Aufnahmen« (Werbetext). Allerdings: Helga und Bernd steckten in Trikots, die wir beim Kostümverleiher besorgt hatten.

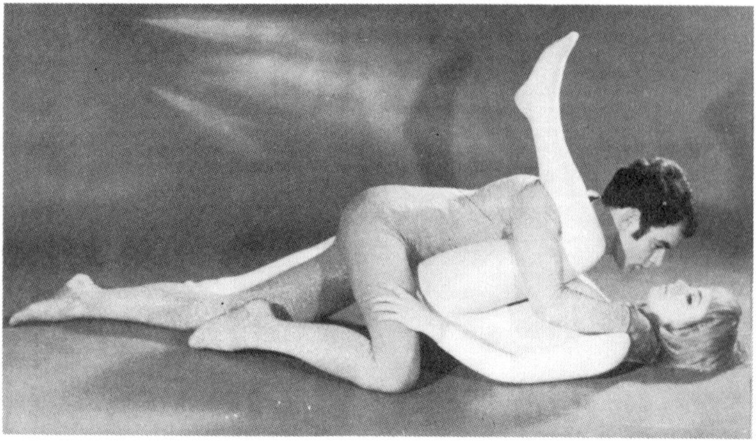

Und wieder sexuelle Techniken – aber *Bernd & Helga* sind jetzt bereits Menschen aus Fleisch und Blut, wenn auch in Trikots abgelichtet.

Auch dieses Buch wurde ein großer Erfolg. Auch dieses Buch war, nach heutigen Maßstäben, noch weitgehend unerotisch. Aber immerhin wagten jetzt schon leibhaftige Menschen – statt Holzpuppen – Seitenlagen, Sitzstellungen oder Varianten, die Gesicht-zu-Gesicht und Mann-hinter-der-Frau hießen. Und – o Wunder – wieder gingen diese Liebesspiele spurlos an der Staatsanwaltschaft vorbei. Anzeichen der Liberalisierung?

Es war die Pille, die für einen weiteren Liberalisierungsschub sorgte. Mitte der sechziger Jahre dominierte das Thema »Antibabypille« in der öffentlichen Diskussion. In den Medien gerieten Verhütung, Aufklärung, Sexualität zum Thema Nummer eins, Illustrierte wie der *stern* oder *Jasmin* befaßten sich erstmals ausführlich und sachlich mit Bereichen, über die man bisher entweder gar nicht oder nur im Gossenjargon geschrieben hatte. Endlich!

Millionen Werbeschriften hatte ich mittlerweile unter die Leute gebracht. Wobei jeder der kleinen Kataloge auch eine Aufklärungsschrift war. Trotzdem sprach aus den Briefen, die täglich bei uns in Flensburg eingingen, immer noch bestürzendes Nichtwissen.

Und dann war da Oswalt Kolle. Man nannte Oswalt Kolle einen Sexual-Ganghofer, Fernaufklärer der Nation oder Karl May der deutschen Schlafzimmer; man verspottete später seine Art der Sexualaufklärung als dürftig und banal. Fest steht aber: daß sein Einsatz der Sache diente.

Bücherseite im Katalog 1969.

Er beklagte die allgemeine Lustfeindlichkeit der Gesellschaft und trat für die Freigabe der Pornographie nach dänischem Muster ein, für die Streichung des Kuppeleiparagraphen und für einen freieren Umgang mit der Sexualität. Er brachte das publikumswirksam an die Öffentlichkeit, wofür auch ich jahrelang gearbeitet hatte.

Er holte das sexuelle Leben aus der verschämten Dunkelheit der Schlafzimmer. Er brachte Bewegung, Phantasie und Offenheit in die sexuellen Beziehungen.

Der ehemalige Berliner Filmreporter Oswalt Kolle wußte die neue Freiheit und die Lust auf Aufklärung medienwirksam zu nutzen. Innerhalb weniger Jahre schrieb er sich zum höchstbezahlten deutschen Journalisten hoch. Seine Sexual-Serien in der *Neuen Revue* wurden wöchentlich von über sieben Millionen Menschen gelesen, seine Bücher (*Deine Frau – das unbekannte Wesen; Dein Mann – das unbekannte Wesen; Das Wunder der Liebe, Dein Kind*) wurden Bestseller.

Dieses Ulk-Foto von Beate U. und Oswalt Kolle geisterte Ende der sechziger Jahre durch die deutsche Presse.

Seine Filme wurden Markenzeichen: Kolle-Filme. *Das Wunder der Liebe,* Untertitel: »Sexualität in der Ehe«; *Das Wunder der Liebe, Teil 2,* Untertitel: »Sexuelle Partnerschaft«; *Oswalt Kolle: Deine Frau – das unbekannte Wesen; Oswalt Kolle: Zum Beispiel Ehebruch.* Bettszenen wurden mit Unschärfen und Überblendungen stilisiert. Obwohl in seinen Filmen nicht gebumst wurde, kam es zum Eklat innerhalb der »Freiwilligen Selbstkontrolle«. Die kirchliche Beisitzer drohten, sich aus der Zensurinstanz zurückzuziehen.

Oswalt Kolle, ein kluger, ein intelligenter, ein fachlich absolut versierter Mann – ich lernte Oswalt Kolle zudem als witzigen, charmanten, sympathischen Mitstreiter kennen. Im Laufe der Jahre wurden wir häufig gemeinsam zu Diskussionsrunden eingeladen, gewissermaßen als Aufklärer der Nation. Oswalt überließ mir gerne schwierige Parts: »Du sprichst viel besser, viel kürzer, viel prägnanter.«

»Beate Uhse ist eine Pionierin, ja eine Reformerin, die hart daran arbeitete, die vormals gehegten Vorurteile und die Unwissenheit um die Liebesdinge abzubauen. Das erste Gesetz gegen Empfängnisverhütung erschien in einer deutschen Gesetzessammlung, die auf 1870 zurückdatiert. Die Nazis, die von einer arischen ›Bevölkerungsexplosion‹ träumten, setzten die Tradition fort, Empfängnisverhütungsmittel zu verbieten. Heute führt die Macht der katholischen Kirche und die Neutralität der deutschen Ärzte dazu, daß es nur sechs Familienplanungsinstitute in Deutschland gibt. Zum Vergleich: In England existieren 650 solcher Institute. Im Kampf gegen solche Umstände startete Beate Uhse ihre Karriere – eine moderne Mutter Courage.«

Das schrieb das amerikanische Herrenmagazin *Penthouse* im November 1968 über mich. Der Artikel hieß: »Die Größte im Unaussprechlichen.«

»Sie ist erfolgreich, weil sie sparsam ist.«

Die Söhne · Männerakte · Sex-Eck · Einweihung der Zentrale

Der jüngste meiner drei Söhne entwickelte den größten Eifer. Ulli wuchs zu einem Was-kostet-die-Welt-schneide-mir-fürzehn-Pfennige-ab-Sohn heran.

Er war gerade zehn Jahre alt, da begehrte er, meine Fachliteratur zu lesen. Ihn interessierten besonders die Lebensgeschichten der Reichen und Erfolgreichen. Zum Beispiel die Karriere eines Amerikaners namens Dupont. Der hatte aus dem Nichts viele Millionen Dollar gemacht. Das wollte Ulli auch. Ihm imponierte an Mister Dupont besonders, daß der als gemachter Mann mit dem Fahrrad zu Aktionärsversammlungen fuhr.

Ulli drangsalierte mich so lange, bis ich ihn endlich als Laufjungen in der Firma beschäftigte. Er besorgte also Klopapier, Glühbirnen und solche Sachen. Für fünfzig Pfennig Stundenlohn. Er war vom Geschäft fasziniert wie ich früher vom Fliegen.

Besonders die Kundenrücksendungen interessierten ihn. Nicht der Inhalt der Pakete, sondern die Briefmarken. Die löste er gewissenhaft ab und verkaufte sie in der Schule. Fünzehn Stück für eine Mark. Gesunder Erwerbssinn. Pakete packte er auch deshalb gerne aus, weil wir unsere Kinder mit Geschenken wahrhaftig nicht verwöhnten.

Einmal erzählte mir Ulli, daß sein Freund Heinerle nicht mehr mit ihm spielen durfte. Seine Mutter hatte ihm das verboten, »weil deine Mutter schmutzige Geschäfte macht«. Das hat den Ulli nicht aus der Bahn geworfen. Den Heinerle, sagte er mir, fand er sowieso doof. Dreimal war er schon ins Flensburger Hafenbecken gefallen, der Trollo.

Als Ulli elf war, ließen seine schulischen Leistungen rapide nach. Das hatte mit seinen beiden Brüdern zu tun, auf die er eifersüchtig war. Klaus und Dirk, fast gleichaltrig, fünf und sechs Jahre älter als Ulli, wollten mit dem Lütten nichts zu tun haben. Der fühlte sich nun als fünftes Rad am Wagen. Außerdem sah er seine Felle wegschwimmen.

»Und was wird, wenn ich einmal groß bin,« jammerte er verzweifelt. »Dann haben Klaus und Dirk schon ihre Million in unserem Geschäft gemacht, und für mich ist keine mehr übrig.«

»Eine Million kannst du immer verdienen«, versuchte ich ihn zu trösten. »Das Geld liegt auf der Straße, man muß sich nur bücken.«

»Stimmt das wirklich, Mutt?«

»Ich schwöre dir das«, sagte ich.

Er glaubte mir. Von nun an war er wieder mit der Welt versöhnt.

Die Welt von Klaus und Dirk – auch sie bestand vor allem aus der elterlichen Firma. Sie wollten so schnell wie möglich in das Unternehmen einsteigen. Mir gefiel das gar nicht. Womöglich verlierst du deine qualifiziertesten Mitarbeiter, fürchtete ich, weil die ihre Perspektiven für den Aufstieg verlieren.

Wir setzten durch, daß die Jungen nach Abschluß ihrer Realschule zunächst außerhalb der Firma ihren Horizont erweitern sollten: vor ihrer kaufmännischen Grundausbildung erst einmal Sprachkenntnisse verbessern.

Klaus war ohnehin ein Auslandsfreak. Er beherrschte passabel Englisch, Französisch und Spanisch. Wir schickten ihn in ein Sprachinstitut, ins französische Rambouillet. Anschließend jobbte er als Tankwart und Jachtmatrose an der Cote d'Azur, schließlich noch in einem britischen Pflegeheim für Kriegsversehrte. Der sensible Klaus konnte das Elend und Unglück dieser Menschen kaum ertragen. Immer wieder telefonierte ich mit ihm, um ihn zum Durchhalten zu ermuntern. Ehe Klaus endlich als mein Assistent beginnen durfte, absolvierte er vier Monate an der Harzburger Akademie für Führungskräfte.

Auch Dirk wurde Assistent – in einem Hundezwinger. Auch er lernte Französisch auf dem Sprachinstitut in Rambouillet, auch er jobbte im Ausland, ehe er zurück nach Flensburg kam.

Dirk war ein Junge, der häufiger Probleme hatte. Unsere

Sprachregelung zu Hause lautete: Dem Dirk, dem wird in die Mütze geschissen. Er war damals ein Pechvogel.

Als Zehnjähriger schrieb er aus Sylt: »Lieber Vati, liebe Mutt, das ist ganz schön teuer hier. Wenn ihr mich fünf Mark schickt, wär das toll. Auch vier wär toll. Oder drei.« Sein nächster Brief enthielt folgende Nachricht: »Liebe Mutt, die Kinder hier sind nich gut zu mich. Heute hat mich einer in die Mütze geschissen.«

Ich versuchte unsere Kinder aufgeschlossen zu erziehen. Meine private Philosophie war natürlich beeinflußt von dem, was ich aus Büchern, zum Beispiel von Dale Carnegie, gelernt hatte: *Wie man Freunde gewinnt* und *Sorge dich nicht, lebe!* Es lebt sich besser, wenn man mit anderen Menschen unkompliziert und freundlich verkehrt. Wir sind nicht auf dieser Welt, um uns zu quälen. Und wir leben auch nicht nur zur Probe auf dieser Welt. An ein Leben nach dem Tod glaube ich nicht. Ich meine, wir sollten heute das Beste aus unserem Leben machen.

»Dirk, was kann ich tun, damit du mir glaubst?«

Er hatte Probleme mit seiner Stiefmutter. »Ja, du bist eben nur 'ne Frau«, gestand er mir, »und Frauen finde ich nicht so gut.« Seine Mutter muß ihn sehr enttäuscht haben, als sie ein zweites Mal heiratete. Sie war gewiß gut zu ihm, aber entwikkelte zu wenig Durchsetzungsvermögen gegenüber dem Stiefvater, sie ordnete sich unter. Dieses Modell schien der kleine Dirk verinnerlicht zu haben – schwächlich war für ihn typisch weiblich, deswegen waren Männer in seinem Weltbild Tonangeber.

Seine Schwester Bärbel übrigens verließ die Familie schon 18jährig – und gründete eine eigene. In Südafrika. Die Firma Dyckerhoff Zement, für die sie als Fremdsprachen-Korrespondentin arbeitete, hatte sie nach Johannesburg geschickt. Dort lernte sie Cecil Begley kennen, die beiden heirateten – weg war sie. Wir sehen uns alle Jahre wieder, meist zur Weihnachtszeit. Bärbels Töchter sind schon erwachsen. Ihre Oma aus Germany finden sie flott, auch wegen des Sex Business – ein solches Gewerbe ist im prüden Südafrika noch heute undenkbar.

Die erste Fernsehsendung über mein »schmutziges Gewerbe« führte unter anderem auch dazu, daß wir zu einem Fernseher kamen. Die Jungen drängelten natürlich, daß ein Apparat angeschafft werden sollte. Aber ich meinte, Fernsehen sei für die Phantasie nicht förderlich. Als Mutter erstmals in einer ZDF-Aufzeichnung gezeigt wurde, kamen die Kinder zu ihrem Recht. Wir mieteten bei Radio Wendorff ein einfaches Gerät. Das fanden die Kinder so stark, daß wir es schließlich behielten.

Verwöhnt wurden sie wirklich nicht. Als die Jungen alt genug fürs erste Auto waren, sagte ich: »Na gut, euren Führerschein bezahle ich euch – aber fragt nie nach meinem Auto.« Das ließ ich mir sogar schriftlich geben.

Wie sollten sich die Jungen also ein Auto verdienen?

Aktbildbände gingen gut. Allerdings waren noch keine Männerakte auf dem Markt. Wir beschlossen, ein Bildheft zu produzieren, meine Söhne als Modelle. Sie fotografierten sich gegenseitig, mit meiner Voigtländer Spiegelreflex. Auf unserem Grundstück am Rüder See, mit Schwänen im Hintergrund und vor Lupinen, auf unserem Jeep oder auf einem Stapel Holz. Sie waren mit Eifer bei der Sache und ohne Scham. Hatten gutgebaute Körper. Ulli spielte Tennis, Dirk Handball, Klaus segelte, und alle spielten Federball und Fußball, schwammen, und im

Aktbildbände gingen gut. Meine Söhne waren als Models mit Spaß dabei.

Winter liefen wir Ski. *Junger Apoll,* so nannten wir unser Heft, verkaufte sich 40 000mal.

Wir wiederholten den Spaß. »Akte junger Männer! Kraftvoll, muskulös, braungebrannt, wie man sie liebt. Voll herber männlicher Schönheit bieten sie sich in leuchtenden Farben dar. 64 Seiten, 24,80 DM.« Auch *Söhne der Sonne,* unser Folgeband selbstgestrickter Aktfotos, entwickelte sich zum überraschenden Erfolg. Wir verkauften Lizenzen nach Japan und Amerika – und meine Jungen strahlten. Sie konnten sich ihre ersten Autos kaufen.

»Mutt«, sagte Ulli eines Tages, »ich will nicht nach Frankreich oder England, ich will gleich in die Firma.«

Mir kamen die Worte meines Vaters in den Sinn: Wenn einer wirklich was will, dann soll man ihn zu nichts anderem zwingen.

Es fügte sich, daß unglücklicherweise im Laden auf Sylt die Erste Verkäuferin mit Gallenkolik ins Krankenhaus mußte. Ausgerechnet Sylt, damals unser bester Sexshop, ausgerechnet Hochsaison. Woher einen guten Verkäufer kriegen?

Ich saß zu Hause und blickte in den Garten. Ein regnerischer Tag in Rüde. Ulli hockte in seinem Zelt, spielte Karten. Schicke ich ihn doch nach Sylt, dachte ich. Er kennt die Ware, ist höflich und geschickt.

Ich pfiff auf den Fingern. Er trottete herbei. »Willst du für vier Wochen als Aushilfe nach Sylt? Ich zahle dir ein normales Verkäufergehalt, weil du schon Warenkenntnisse hast.«

Er strahlte. »Klar. Aber erst mußt du mir meine zwei guten Hemden noch waschen.«

Sylt war bumsvoll. In der ersten Nacht schlief Ulli im Strandkorb. Aber gleich in den nächsten Tagen zeigte er, was in ihm steckte. Wir hatten 10 000 Exemplare der erotischen Memoiren von Frank Harris gekauft: *Mein Leben und Lieben.* Das Dumme war nur: Seine Ausschweifungen in der viktorianischen Zeit erwiesen sich als lustlose Langeweile. Und noch dümmer war: Wenig später wurde das Buch trotzdem indiziert. Wir durften es also nicht mehr anbieten, nur noch unter dem Ladentisch – und saßen auf einem Stapel galantem Altpapier, das wir teuer bezahlt hatten.

Ulli brachte es fertig, alles loszuschlagen. Er hatte immerhin zwei scharfe Stellen im Buch gefunden, auf Seite 222 und Seite 245 – die präparierte er im Ansichtsexemplar und lockte Kunden im Laden: »Wenn Sie mal ein wirklich angeschärftes Buch haben wollen, hier, schau'n Sie mal rein ...«

Eine stille Freude für mich: In meinem Familienbetrieb sah ich ein außerordentliches Talent heranwachsen.

In den Aufbaujahren hatte ich eine vorsichtige Kaninchenstall-Einstellung. Die Firma wuchs zwar, aber wer weiß, wie das weitergeht? So machten wir alles erst aus Pappe. Und was sich bewährte, das machten wir dann aus »Gold«.

Der Boom des Unternehmens Beate Uhse bescherte immer wieder bauliche Probleme. Pausenlos mußten wir Wände verrücken, Büros vergrößern, umbauen, umreißen, umgruppieren. Im neuen Bürogebäude wollte ich deshalb einen Großraum. Gemeinsam mit meinem Architekten Sönnichsen fuhr ich nach Hamburg, City-Nord, Holland und in die Schweiz, um moderne Bauweisen zu studieren. Mir erschienen schließlich die Form einer Bienenwabe und Bürolandschaften ideal. »Zeichne doch mal drauf los«, sagte ich zum Architekten. Auch er war Feuer und Flamme. So entstand unsere achteckige Zentrale. Die Presse machte aus dem Achteck ein »Sex-Eck« – zwei Ekken weniger, die nach mehr klingen.

Die offizielle Einweihung, am 13. August 1969, wurde in der Firmengeschichte ein wichtiges Eckdatum. Ich schüttelte 340 Hände geladener Gäste, Blumen und Geschenke trafen ein, darunter die Boxerhündin Tanja, die als erstes auf den gelben Teppich piete.

Oberbürgermeister Heinz Adler höchstselbst überreichte mir einen Stich aus dem Jahre 1840, der die Kaufmannsstadt Flensburg zeigte, die mich fortan in den Kreis honoriger Geschäftsleute eingliederte. »Flensburg hat zwei Unternehmen von weitreichender Bedeutung: das Kraftfahrt-Bundesamt und Beate Uhse. Beide führen Karteien. In die eine kommt man unfreiwillig und ungern, das ist die Verkehrssünderkartei. In Beate Uhses Kundenkartei kommt man freiwillig und gern. Man könnte sie Anti-Verkehrssünderkartei nennen ...«

Und dann lobte der Oberbürgermeister noch: »Hier läßt es sich mit Lust und Liebe für die Lust und Liebe arbeiten!«

Die Zentrale: unser wabenförmiges »Sex-Eck«.

Auch Oberpostrat Dr. Lapp ließ eine launige Rede folgen. Er erinnerte an die Anfänge, als Beate Uhse morgens mit zwei Einkaufstaschen ihre Post abholte. Heute sei ein Viertel des Flensburger Postbetriebs auf sie ausgerichtet. »Sie ist erfolgreich, weil sie sparsam ist. Das konnten wir schon früh feststellen. Sie kannte sich mit Lücken im Postgesetz aus. Selbst Nachgebüren ließ sie sich stunden.« Alle lachten, alle klatschten, nur die Oberpostdirektion nicht. Postintimitäten, verfügten hohe Beamte, dürfe man doch nicht in einer Sonntagsrede preisgeben. Weil sich Dr. Lapp in Flensburg angeblich unmöglich gemacht hatte, bekam er Schwierigkeiten. Ein wundersames Beispiel für Beamtenmoral.

Moral, heißt es, ist eine Übereinkunft einer ruhebedürftigen Gesellschaft zur Erhaltung dieser Ruhe. Nach den allgemeinen Maßstäben der Moral waren meine Geschäfte schmutzig. Jetzt, nach Einweihung der supermodernen Bürolandschaft, wurde plötzlich bewundert, was jahrelang mißachtet worden war. Ich hatte mich etabliert. Natürlich war ich froh darüber. Aber andererseits verblüffte mich diese flotte Wandlung. Die Frau, die Sex verkauft, »die kühle Blonde, die täglich sechs Tonnen Zärtlichkeit verschickt«, war über Nacht salonfähig geworden.

Statt Feinde fand ich plötzlich Freunde des Hauses. Zuhauf meldeten sich Besuchergruppen zur Besichtigung an: Architektengruppen, Kreisjugendpfleger und Herren vom ADAC aus München, Bürgermeister westdeutscher Städte, junge Dachse von der Ingenieurschule Eckernförde, vom Gewerbeaufsichtsamt Itzehoe, vom Schnellboot »Pelikan« oder von der Bäckerinnung. Natürlich wollte ich, daß alle unser Haus gut finden, denn jeden sah ich als Meinungsbildner oder sogar als potentiellen Kunden.

Interessiert ließen die Gäste sich durch farbenfrohe Büros führen, in den Warenversand und in den Heizungskeller, sie lauschten den Erklärungen über die EDV-Anlage und folgten uns in die schicken Klos, auf deren Gediegenheit wir besonderen Wert legten. Es war immer das gleiche: Bei der abschließenden Diskussion in der Kantine sagten unsere Besucher stets: »Haben wir uns aber ganz anders vorgestellt bei Beate Uhse.«

Und dann wurde ich von einzelnen Herren vertrauensvoll zur Seite genommen und gefragt: »Sagen Sie doch mal, wo haben Sie denn die Räume, wo ihre Sachen ausprobiert werden?«

»Dafür haben wir keine extra Räume«, antwortete ich wahrheitsgemäß, »wir geben neue Produkte unseren Mitarbeitern zum Testen mit nach Hause.«

Das glaubten unsere Gäste noch weniger.

»Man sollte Beate Uhse dankbar sein . . .«

Orgasmus-Prozeß · sexueller Notstand in der Republik · ein großer Sieg

Anfangs fand ich die Anklagen, die gegen mich erhoben wurden, sehr schlimm. Konnte nächtelang nicht schlafen. Mit den Jahren gewöhnte ich mich daran, fand sie nur noch ärgerlich und zeitaufwendig. Einmal aber amüsierte mich ein Fall insgeheim – als der Orgasmus vor Gericht stand.

Gemeinsam mit dem Orgasmus hatte man mich angeklagt: als Vorreiter für verbotene Reize.

Eine ernste und zugleich komische Situation. Ich sehe mich heute noch da sitzen, mini-bekleidet und züchtig die Beine übereinander geschlagen. Ich hockte auf einem harten Stuhl im Flensburger Schöffengericht (später vor der 1. Großen Strafkammer des Landgerichts und noch später vor dem 1. Strafsenat des Oberlandesgerichts in Schleswig). Ich sah in das versteinerte Gesicht des Staatsanwalts. Er war etwa vier Jahre jünger als ich. Ich dachte nicht über ihn nach, sondern über den explosivsten Moment im Liebesleben.

»Wallung, starker Blut- und Säftedrang«, so hatte das Brockhaus-Lexikon einst den Orgasmus erklärt. Granate, Blitz, Leuchtfleck, so sagten die Deutschen, wenn »es ihnen kommt«. Die Franzosen fanden für den Orgasmus eine schöne poetische Umschreibung: »la petite mort« – der kleine Tod.

Für mich war der Orgasmus stets ein Höhepunkt des Lebens – im wahren Sinne des Wortes. Die Empfindungen beim Orgasmus zählten zu den großen Geheimnissen, die sich kaum erklären lassen. Ich hatte versucht, hinter das Geheimnis zu kommen und viel über den Orgasmus gelesen. Und ihn immer wieder gerne selbst erlebt.

Wer viel liebt und gerne bis zum süßen Ende liebt – das hat-

Im Gerichtssaal mit Rechtsanwalt Dr. Kuntze und dem Justitiar der Firma.

ten Sexualforscher wissenschaftlich bewiesen –, stabilisiert sein Wohlbefinden. Positiv erlebte Sexualität verleiht zusätzliche Kraft und Entspannung, und Entspannung wirkt streßreduzierend.

»Strotzende Fülle« – so würde eine korrekte Herleitung des Wortes Orgasmus aus dem Griechischen lauten. Eine sinnliche Bezeichnung für den Zustand höchster Erregung, wenn das Herz mit 180 Schlägen pro Minute rast, wenn ein intensives Wärmegefühl den Körper erfaßt, wenn Willen und Bewußtsein ausgeschaltet sind, wenn sich Zärtlichkeit und Wollust, Wohlgefühl und Aggressionen zum größten Genuß vereinen.

»Glücklich – ein Leben lang.« In diesem Katalog hatte der Staatsanwalt zwölf Produkte gefunden, an denen er Anstoß nahm. Darunter:

»30-Minuten-Creme« – ein äußerlich anzuwendendes Präparat, das durch seine anästhetisierende Wirkung die Reizempfindlichkeit des Mannes herabsetzt, damit er länger lieben kann;

»Magic cream« – eine Spezialcreme, die die Organdurchblutung fördert, damit die Partner die Liebe stärker empfinden können;

»Combiring 3fach vital« – ein unterstützendes Hilfsmittel,

»das durch natürliche Direkteinwirkung auf die Klitoris den organischen Kontakt verstärkt und mithilft, die eheliche Vereinigung wieder zu naturgewollter Dauer zu führen« (Katalogtext);

eine Reihe von Spezialpräservativen mit angerauhter, genoppter oder gezackter Oberfläche, die »Koralle«, »Securacrepp« oder »Happy-End« hießen.

»Diese vorgenannten Gegenstände sind im wesentlichen zu unzüchtigem Gebrauche bestimmt, da sie vorwiegend einer unnatürlichen Steigerung geschlechtlicher Reize dienen«, hieß es in der Anklageschrift.

Die Gegenstände lagen auf dem Richtertisch. Amtsgerichtsrat Alfred Granicky und die Schöffen, eine Hausfrau und ein Tischler, beugten sich über die Reizpräservative, die ich zur Kontaktverstärkung bei geringerer Empfindungsfähigkeit der Frau empfahl. Dann bemühten sie, was sie für die »allgemein herrschende Auffassung« hielten, und der 61jährige Richter rubrizierte die unaussprechlichen Gegenstände als Verstöße gegen »Zucht und Sitte«. Immerhin konnte er sich auf ein Urteil des Bundesgerichtshofes aus dem Jahr 1962 berufen, wonach Spezialkondome zu einer »unnatürlichen Aufpeitschung geschlechtlicher Reize« führten.

Das Flensburger Schöffengericht verurteilte mich zu 6 000 Mark Geldstrafe, weil ich Kondome der besonderen Art »angekündigt und angepriesen« hatte. Künftig durfte ich die Artikel zwar weiter verkaufen – aber werben durfte ich nicht dafür.

Mir ging es um mehr.

Mir ging es im Prinzip um das Recht auf den Orgasmus.

Das juristische Gerede von einer »unnatürlichen Steigerung geschlechtlicher Reize« empfand ich als nackten Unsinn. Als würde es einen Super-Orgasmus geben, den jeder erreichen könnte, der sich meiner Hilfsmittel bedient. Es ging doch allenfalls um die Herstellung eines Normalzustandes sexueller Empfindungen.

Um den Orgasmus war es in Deutschland schlecht bestellt. Damals noch schlechter als heute. Die Statistik zeigt ein trostloses Bild: Jede dritte Frau zwischen 18 und 65 Jahre kennt das Phänomen nur vom Hörensagen. Selbst, wenn sie selbst Hand anlegten. Mehr als die Hälfte der Frauen erlebt beim Geschlechtsverkehr mit dem Partner nie oder nur selten einen Orgasmus. Viele täuschen ihn nur vor. Auch die Mannsbilder kommen nicht so gut weg, wie viele glauben: Viele kommen zu früh . (38 Prozent), viele kommen nicht zur gewünschten Härte (37 Prozent).

Ein Dilemma, das in den meisten Partnerschaften große Probleme schuf. In Tausenden von Briefen hatte ich diesen Orgasmus-Notstand herauslesen können. Meine Hilfsmittel als Gegenstände zu verurteilen, die einer »unnatürlichen Aufpeitschung geschlechtlicher Reize« dienen – das fand ich lächerlich und gefährlich. Ich ging in die Berufung.

Es ging mir nicht nur ums Geschäft – es ging vor allem um die Sache.

Als »makaber und mittelalterlich« qualifizierte Prof. Dr. med. Dr. jur. Reinhard Wille vom Institut für gerichtliche und soziale Medizin an der Universität Kiel die richterliche Spruchweisheit in zweiter Instanz ab. Mein Rechtsanwalt Dr. Kuntze hatte ihn als Sachverständigen vor die Große Strafkammer des

Freispruch.
Der Orgasmus hat »gesiegt« (1969).

Landgerichts gebeten. Ein seriöser Mann, dieser Dr. Dr. Wille. Er machte eine gute Figur. Zum grauen Flanell trug er einen farbigen Schlips. Noch mehr aber verblüffte die drei Berufsrichter und die beiden Schöffen, was dieser Sachverständige zum Orgasmus zu sagen hatte.

»Beim Orgasmus handelt es sich um eine natürliche Erscheinung. Damit ist auch das Bestreben zu seiner Herbeiführung, auch bei Anwendung gewisser Hilfsmittel, nicht als unzüchtig zu werten. Diese Gegenstände vermögen nämlich keine Erhöhung der Intensivität des Orgasmus und somit keine widernatürliche Steigerung des Lustempfindens über den Orgasmus hinaus zu bewirken, da der Orgasmus individuell konstant verläuft und seine Intensität bei derselben Person stets gleich ist. Eine Steigerung des Orgasmus ist medizinisch nicht denkbar. Allerdings können die Gegenstände ihrem Zweck entsprechend zu einer Steigerung des Lustempfindens in dem vor dem Orgasmus liegenden Stadium führen. Diese Luststeigerung kann jedoch ebenfalls nicht als unzüchtig angesehen werden, weil sie über den Orgasmus als den natürlichen Höhepunkt nicht hinauszuführen vermag und damit im Bereich eines natürlichen Vorganges bleibt. Die aufgeführten Hilfsmittel dienen daher nicht einer unnatürlichen Aufpeitschung geschlechtlicher Reize.«

Deutliche Worte vor dem Landgericht. Auch mich überraschte die liberale Position des Gutachters, der den Orgasmus als »medizinisch wünschenswert« und Spezialkondome als »Hilfsmittel für einen natürlichen Zweck« bewertete. Landgerichtsdirektor Dr. Stoehr nahm mir den Makel der Straffälligen.

Freispruch.

Doch diesmal ging der Oberstaatsanwalt in die Revision.

Nun mußte sich also das Oberlandesgericht in Schleswig mit Parisern, Verhüterlis, Pfeifenschonern oder wie Kondome sonst noch im Volksmund genannt werden, befassen.

Auch diese Instanz berücksichtigte zum Glück, daß sich die allgemeine Auffassung über Sexualität offensichtlich gewandelt hatte. »Gerade in den letzten Jahren wird über Sexualität in Schriften, bildlichen Darstellungen und Filmen durch wissenschaftliche und pädagogische Darstellungen, die zum Teil mit Unterstützung amtlicher Stellen herausgegeben wurden, wie der Aufklärungsfilm ›Helga‹ und der ›Atlas der Sexualkunde‹

bis hin zu primitiven Formen in Illustrierten, Magazinen, Zeitschriften und Filmen, in einem breiten Angebot dem Publikum dargeboten. Besonders die Auflagenzahlen der Illustrierten und die Besucherzahlen der Sexualfilme zeigen, daß die freizügige Darstellung und Behandlung der Sexualität als eine Grundtat-

Information an unsere Mitarbeiter in der Hauszeitschrift.

Bild ZEITUNG **meldet heute:**

Flensburg

Freispruch für Beate Uhse

Am 11. November 1969 wurde Frau Rotermund durch die Erste Große Strafkammer des Landgerichts Flensburg vom Vorwurf freigesprochen, „Gegenstände, die zum unzüchtigen Gebrauch bestimmt sind, dem Publikum angekündigt und angepriesen zu haben" (§ 184, Absatz 1 Nr. 3 StGB).
Bei den betreffenden Gegenständen handelte es sich um insgesamt 16 Artikel aus unserem Verkaufsprogramm — verschiedene Präparate wie z. B. „longtime männercreme", einige Ehehilfsmittel wie „O-Garant" und „happy end" und 6 Rauh- bzw. Spezialpräservative.
In erster Instanz führten die Rauh- und Spezialpräservative am 18. Februar 1969 vor dem Schöffengericht Flensburg zu einer Geldstrafe in Höhe von DM 6.000,—. Weder Frau Rotermund noch die Staatsanwaltschaft Flensburg

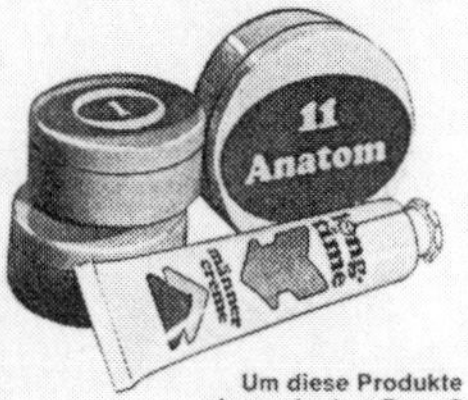

Um diese Produkte ging es in dem Prozeß

waren mit diesem Urteil zufrieden und auf die Berufung beider Seiten fand am 11. 11. 1969 eine neue Verhandlung vor der Ersten Großen Strafkammer des Landgerichts Flensburg unter Vorsitz von Herrn Landgerichtsdirektor Dr. Stoehr statt. Der von uns benannte Sachverständige, **Dr. Dr. Wille vom Gerichtsmedizinischen Institut der Universität Kiel** vermochte in der Verhandlung überzeugend darzulegen, daß nach den heutigen Erkenntnissen namhafter Vertreter der medizinisch-sexologischen Wissenschaft im In- und Ausland **der Orgasmus der Frau ein völlig natürlicher Vorgang sei,** dessen Erreichung vom ärztlichen Standpunkt aus unbedingt bejaht werden müsse. Auch wenn das Hinführen zum Orgasmus durch irgendwelche Hilfsmittel geschehe, so könne darin keine unnatürliche Reizaufpeitschung gesehen werden.
Mit Nachdruck setzten sich unsere Verteidiger, die Herren Rechtsanwälte Dr. Kuntze, Flensburg, und Hans Klaus Merzenich, Offenbach, dafür ein, daß endlich einmal eine klare, richtungweisende Entscheidung ergehen müsse, die im Einklang mit den heutigen wissenschaftlichen Erkenntnissen stehe.
Das Gericht sprach Frau Rotermund in allen Punkten der Anklage frei und schloß sich weitgehend den Ausführungen des Sachverständigen an. „Wenn der Orgasmus ein natürlicher Vorgang ist, dann kann auch die Reizsteigerung dahin nicht als unnatürlich bezeichnet werden", sagte Herr Landgerichtsdirektor Dr. Stoehr in der mündlichen Urteilsbegründung.
Bereits am 12. November 1969 hat die Staatsanwaltschaft gegen das freisprechende Urteil Revision beim Schleswig-Holsteinischen Oberlandesgericht in Schleswig eingelegt. RA-Lo.

Bild ZEITUNG **meldet heute:**

Flensburg

Beate Uhse verurteilt!

6000 DM Geldstrafe:

Sex-Werbung ist zu aufpeitschend!

Letzte Meldung

Noch ein Freispruch!

Am 10. 12. 1969 sprach Amtsgerichtsdirektor Jahncke (Schöffengericht Flensburg) Frau Rotermund von dem Vorwurf des Betruges frei.
Es ging um die Produkte Cythera, Amatella und Nous deux. Die Gerichts- und Anwaltskosten trägt die Staatskasse.

sache des menschlichen Lebens, wenn auch nicht gebilligt, so doch weitgehend toleriert wird. Diese Zeitströmung ist auch in anderen Ländern freiheitlicher Grundordnung zu beobachten und hat dort teilweise schon zu einer Aufhebung der dem § 184 StGB entsprechender Strafvorschriften geführt.« Senatspräsident Philipp dachte auch in diese Richtung.

Sein Beschluß in der Strafsache gegen die »Kauffrau Beate Rotermund verw. Uhse geb. Köstlin« enthielt bemerkenswert tolerante Absätze: »Die Darstellung sexueller Vorgänge an sich, insbesondere die des nackten weiblichen Körpers, auch die Hervorhebung der Geschlechtsmerkmale, Stellungen und Bewegungen, die einen sexuellen Anreiz, besonders auf Männer ausüben sollen«, betrachtete er »für sich allein nicht als grob belästigend.« Allerdings nur, »wenn sie nicht übersteigert und anreißerisch erscheinen, etwa durch aufdringliche, verzerrende, unrealistische Darstellung geschlechtlicher Vorgänge, aus der Verherrlichung von Ausschweifungen oder Perversitäten oder aus der obszönen Weise des Ausdrucks oder der Darstellung«.

Ob Spezialpräservative der unnatürlichen Reizsteigerung dienen und die auf den Klitorisbereich wirkenden Hilfsmittel zu unzüchtigem Gebrauch bestimmt sind – diese Entscheidung wurde dem Bundesgerichtshof überlassen.

Der gab am 14. März 1972 bekannt: Nein. »Spezialpräservative, Wirkpolster und Salben, die beim Geschlechtsverkehr durch Reizsteigerung oder Reizverlängerung den Orgasmus herbeiführen sollen, sind nicht im Sinne des Paragraph 184 Absatz 1 Nummer 3 Strafgesetzbuch zum unzüchtigen Gebrauch bestimmt.«

Ein bahnbrechendes Urteil. Fortan setzte sich eine merklich liberalere Rechtsprechung durch.

Professor Hallermann, ein bekannter Gerichtsmediziner, gab zu Protokoll: »Die Partnerschaften leiden nicht an zuviel, sondern an zuwenig Sexualität. Alles, was der sexuellen Anregung dient, seien es mechanische Hilfen, Präparate oder anregende Bücher, Hefte, Bilder, ist positiv zu beurteilen. Man sollte Beate Uhse dankbar sein, daß sie den Männern und Frauen diese sexuelle Anregung vermittelt und ermöglicht.«

Der lange Atem hatte sich gelohnt.

»So schillernd und schokoladenfarben . . .«

Mein schwarzer Freund · Scheidung · die Liebe der reifen Frau

Stoßweise trudelten täglich Kundenbriefe ein. Tausendfach vertrauten mir Menschen ihre intimsten Probleme an. Vor allem Frauen. Sie betrachteten mich als mütterlichen Ratgeber im Bereich von Liebe und Sexualität. Als eine verständnisvolle Frau ohne Vorurteile.

»Hilfe, mein Mann geht fremd, wie gewinne ich ihn zurück?« »Wie kommt es, daß mein Mann nur noch so selten Lust auf mich hat?« »Ist Treue nur ein leeres Wort?« »Kann Partnertausch die Ehe retten?« Das waren immer wiederkehrende Fragen, auf die ich Rat zu erteilen versuchte.

Ironie des Schicksals: Genau diese Fragen türmten sich auch in meinem privaten Leben.

Meine Ehe mit Ewe lief keineswegs so, wie ich mir eine Ehe vorstellte. Im Gegenteil: Meine Ehe war ein trauriges Kapitel. Mein Mann war zwar treu – aber seiner Freundin Helga.

Vielleicht hätte ich mir auch einen Freund suchen sollen. Aber in puncto Treue dachte ich altmodisch. Herumgehopse kam für mich nicht in Frage.

Treue, spottet man, sei ein starker Juckreiz mit dem Verbot, sich zu kratzen. Oder: Treue sei Mangel an Gelegenheit. Treue war für mich immer eine wertvolle Tugend. Vertrauen und Geborgenheit, davon bin ich überzeugt, können sich nur entwikkeln, wenn man sich treu ist. Gruppensex, Triolenverkehr und Partnertausch haben mich immer beschäftigt – in meiner Phantasie. Reizvolle sexuelle Abenteuer. Aber im wirklichen Leben führen sie fast immer zu entsetzlichen Eifersuchtsszenen und Ehekatastrophen.

Unter der Untreue meines Mannes litt ich wie ein geprügelter

Hund. Dennoch: Zu jener Zeit dachte ich nie mehr an Scheidung. Die Kinder waren noch jung, sie liebten ihren Vater, und ich wollte ihnen ein harmonisches Elternhaus erhalten. Wenn Ewe bei uns war oder wir gemeinsam in die Ferien fuhren, war unsere Familie perfekt. Den Kindern war er ein flotter Vater und für mich ein freundlicher, ja liebevoller Partner. Später dann fürchtete ich den entsetzlichen Hickhack der Scheidungsformalitäten und hatte Sorge, daß die Firma die finanziellen Folgen der Scheidung nicht verkraften könnte. Ewe und ich lebten in Gütergemeinschaft. Außerdem beflügelte mich meine

Ein intaktes Familienleben war mir schon immer sehr wichtig: Hier mit Ewe und Söhnen und dem Boxer »Kerli«.

Arbeit. Die Firma Beate Uhse war mein Kind, dessen Fortschritte jetzt sichtbar wurden. Die Freude darüber drängte Demütigungen privater Natur in den Hintergrund. Hinzu kam, daß die Probleme anderer Menschen, die ich täglich aus den vielen Briefen herauslas, meine eigenen relativierten. Und das Wichtigste: Immer noch hatte ich die schöne Vision vom Happy-End: Mit meinem Mann sah ich mich in der Abendsonne sitzen, Hand in Hand auf einer Bank unterm Rosenstrauch. Später mal.

Es war nicht möglich, Ewe auf unsere Situation anzusprechen. Immer wenn ich mit ihm ernsthaft reden wollte, konterte er knapp: »Wenn's dir nicht paßt, laß dich doch scheiden.«

Es war am Ostersonntag 1971, als Ewe mit mir ernsthaft etwas zu bereden hatte.

»Helga soll bei uns einziehen.«

Mein Mann stellte sich ein Leben mit zwei Frauen vor. »Du«, versicherte er treuherzig, »bleibst natürlich die Beste.«

»Und was mache ich, wenn du mit Helga ins Bett willst?«

»Du suchst dir auch'n ander'n Partner. Da hast du doch keine Probleme mit. Du pickst dir von der Fähre Dover–Calais einen Anhalter auf, testest, was der so bringt, und wenn er nichts bringt, kannst du ihn ja gleich wieder raussetzen.«

Wir lebten beengt auf unserem Grundstück am Rüder See. Nach und nach hatten wir die ehemalige Wehrmachtsbaracke ausgebaut. Weil das Haus so klein war, schliefen wir im Garten. Auch im Winter. Aus gestreiftem Markisenstoff standen dort ein sogenanntes Kinderschlafzelt und ein Elternschlafzelt. Es kostete mich viel Argumentationskraft, ehe Ewe einwilligte, daß ich mir eine elektrische Heizdecke draußen im Zelt genehmigte. Wir präparierten uns für die Nacht im Haus und sockten dann im Schlafanzug durch den Garten ins Zelt – so also bettete sich Beate Uhse.

Später kauften wir ein Haus dazu, auf der anderen Seite der Straße, das »Kinderhaus«. Dort sollte nach Ewes Vorstellungen nun Helga einziehen. Zu Ewe sagte ich: »Da muß ich gründlich drüber nachdenken.« Obwohl ich wußte, daß ich mich mit solchen Umständen nie anfreunden könnte. Ich habe mich damals halb totgeheult.

Erst mal weg, dachte ich. Buchte die Bahamas. Mein Sohn Ulli flog mit, als Trost- und Tennispartner. Wir wohnten auf der Insel Little Exuma, und das Hotel hieß »Peace & Plenty« – Frieden und Fülle. Das werde ich nie vergessen, weil schon an diesem ersten Abend die Fügung einen jungen Mann in meinen Gesichtskreis plazierte: John.

Ein großgewachsener, freundlicher Mensch, athletisch gebaut. Wir lächelten uns zu. Wir zogen uns magisch an. Wir waren beide bereit und öffneten uns. Wir spürten große gegenseitige Sympathie. Und wir fühlten gleichzeitig eine Schwäche – jedenfalls mußten wir beide ins Bett. Miteinander.

Wir blieben ein paar Tage zusammen. Kein schlechtes Gewissen meldete sich bei mir. Im Gegenteil. Es war ein wunderbares Gefühl, von einem Mann begehrt zu werden, der genauso alt war wie mein ältester Sohn. John, ein Lehrer aus New York. Er war gebildet, ein guter Unterhalter und eine erotische Attraktion für mich.

John, mein schwarzer Liebhaber.

Auch Ulli fand John imposant. Vor allem, weil er ein sportlicher Typ war. Wasserski, Tennis, Basketball – John beherrschte alles.

Ich mußte mich beherrschen, als wir Abschied nahmen in Nassau. Ich war traurig. Das Ende eines wunderschönen, überraschenden Abenteuers.

»I come and see you«, versprach John. Aber das sagt man dann so. Ich glaubte an kein Wiedersehen mit diesem dunkelhäutigen Mann, an dem ich meine helle Freude hatte.

Zu Hause. Helga war wirklich eingezogen ins Haus in der Rüder Straße. Aber sonderbarerweise kränkte mich das kaum noch. Die Begegnung mit John hatte mich mehr aufgebaut, als ich selbst begreifen konnte.

Ein paar Tage nach unserer Rückkehr kam Ulli mit den Urlaubsfotos heim. Als Ewe den Schwarzen an meiner Seite sah, sagte er arglos: »Der sieht ja aus wie'n Königssohn.«

Da triumphierte Ulli: »Das ist Mutts neuer Freund.«

Ewe zuckte. Aber nicht sehr. Anderntags fuhr er mit seiner Helga nach St.Tropez.

Dann überschlugen sich die Ereignisse. Erst rief John an. Er hätte ein halbes Jahr unbezahlten Urlaub genommen, wäre auf dem Weg zu seinem Freund nach Mailand, wäre jetzt in Luxemburg, ob ich ihn abholen könne.

Drei Wochen lang wohnte er in Rüde, in einer Hütte am See. Je länger wir zusammen waren, desto mehr entwickelte sich das, was man »die große Liebe« nennt. John bereicherte mein Leben. Er verkörperte das, was ich an Männern mag. Er war aufmerksam und unaufdringlich, ein guter Gesellschafter und ein noch besserer Liebhaber. Er war 27 Jahre, und ich war 25 Jahre älter als er. Aber das Alter spielte für uns keine Rolle.

Eines Tages rief Ewe von Frankreich aus an. Alles wäre beschissen, sagte er, Helga und er würden sich nicht verstehen. Mich bat er ganz schnell zu kommen.

»Ich kann nicht kommen«, erklärte ich, »hab' Besuch.«

Nach eineinhalb Tagen war Ewe aus St.Tropez zurück.

Er führte sich auf wie in unseren Flitterwochen. Er plauderte galant mit mir, er hielt Händchen, er brachte kleine Geschenke, er brachte mich morgens in die Firma, die er fast zwölf Jahre nicht mehr betreten hatte. Und nachts entwickelte er sich zum Stürmer. Zweimal nahm er mich jede Nacht. Die Kinder feixten: »Guck mal, der Alte, auf einmal ist er nett zu dir. Mutt, du hättest dir schon vor zehn Jahren einen Lover zulegen sollen.«

Ewe war reizend. Nur wenn er John meinte, sprach er von »deinem schwarzen Affen«.

Wir beschlossen, unser Eheleben wieder aufleben zu lassen. Er wollte sich von Helga trennen. Ich sah uns jetzt schon wieder deutlich unterm Rosenstrauch glücklich alt werden. Wir fuhren erst einmal nach Biarritz. Zwei Wochen schöne Ferien.

Auf dem Heimweg, kurz vor Hamburg, platzte Ewe in die Idylle: »Wen nehmen wir denn als Anwalt für unsere Scheidung?«

»Ewe, laß doch den Quatsch.«

»Ich meine das ernst«, versicherte er. »Ich kann den schwarzen Affen nicht vergessen.«

Ewe machte wirklich ernst. Er fuhr nach Hamburg und sprach bei Rechtsanwalt Groenewold vor, der sich als Verteidiger von RAF-Terroristen einen Namen gemacht hatte. Dem erzählte er Schauergeschichten von einem schwarzen Affen, mit dem ihn seine Frau betrogen hat. Groenewold zeigte kein Interesse.

Das änderte sich, als Ewe beim Verabschieden sagte: »Übrigens, ich bin der Mann von Beate Uhse.« Da wurde er als Mandant interessant.

Nach wenigen Tagen erreichte mich Ewes Scheidungsbegehren, in dem die Abfindung beziffert war: zwölf Millionen Mark.

Eine Irrsinnssumme.

Das Unternehmen Beate Uhse wäre tot gewesen, wenn ich Ewes Forderung hätte befriedigen müssen. Ich machte ihm deswegen einen anderen Vorschlag: »Nimm du den ganzen Kram, du bist doch Kaufmann, und zahle mich aus. Ich bin mit einer Million Mark zufrieden. Das kann die Firma verkraften.«

Prompt kam von Ewes Seite ein neues Vergleichsangebot: drei Millionen.

Immer noch eine wahnsinnige Summe. Doch sie war realistisch, meinten Wirtschaftsprüfer und Anwalt. Anwalt Groenewold und mein Anwalt Dr. Strohm formulierten die Scheidungsgründe und die finanzielle Abmachung – ein fairer Vertrag in einer deprimierenden Situation. Eigentlich konnte Ewe zufrieden sein.

Leider hatte ich mich getäuscht. Rachegedanken regierten Ewe. Später gab er das klipp und klar zu. Er wollte mich geschäftlich und menschlich ruinieren – seine Frau, die ihn mit dem schwarzen Affen gedemütigt hatte.

Bei Hertie kopierte er unsere Schriftsätze in der Scheidungssache, um sie den wichtigen Zeitungsredaktionen zu schicken. Die Originale ließ er sogar im Kopierer liegen.

Die Presse hatte ihren Knüller: Beate Uhse läßt sich scheiden und muß ihrem Mann monatlich 30 000 Mark zahlen.

Ewe zelebrierte Pressekonferenzen. Er behauptete, daß er meinem sexuellen Pensum nicht mehr gewachsen gewesen sei. Er erfand erotische Details, die sich wunderbar als Lesefutter eigneten. Damit erreichte er sein Ziel: Die Öffentlichkeit wurde mit makabren Zoten aus der Intimsphäre der Sexpertin Beate Uhse beliefert, und Ewe hatte viele Männer auf seiner Seite. Böse Briefe von Kegel- und Skatklubs erreichten mich.

Ein schwarzer Freund – die deutschen Männer und die Presse nahmen mir das so übel wie nichts zuvor. Die Umsatzentwicklung der Firma würde diese Boykottstimmung ganz deutlich zeigen, so fürchtete ich.

Noch nie in meinem Leben habe ich etwas als so ungerecht empfunden, wie damals das Verhalten der Presse, die chauvinistische Instinkte rücksichtslos anheizte: Hier ein Ehemann, der 20 Jahre lang fremdgeht. Seiner Frau nahelegt, doch nicht so »altmodisch« zu sein und sich auch einen Lover zu suchen. Dort eine Frau, die nun nach all den Jahren diesen Vorschlag realisiert. Normale Gleichberechtigung sollte man denken im Jahre 1971.

Von wegen! Ewes Verhalten galt als Kavaliersdelikt. Beate aber wurde als unersättliche, sexgierige Fünfzigerin verteufelt,

Beate Uhse: Scheidung

Deutschlands größte Sex-Versandhändlerin: Ich gebe meinem Mann eine Million und ein teures Grundstück

Von HORST WOLF

Flensburg, 8. Dezember

Beate Uhse, die Frau, die jährlich zwei Millionen Bundesbürgern Glück in der Liebe verkauft, trennt sich von ihrem Mann. Die Ehe der 52jährigen Versandhändlerin in Sachen Sex und Lust ist in diesem Sommer nach 22jähriger Ehe kaputtgegangen. Scheidungsgrund: Ein farbiger US-Amerikaner, 28 Jahre alt, 187 cm groß, 180 Pfund schwer.

Vor zehn Wochen hat Beate Uhses Mann drei Hamburger Rechtsanwälte beauftragt, die Scheidung einzuleiten. Er verlangt die Hälfte des Flensburger Versandhauses (Jahresumsatz zehn Millionen Mark). Das aber wäre das Ende des erfolgreichen Unternehmens.

Beate Uhse, Mutter von drei erwachsenen Söhnen, sprach jetzt in einem Exklusiv-Interview von ihrer Scheidung.

Frage: „Wie konnte es soweit kommen?"

Antwort: „Mein Mann hat vor zehn Jahren aufgehört, in der Firma mitzuarbeiten. Er wollte das Leben genießen. Aber er ist immer unzufriedener geworden. Die Spannungen, weil ich soviel arbeite muß und wir nur selten zusammen sein konnten, sind immer größer geworden."

(Lesen Sie weiter auf der letzten Seite.)

Ernst Rotermund bewohnt das gemütliche Haus seiner Frau allein

LINKES FOTO:
Beate Uhse mit dem angeblichen Scheidungsgrund — einem farbigen Amerikaner - auf Sylt

RECHTES FOTO:
Der Mann, mit dem Beate Uhse seit 22 Jahren verheiratet ist.

Der 59jährige Ehemann von Beate Uhse

Was Beate Uhse zu ihrer Ehescheidung sagt

Im Mai auf Sylt: Eine Sache der Lebensfreude

Nach dem Krach stellten sich dem Fotografen: Jetzt sagt sie:

Ernst Rotermund (59), der 22 Jahre mit der Inhaberin des größten deutschen Sex-Versandhauses verheiratet ist, behauptete jetzt in aller Öffentlichkeit:

„Beate Uhse schlief erst mit dem Neger. Dann sollte ich es mit ihr tun - ich konnte nicht"

Der sexuelle Freisinn, den Beate Uhse in ihren Läden und ihrem großen Sex-Imperium empfiehlt, ließ ihre eigene Ehe platzen

Scheidung von Ewe: für die Presse natürlich ein Knüller.

die wegen eines jungen Mannes die Scheidung verlangte und den armen Ehemann seinem traurigen Schicksal überläßt. Diese Denke fand ich sehr schlimm.

Am 9. Mai 1972, dem Geburtstag unseres gemeinsamen Sohnes Ulli, wurde ich von Ernst-Walter Rotermund geschieden. An diesem Morgen fuhr ich nicht in den Gerichtssaal, sondern zum Hamburger Flughafen Fuhlsbüttel, um John abzuholen, der aus New York unterwegs war. Um mich vor den Belästigungen fremder Menschen zu schützen, hatte ich mir eine schwarze Langhaarperücke gekauft. Trotz Verkleidung entdeckte mich John in der Menge sofort.

Wir wollten nach Frankreich fahren und auf der Ile du Levant, die den Beinamen »Trauminsel der Nackten« trug, zelten.

Von der Autobahnraststätte Reinhardshain bei Frankfurt rief ich meinen Rechtsanwalt an, um zu fragen, ob die Scheidung durch wäre.

Sie war. Aber das empfand ich nicht als Erlösung. Eine seltsame Traurigkeit, eine lähmende Trostlosigkeit erfaßte mich plötzlich. Mir schien, als hätte ich eben 25 Jahre meines Lebens weggeworfen. Sinnlos vertan. Die besten Jahre im Leben einer Frau.

Wie gut, daß John jetzt bei mir war, dieser »Super-Adam, schlank und stark, breite Schultern, schmale Hüften und eine Haut wie Samt, so schillernd und schokoladenfarben«. Mich amüsierte die erotische Anrüchigkeit, mit der die Regenbogenblätter die »Liebe zwischen Schwarz und Weiß« beschrieben. Das Treiben der »Sex-Königin« faszinierte und pikierte.

John tat mir gut. Seine Lebenslust war ansteckend. Er forderte nichts. Er gab mir Sicherheit, Sex und Selbstachtung. Keiner von uns beiden konnte ahnen, daß wir fast zehn Jahre lang zusammenbleiben würden.

Ich ordnete mein Leben neu. Es sollte nicht länger nur aus Arbeit bestehen. Die Kompetenzen in der Firma waren geregelt. Meine Söhne übernahmen mehr und mehr Verantwortung, deshalb war es mir möglich, oft mit John zu verreisen. Auch er besaß einen Pilotenschein. Häufig charterten wir eine kleine Cessna und flogen in Europa herum. Monatelang waren wir mit einem Campingbus von Griechenland bis zum Nordkap unterwegs. John lebte in Rüde und unterrichtete unsere Mitarbeiter in Englisch; ich war häufig bei ihm im New Yorker Stadtteil Bronx.

Der enge Umgang mit schwarzen Menschen war mir eine neue, fremde Erfahrung. Da lebte ich inmitten seiner Familie und seines Freundeskreises und habe viel gelernt: Alle gingen freundlich und respektvoll miteinander um. Niemand nahm sich besonders wichtig, jeder war so, wie er war, und das war okay. Keiner schien Lebensangst zu kennen, alle konnten darauf vertrauen, daß die anderen für sie da sind. Auch, wenn es um Geld ging. Bei John lernte ich auch Gelassenheit, eine Tugend, die mir bis dahin gefehlt hatte.

»Keine Angst vor dem Altersunterschied. Reife Frauen sind begehrenswert. Die reife Frau ist gewöhnlich eine hervorragende Geliebte. Sie hat Freude am Liebemachen, und sie versteht weitaus mehr davon als eine jüngere. Aus Erfahrung weiß sie genau, was sie alles mit einem Mann anstellen kann, um ihn langsam durch die Wonnen des Vorspiels zur Ekstase zu bringen. Und sie kann, was für viele Männer sehr wichtig ist, auch die Liebeskünste ihres Partners voll würdigen und genießen.« An die Umstände, als ich diese Sätze schrieb, kann ich mich noch genau erinnern.

Ein ums andere Mal hatte mich Rudolf Pust, der Chef meines Stephenson Verlages, gepiesackt, endlich ein Buch zu schreiben. Anfang der siebziger Jahre verkauften sich nicht nur Romane *(Lösch das Feuer zwischen meinen Schenkeln, Sex-Orgien im Ferienhaus)* wie geschnitten Brot. Auch Aufklärungs-

Mit meinem schwarzen Freund John in Fort Myers Beach/ Florida (1979).

bücher von Günther Hunold *(Sexual-Atlas für Erwachsene, Liebe und Sex in Wort und Bild)* und Rüdiger Boschmann *(Die sexaktive Frau, Die Frau als Lustquelle)*, die wir in unserem Haus produziert hatten, gerieten zu schönen Verkaufserfolgen. Pust drängte mich: »Egal, was Sie schreiben, Hauptsache Sie schreiben ein Buch.«

Ich ließ mich breitschlagen und schrieb ein Buch über *Sex in der Partnerschaft.*

Da saß ich nun in meinem Ferienhaus in Fort Myers, Florida, das ich mit John ein paar Wochen vorher entdeckt und gekauft hatte, quälte mich an meiner orangefarbenen Schreibmaschine – zog eine Zwischenbilanz meines Lebens.

Erst die Liebe macht das Leben lebenswert. Das Wunder der Liebe ist keine kitschige Erfindung der Schlagerdichter, die ein

Geschäft mit romantischen Sehnsüchten machen wollen. Auch ist dieses Wunder nicht für Frauen reserviert. Das Gefühl, schön und begehrenswert, wichtig und wertvoll zu sein, das uns Geliebtwerden vermittelt, ist ein Segen für Frauen wie für Männer.

Eine gute Partnerschaft ist wichtiger als materieller Erfolg. Ein aktives Liebesleben hilft entscheidend, sich für viele Jahre geistig und körperlich gesund, leistungsfähig und fit zu halten. Sogar ernsthafte Krankheiten werden leichter überstanden. Liebe bedeutet nicht nur sexuelle Lust. Liebe macht das Leben farbig und reich. Wer Liebe schenkt und Liebe empfängt, wird niemals arm und niemals einsam sein.

Eines ist erstaunlich: Die Presse hatte nach dem hochgespielten Scheidungsskandal der Beate Uhse die hitverdächtige Story vom schwarzen New Yorker John Holland und der Sex-Queen Beate vergessen oder verschlafen. Egal weshalb, wir lebten froh und zufrieden – ohne Blitzlichter und Interviews.

»Jede will sein Wunderding immer mal testen.«

Pornofilme · das internationale Geschäft

Pornographie war für mich im Prinzip etwas Normales. Stellen Sie sich einmal vor, wir würden abbilden, was jeder von uns privat mit seinem Liebsten treibt – fast alles wäre Pornographie.

Pornographie ist mittlerweile so gut wie salonfähig geworden. Vier von fünf Männern und die Hälfte aller Frauen im Alter von 18 bis 40 Jahren haben mindestens schon einen Pornofilm gesehen. Und die meisten gaben zu, sie hätten ihn mit Genuß betrachtet. »Erregend, geil, ästhetisch, angenehm« – Empfindungen, die 79 Prozent der Männer im Rahmen einer Repräsentativstudie zu Protokoll gaben. Frauen denken differenzierter. Dazu mehr im nächsten Kapitel.

Anfang der siebziger Jahre hatte das Wort Pornographie einen besonders üblen Klang: billiger, gemeiner, häßlicher Sex, anstößig und abstoßend, mieser Schweinkram, unappetitlich und unmoralisch. Kaum einer wollte mit Pornographie etwas zu tun haben. Offiziell.

Schließlich war Pornographie verboten. Der Gesetzgeber hatte Herstellung von und Handel mit pornographischen Erzeugnissen unter Strafe gestellt.

Anders die Situation in skandinavischen Ländern. Seit Ende der sechziger Jahre war Pornographie in Schweden und Dänemark freigegeben.

Einen wichtigen Beitrag hatte gewiß Berth Milton geliefert, der schnell zu einem internationalen Ruf kommen sollte – als erfolgreichster schwedischer Porno-Baron. Auch bei uns gerieten seine Produkte namens *Private* zu beliebten und begehrten Sammlerobjekten. Miltons Pornohefte verkauften sich tausendfach.

Die heiße Fracht kam, zwischen Schweinehälften versteckt, in Kühlwagen über die Grenze auf den deutschen Schwarzmarkt gerollt. Irgendwann aber erkannten die Zöllner am Flensburger Grenzübergang die Schmuggeltricks und konnten ganze Lkw-Ladungen mit Schwedenpornos abfangen. Empfindliche Einbußen für die Porno-Produzenten. Trotzdem ließ sich das Importgeschäft mit illegalen Pornoheften nicht stoppen. Jetzt wurden sie einfach aufgegeben – per Luftfracht nach Frankfurt.

Berth Milton sorgte auf seine Weise dafür, daß Pornographie in Schweden entkriminalisiert wurde. Und schon bald sollte das schwedische Beispiel deutschen Politikern als Vorbild dienen.

Milton wuchs in einer Schaustellerfamilie auf, verkaufte VWs in seiner Heimat und eröffnete 1965 einen kleinen Buchladen in Stockholm. Kunden verlangten bei ihm erotisches Material. Aber die Magazine, die er besorgen konnte, waren nur Schund, der teuer verkauft wurde. »Das kann ich besser«, dachte Milton und begann selbst zu produzieren – in Farbe und mit attraktiveren Modellen. Sein Magazin *Private* entwickelte sich schnell zum Markenartikel für gepflegte Pornographie.

»Moral?« Mit dieser provozierenden Überschrift brachte er in seiner Nummer 8 ein Set von vier Fotos, von denen drei eindeutig Gewaltakte zeigten: den von Kugeln durchsiebten Bankräuber Clyde Barrow; den Bürgermeister von Saigon, der auf offener Straße einen angeblichen Vietkong-Soldaten hinrichtet, und eine vietnamesische Spezialeinheit, die mit den Köpfen enthaupteter Feinde protzt. Auf dem vierten Foto war ein Paar zu sehen, das Geschlechtsverkehr demonstrierte. Milton kommentierte: »Nur eines dieser Bilder zeigt normales menschliches Verhalten. Ohne Gewalt, ohne Bestialität, ohne Rachsucht. Es ist kein Beweisstück für schwedische Sündhaftigkeit, sondern spricht für gesundes Empfinden und normalen Verstand.«

Eine spektakuläre Aktion. Viele Zeitungen druckten die Serie nun auch, sie erregte enormes Aufsehen und sprach für Miltons Absicht, Pornographie aus dem Bereich gesellschaftlicher Ächtung zu holen. Eine heftige öffentliche Diskussion setzte ein, die schließlich zur Freigabe der Pornographie in Schweden führte.

Bei uns trat die sozialliberale Koalition, seit dem Herbst 1969 an der Regierungsmacht, mit der politischen Parole »Entrümpelung« an. Und: »Wir schneiden die alten Zöpfe ab!«

Das wurde aber auch wirklich Zeit. Denn die bestehenden Vorschriften zum Schutz von Sittlichkeit, Personenstand, Ehe und Familie, Gesetze gegen Kuppelei, Unzucht, Verbreitung pornographischer oder jugendgefährdender Schriften stamm-

stern vom 7.12.1978.

ten überwiegend noch aus dem vorigen Jahrhundert. Hoffnungsvoll verfolgte ich das Bemühen um eine Strafrechtsreform.

Eine zähe Entwicklung. Ehe das Gesetz endlich durch war, waren insgesamt 42 Ausschußsitzungen, etliche Sachverständigen-Anhörungen und einige Informationsreisen nach Skandinavien absolviert worden.

Die Jahre der Rechtsunsicherheit machten meine Geschäfte nicht leichter. Im Gegenteil. Alles wurde nämlich nun schärfer. Nicht nur die Pornohefte aus Skandinavien, sondern auch die deutschen Staatsanwälte. Mit Feuereifer bekämpften sie die Ausbreitung der Pornographie, bemüht, das Abendland vor dem angeblichen kulturellen Untergang zu retten. Die kleinen Sex-Shops blieben von Verfolgungen weitgehend unbehelligt. Aber das Unternehmen Beate Uhse, das Flaggschiff der deutschen Erotikbranche, stand im Rampenlicht. Aktionen gegen uns sollten Exempel statuieren. In unserem Shop in Düsseldorf wurde die Vorführanlage (Wert: 10 000 Mark) für Pornofilme mehrmals beschlagnahmt. Nach dem dritten Mal leasten wir die Apparaturen und mußten dem Verleiher jedesmal sagen: »Holen Sie bitte Ihre Sachen aus der Asservatenkammer der Staatsanwaltschaft.«

Ein besonders eifriger Staatanwalt, der in der Berliner Lokalpresse unter dem Markenzeichen »Porno-Finder« zu einer festen Größe wurde, ging in unserer Filiale Hardenbergstraße 28 ein und aus. Achtmal trieb er sein Spielchen und beschlagnahmte die Filmrolle *Body Love*. Mein Sohn Ulli juxte schon in einem Interview: »Wir haben jetzt eine Luftbrücke nach Berlin eingerichtet. Mit jedem Flugzeug kommt ein neuer Pornofilm.«

Die waren damals vor allem dänischer Herkunft. Nach der Reform des dänischen Porno-Paragraphen verstanden es die Brüder Jens und Peter T., auf legale Weise innerhalb eines Jahres ein Porno-Imperium mit 40 Mitarbeitern aufzubauen: »Roxos«. Kunden aus ganz Europa überwiesen Geld, und die dänischen Brüder schickten postwendend ihre frivole Ware. Per Post, größere Mengen mit dem Lkw, versteckt zwischen dänischem Schinken. Als eine größere Lieferung entlarvt wurde, sprang der Fahrer ins Führerhaus und preschte mit seinem Brummi durch den Schlagbaum, um die wertvolle Fracht nicht zu verlieren.

Wilde Zeiten. Erfolgreiche Schmuggelfahrten endeten meist auf dem Autobahnrastplatz Hamburg-Stillhorn, eine beliebte Haltestelle vieler Fernfahrer. Weil Umladen der Porno-Produkte kaum in Frage kam, kauften Großhändler die Ware mitsamt Lkw und Hänger. Von den Stillhorner Transaktionen hatte eine Bande von vier einfallsreichen Räubern Wind gekriegt. Beim Kostümverleih besorgten sie sich Polizeiuniformen, den Peterwagen hatten sie geklaut. Jedenfalls fuhr das Räuber-Quartett mit tatütata auf den Rastplatz Stillhorn, umstellte einen 38-Tonner, der Pornos geschmuggelt hatte. Fahrer und Beifahrer flohen in die Büsche, und die falschen Polizisten übernahmen die Ware.

Die Zeiten änderten sich Anfang der siebziger Jahre zusehends. Und mit ihnen die Bedürfnisse. Diesen neuen Bedürfnissen unserer Kunden konnten wir uns nicht verschließen.

Anfangs mußten wir Kunden, die in unseren Läden nach Schweden- oder Dänenpornos fragten, enttäuschen. Solche Sachen führten wir nicht, weil wir sie nicht führen durften. Aber es fügte sich gelegentlich, daß der Filialleiter zufällig ein Ansichtsexemplar unter dem Ladentisch fand. Das Lager hatte er vorsichtshalber immer ausgelagert – meist im Kofferraum seines Privatautos.

Ulli hatte Rodox in Kopenhagen besucht. Das Brüderpaar war inoffiziell zu Pornokönigen aufgerückt – sie machten Millionen dänischer Kronen. Ulli abonnierte bei ihnen größere Posten Porno-Periodika, von denen *Color Climax* das populärste wurde. Den Bedarf an bewegten Bildern versuchten die Brüder in einem Studio, das sie »Candy Film« tauften, zu decken. Täglich produzierte der Porno-Riese mehrere Zehn-Minuten-Streifen auf acht Millimeter.

Der Spiegel Nr. 39 vom 25. 9. 1979; diese Trikotwerbung sorgte für Ärger. Der Deutsche Handball-Bund hatte dem TSB Flensburg den Schriftzug »Wegen Verstoßes gegen die guten Sitten« zunächst untersagt. Ein Vorstandsbeschluß ließ diese Art der Werbung dann doch zu.

Unser Stephenson Verlag hatte 1972 mit der Produktion von Sex-Magazinen begonnen. Verantwortlicher Redakteur: Beate Rotermund. Für mich entwickelte sich dieses Feld als Spielwiese, auf der sich Phantasien austoben ließen. »Die Stellung des Monats«, »Liebt es sich nachmittags am besten?« »Was sich liebt, das leckt sich«, »Heidis erstes Mal«, »Partnerspiele zum Scharfmachen«, »Erotische Leser-Zeichnungen«, »Das Foto Ihres Lieblings«, »Sexmal laut gelacht« – Themen aus einem *Erotik-Magazin* (»Ein Sexmagazin für Erwachsene«). Im Vergleich zu Heften skandinavischer Machart waren unsere Produkte harmlos. Trotzdem beschlagnahmte die Flensburger Staatsanwaltschaft jedes unserer *Intim-Magazine* (»Ein Kontaktmagazin für Leute von heute«). Der Vorwurf: Die Magazine enthalten unzüchtige Bilder und Texte, die dazu bestimmt sind, unzüchtigen Verkehr herbeizuführen.

Als bahnbrechende Entscheidung empfand ich einen Beschluß des Landgerichts Flensburg: »Die sexuellen Darstellungen entsprechen im großen und ganzen denen, die heute in Publikumsillustrierten gebracht werden. Sie werden von der Gesellschaft toleriert und nicht als gemeinschaftsschädlich empfunden ... Ebenso sind die veröffentlichten Anzeigen nicht als unzüchtig anzusehen ... Als öffentliche Ankündigung, die bestimmt ist, unzüchtigen Verkehr herbeizuführen, können die Anzeigen nicht angesehen werden, weil auch eine gleichgeschlechtliche Betätigung ohne Hinzutreten weiterer Umstände nicht als unzüchtig zu bezeichnen ist und daher auch eine entsprechende Kontaktsuche nicht als gemeinschaftsschädlich empfunden wird.«

Es kam noch schöner für mich. Denn sogar die Beschlagnahme des Buches *Die neue Fanny Hill* wurde aufgehoben. Das Oberlandesgericht konnte keine »Sozialschädlichkeit« feststellen, die Grundlage für Unzüchtigkeit. Das überraschte mich deswegen positiv, weil in der *Neuen Fanny Hill* »104 moderne Sexfotos« gezeigt wurden – und auf diesen Bildern wurde immerhin fröhlich gebumst.

Längst warf das neue Pornographiegesetz, das bald kommen würde, seine Schatten voraus. Die Konturen zeichneten sich schon ab. Es würde folgende Beschränkungen geben:

Erstens – für Jugendliche unter 18 Jahren ist Pornographie generell verboten.

Zweitens – Pornographie darf nur in geschlossenen Geschäftsräumen verkauft werden, die der Kunde zu betreten pflegt. Niemand soll öffentlich oder privat gegen seinen Willen mit Pornographie konfrontiert werden. Versandhandel mit Pornographie ist nicht erlaubt. Auch der Verkauf am Kiosk nicht.

Drittens – harte Pornographie (also Sex mit Kindern, Sex mit Tieren, gewalttätiger Sex) bleibt völlig verboten.

Was aber ist einfache Pornographie eigentlich? Wo hört Erotik auf und wo fängt Pornographie an? Ist es so, daß etwa Erotik alles meint, was mit sexuellen Andeutungen zu tun hat, während Pornographie die Ausführung der Sexualität zeigt oder beschreibt? Vor einer eindeutigen Definition drückte sich der Gesetzgeber. Dennoch versprach auch ich mir von der Reform des Paragraphen 184 StGB, der wie gesagt noch aus Kaisers Zeiten stammte, mehr sexuelle Liberalität. Der Begriff »Unzucht« wurde durch »Pornographie« ersetzt. Und Pornographie sei, was »ausschließlich oder überwiegend auf die Erregung eines sexuellen Reizes« beim Betrachter abziele – so der luftige Kommentar zum Gesetz.

Schon vor Inkrafttreten des neuen Gesetzes (am 1. Januar 1975) setzte ein bemerkenswerter Porno-Boom ein. Die Branche erlebte ein Hoch, eine Erektion – gewissermaßen. Unser Stephenson Verlag strengte sich an, täglich eine pornographische Bildergeschichte zu produzieren. Die Auflagen der Sexmagazine und Pornohefte verkauften sich bombe.

Das Jahr 1974 wurde ein Rekordjahr. Meinen drei Söhnen, die mit sportlichem Ehrgeiz Umsatzsteigerungen betrieben, schenkte ich eine Reise auf die Bahamas. 17 Tage lang feierten wir auf einer Motorjacht die rosa Zeiten, die sich ankündigten.

In welcher Größenordnung sich das Geschäft mit der Pornographie bewegen konnte, bewies die Geschichte mit dem Mexikaner.

Bei Bavaria in München, bei Atlantik und Geyer in Hamburg, bei Kontrast in Berlin – bei den großen deutschen Kopierwerken also – sprach Ende November ein elegant wirkender Señor vor, der sich als Repräsentant der mexikanischen Botschaft in Wien auswies. Sein Land wolle demnächst die Pornographie legalisieren, erklärte er, und deswegen wolle die Regierung, bevor kriminelle Elemente ins Geschäft kommen könnten, den Markt mit einem Schlag sättigen. Sodann gab er jeweils ein paar hunderttausend Kopien aktueller Pornofilme in Auftrag und stellte Wechsel mexikanischer Banken aus, für die die Botschaft bürgte.

Die Pornofilme wurden ordnungsgemäß geliefert. Die Wechsel allerdings platzten. Seine Millionenware hatte der Mexikaner inzwischen nach Holland verkauft. Das Geschäft wurde in der Präsidentensuite des Hotel Hilton in Amsterdam abgewickelt – cash. Selbstverständlich trennten sich die Geschäftspartner nicht, ehe sie ein gepflegtes Pokerspiel hingelegt hatten. Dabei soll der Mexikaner seinen Gewinn aus dem Schwindel abgeliefert haben – 1,8 Millionen Mark, die er in zwei Stunden verlor.

Wie gewonnen, so zerronnen. Übrigens ein Marktphänomen, da in der Sex-Branche schnelle Geschäfte fast die Regel sind.

Der Boom in der Branche war ausgesprochen erfreulich für uns. Eine Auswirkung des neuen Pornographie-Gesetzes hatten meine Söhne und ich allerdings unterschätzt: Kinos. Wir diskutierten immer wieder, ob wir in das neue Geschäft einsteigen sollten, aber wir zögerten zu lange.

Pornographische Filme dürfen öffentlich nur vorgeführt werden, wenn sie zusammen mit einer weiteren Leistung angeboten werden, die mindestens soviel kostet wie die Filmvorführung. So lautet der Wille des Gesetzgebers.

Zunächst wurden Schallplatten oder pornographische Bildhefte mitverkauft, denn das Gesetz sagt nichts darüber aus, welcher Art diese weitere Leistung sein muß. Irgendwie eine perverse Situation, glaubten wir und sahen immense juristische Probleme auf uns zukommen. Wir zögerten immer noch.

Inzwischen hatte die Dortmunder Bauer KG längst die ersten Pornokinos eröffnet. Das erste, das »Imperial« am Hamburger Millerntor, entwickelte sich zu einem sensationellen Geschäftserfolg. Ebenso die nächsten Kinos, das »PAM« in München, das »Lux« in Düsseldorf.

Und noch sensationeller empfand ich die Tatsache, das nicht das geringste passierte. Kein Staatsanwalt, der einschritt, keine Beschlagnahmen. Nun entschlossen auch wir uns, eine Kino-Kette aufzubauen.

Wir legten auf edle Ausstattung Wert. Komfortable Sessel, eine gut sortierte Bar – kein Schmuddel-Milieu. Pornographische Filme wollten wir als stimulierendes Ereignis in angenehmer Atmosphäre präsentieren.

Ein Problem erkannten wir ziemlich zuletzt: Woher Pornofilme nehmen, die zu unserem selbstgewählten Niveau paßten? Das, was aus Dänemark und Schweden importiert wurde, gehörte eher in die Kategorie abstoßender Billigware. Kam für uns nicht in Frage.

Also flog Ulli nach Amerika. Erst besuchte er Reuben Sturman, der in New York den Ruf des »16-mm-Königs« genoß.

Die Freigabe der Pornographie machte es möglich.

Aber was Mister Sturman vorführte, entpuppte sich als unansehnliches Pornomaterial, Schnellschüsse, die mit unattraktiven Modellen an einem Tag gedreht worden waren. Ulli flog weiter nach Cleveland/Ohio und traf unter konspirativen Umständen einen lokalen Porno-Dealer. In einer Art Geheimverlies, in einem Halbgeschoß mit doppelten Wänden, die unangemeldeten Besuch vom FBI die Verfolgung erschweren sollte, ließ Ulli sich drei Tage lang Pornofilme amerikanischer Machart vorführen. Sein ernüchterndes Fazit: »Alles Scheiße«.

Nach dieser Erfahrung fiel in unserer Firma folgende Entscheidung: Wir produzieren eigene Pornofilme.

Der gebürtige Tscheche Alan Vydra, ein gelernter Feinmechaniker, der inzwischen als Kameramann beim ZDF arbeitete, hatte uns verheißungsvolle Proben seines Könnens geschickt. Der Titel seiner Probeaufnahmen: »Der geile Wäschevorführer«. Kurzentschlossen beauftragten wir Alan Vydra mit der Herstellung des ersten Spielfilms für den Beate-Uhse-Filmverleih.

Den Inhalt des Films skizzierte Vydra auf die Schnelle: Gerd M., 22 Jahre alt, arbeitslos, aber immer potent. Gerd ist zwar zur Zeit stellungslos, dafür sucht er aber in der neuen, zusätzlichen Freizeit andere Stellungen. Da er mit einem Rohr Kaliber 22 Zentimeter ausgestattet ist, fällt es ihm nicht schwer, Liebling der Frauen zu werden. Jede will sein Wunderding mal testen. Dank seines Ständers entwickelt er sich auch beim Film zu einem gefragten Star. Jeder schätzt sein Stehvermögen. *22 cm – oder: Die aufregenden Sexabenteuer des Stellungssuchenden Gerd M.* – das war der Titel.

Der Film wurde in zwei Wochen fertig, rechtzeitig zur Eröffnung unseres ersten »Blue Movies« in Saarbrücken. Der Film lief wie verrückt, er war wochenlang ausverkauft. Nach zwölf Wochen meinte Geschäftsführer Thomsen: »Wir müßten langsam mal einen neuen Film haben.«

Alan Vydra zog eine neue Story aus dem Hut: *Leo's Leiden*. Leo litt an Priapismus – Dauererektion. Die Darsteller rekrutierte der Regisseur aus dem Heer jener, die sich bereits bei der Produktion von Pornoheften bewährt hatten. Außerdem flatterten uns mittlerweile zuhauf Bewerbungen als Pornomodell ins Haus.

Für die meisten der männlichen Bewerber schien Pornodarsteller der Traumjob schlechthin zu sein: schöne Frauen bumsen – und dafür noch einen schönen Batzen Geld als Honorar. Doch beim obligatorischen Test erwiesen sich die allermeisten der Aufgabe nicht gewachsen – nichts rührte sich.

Bis heute ist mir schleierhaft geblieben, was es außer Gewinnstreben ist, das Menschen dazu treibt, es vor der Kamera zu treiben, vor einem Team von Technikern. Nackter Exhibitionismus?

Noch schleierhafter ist mir, wie es männliche Darsteller fertigkriegen, auf Kommando bereit zu sein. In dieser Hinsicht sind weibliche Mitwirkende wesentlich leichter dran – biologisch betrachtet.

Unser Regisseur Alan Vydra entwickelte sich als wahrer Meister seines Fachs. Schon bei der dritten Produktion *(Abflug Bermudas)*, als erstmals auch attraktive Schauplätze für einen Pornofilm wichtig wurden, drehte Vydra spontan – ohne Drehbuch. Das Problem mit den Dialogen löste er geschickt: Wenn es etwas zu sagen gab, ließ er die Darsteller einfach zählen. Ihre Gespräche synchronisierte er am Schluß in nächtlichen Sitzungen dazu.

Vydra arbeitete mit Leidenschaft und Hingabe und totalem Einsatz.

Auf dem Höhepunkt seiner Karriere widmete sich Alan Vydra, der in den Anfängen unseres Pornofilm-Engagements eine wichtige Rolle spielte, bürgerlichen Aufgaben: Er drehte Werbefilme. Unlängst hat Ulli ihn gefragt, ob er nicht wieder Lust auf Pornos hätte. Vydra winkte dankend ab. Er ist jetzt angeblich viel besser im Geschäft: als Produzent von Werbespots und Hörspielcassetten für Kinder.

»Er müßte mal rangehen wie ein Pirat . . .«

Lieben Frauen Pornos? · Untersuchungsergebnisse

Was wünschen sich die Männer und Frauen, die sich mit unseren Erotik- und Porno-Produkten beschäftigen und bei uns kaufen, nun eigentlich wirklich? Welche erotischen Phantasien bewegen die Frauen? Wie unterscheiden sie sich von denen der Männer?

Wie jedes Wirtschaftsunternehmen muß auch Beate Uhse seine Marketing-Strategie sorgfältig planen. Als wissenschaftlicher Hintergrund werden bei qualifizierten Beratungsfirmen »Marktstudien« in Auftrag gegeben, zum Beispiel bei der »Gesellschaft für rationelle Psychologie« in München.

Im Ergebnis zeichnen sich für die achtziger und neunziger Jahre folgende Tendenzen ab:

1. Frauen sind auf dem Gebiet von Erotik und Porno die Käufer von morgen.
2. Die jüngere Generation konsumiert Sex-Artikel und Pornographie regelmäßig und mit großer Selbstverständlichkeit.
3. Die größte Käufergruppe gehört dem sogenannten klassischen Bürgertum an, darauf folgen Konservative, Oberschicht und Aufstiegsorientierte.

Das Kaufverhalten unserer Kunden läßt sich anhand exakter Fakten und Zahlen nachvollziehen. Zum Beispiel das Alter: 68 % der Käufer sind zwischen 18 und 35 Jahren alt. Die ältesten Kunden sind über 80. Etwa 30 % der Käufer sind Frauen. Hier fällt auf, daß besonders die jungen Frauen (zwischen 18 und 25 Jahren) sehr kaufaktiv sind. Zu dieser Gruppe gehört fast die Hälfte unserer weiblichen Kundschaft, die stetig zunimmt.

46 % der Frauen interessieren sich für Bildbände und Bü-

cher, für Vibratoren 31 %. Zu diesem speziellen Produkt ist noch zu erwähnen, daß in der jüngsten Altersgruppe (18 bis 21 Jahre) bei den Frauen die Kaufintensität ebenso hoch ist wie die der jungen Männer. Mit zunehmendem Alter scheinen die Männer im Moment prozentual noch mehr zu kaufen. Dieser Tatbestand kann darin begründet liegen, daß in festen Partnerschaften der Name des Mannes häufiger als Absender der Bestellung beim Versandhaus erscheint und daß der männliche Partner auch öfter den Shop aufsucht.

Warum kaufen die Frauen Erotik-Artikel? Das wollten wir in einer Fragebogenaktion wissen. 68 % der Frauen möchten den Partner verführen, 62 % finden, es hilft ihrer Partnerbeziehung, 54 % fühlen sich durch die Erotik-Produkte sicherer, überlegen und attraktiv (hier waren Doppelnennungen möglich).

Wir fragten auch: »Wie wirkt sich der Gebrauch eines erotischen Artikels direkt auf Sie als Frau aus?« 37 % meinen, es führt zu einem abwechslungsreicheren Sexualverhalten, 34 % empfinden gesteigertes sexuelles Verlangen, 27 % verspüren Verbesserungen in ihren Partnerbeziehungen, 31 % nennen ein besseres allgemeines Wohlbefinden und stärkere sexuelle Befriedigung.

Auch in den Briefen, die täglich bei mir eintrudeln, wird oft eine deutliche Sprache laut. »Was mich auf dieser Welt am meisten anmacht, das ist nicht ein Mann – sondern zwei. Es wäre mein Traum: mit zwei Männern unter einer Dusche und die machen dann alles und ich steh' nur da ...«, schrieb Renate, eine 35jährige Floristin.

»Er sollte mal hart zu mir sein, er ist mir zu nachgiebig, besonders im Bett. Er achtet immer darauf, daß ich um Himmels willen meinen Höhepunkt kriege. Und vor lauter Angst, daß ich nicht komme, kommen wir beide zu nichts. Nichts klappt. Er müßte mal rangehen wie ein Pirat ...«, gestand mir Birgit, eine 31jährige Sekretärin.

»Mein Mann ist Hausmann – so ist auch sein Sex. Da fehlt der Biß, der Pfiff, die Phantasie. Jetzt habe ich Porno-Videos besorgt. Hoffentlich regt das meinen Mann an, mal richtig ranzugehen«, schrieb mir Ulrike, eine 45jährige Kontoristin.

Natürlich darf sich eine Firma wie Beate Uhse nicht allein auf Kunden-Befragungen verlassen. Wir wollten genau wissen, wie es mit der Akzeptanz von Pornographie steht, und ließen deshalb mit wissenschaftlichen Methoden die bewußte und unbewußte Wirkung von Pornofilmen erforschen. Die Probanden waren je zur Hälfte Männer und Frauen. Sie ließen sich verdrahten, ihnen wurden Elektroden zur Messung des Hautleitwiderstandes angebracht, sie wurden ans EEG angeschlossen, um die Gehirnströme messen zu können; sie wurden ans EKG angeschlossen, um die Herzfrequenz zu kontrollieren; Puls- und Atemfrequenz sowie Pupillenreflexe wurden aufgezeichnet – während sich die Propanden den Porno *Wild weekend* anschauten.

Der Schärfegrad dieses Pornos wird auf dem Kassetten-Text so angegeben: »Hyperekstase beim Mundverkehr, Wollust-Blasen und Sandwich-Sex – ja, diese Girls machen alles. Eine Starparade der Schönheit trifft sich am Sex-Wochenende in einer kalifornischen Villa, ein Männer-Team wird eingeladen – der Test ist Gruppensex in unerhörten Dimensionen! Frauen, die sich kaum sattsaugen können und immer wildere Schwanz- und Pussy-Spiele aushecken. Hemmungen werden im Pool weggespült, und schamlos haben die Girls ihre Freude an all den wüsten Spielen.«

Die landläufige Meinung lautet: Auf Pornographie solcher Machart sprechen Frauen kaum an. Frauen empfinden Pornos wenig anregend!

Von wegen. Der sogenannte Erregungswert-Index weiblicher Porno-Betrachter ist fast identisch mit dem männlicher Porno-Liebhaber. Die Auswertung all jener Resultate, die der Körper den Meßgeräten unwillkürlich liefert, bestätigt eigentlich nur, was wir ohnehin schon wußten: Frauen reagieren auf Pornoszenen mit ähnlicher Lust und Erregung wie Männer.

Die Hamburger Sexualforscher Volkmar Sigusch und Gunter Schmid fanden bei Untersuchungen mit 600 Männern und Frauen heraus, daß sich alle nach Pornos übereinstimmend »erregter, innerlich unruhiger, emotionaler, wilder, getriebener, aufgekratzter, schockierter, kribbeliger, benommener und enthemmter« fühlten als vorher. Männer hatten eine Erektion, Frauen registrierten eine feuchte Vagina oder »Sensationen im Genitalbereich«.

Fein ausgedrückt. Von den Versuchspersonen, die sich für unsere Befragungen zur Verfügung gestellt hatten, wissen wir,

Was Frauen sich heimlich wünschen

Hätten Sie gedacht, daß ...

66% aller deutschen Frauen zwischen 18 und 65 mal gerne ganz anders wären? Daß sie sich beim Sex mal verkleiden und eine wilde, stürmische und dominierende Geliebte sein möchten? Daß sie den eigenen Partner mit einem Vibrator zum Höhepunkt bringen – und dabei einfach nur zuschauen wollen?

52% einmal gerne im Bett eine zweite Frau dabeihaben möchten? Diese dürfte an der Lust teilhaben, auch wenn sie mit ihrem eigenen Mann zusammensind. Keine Eifersucht – im Gegenteil: geteilte Lust und viel, viel Spaß zu dritt.

35% am »Busen der Natur« im Freien die schönste Sache der Welt genießen würden und sich im Gras oder im duftenden Heu verführen lassen möchten?

34% wieder einmal als »Jungfrau« erscheinen möchten? Voller Unschuld das »allererste Mal« noch einmal erleben – und sich dabei ausgiebig von einem Mann verführen lassen.

33% beim Sex am liebsten die Führungsrolle übernehmen? Sie sitzen lieber auf dem Partner, »reiten« ihn, statt sich passiv unter ihn zu legen.

22% es ausgiebig genießen würden, wenn ein Dritter ihrem Liebesspiel nicht nur zuschauen, sondern dabei auch aktiv mitmachen würde? Eine Frau mit zwei Männern wird in deutschen Schlafzimmern übrigens viel öfter praktiziert, als man denkt.

Aus unserem Katalog (1988).

daß sie von den Porno-Szenen so erregt wurden, daß sie sich ungehemmt ihrer Lust hingaben.

Purer Sex allein macht freilich Frauen nicht froh. Sie sprechen vor allem auf »gut gemachte« Pornos an.

Gut gemacht heißt: attraktive Darsteller, die mit Lust bei der Sache sind; Kameramänner, die ihr Handwerk verstehen; einfallsreiche Regisseure, die interessante Schauplätze und eine glaubwürdige Rahmenhandlung in Szene setzen.

Was nun finden Frauen in Pornos besonders anregend? 24 % Verführungsszenen am Strand, in der Natur oder beim Essen. 22 % über die »Entdeckung« des weiblichen Körpers durch Zärtlichkeiten, durch Streicheln oder durch leidenschaftliche Küsse. 22 % ästhetische Oberkörper der Männer. 19 % ästhetische Männer-Pos. 19 % leicht sado-masochistische Praktiken, wie Haareziehen, kräftiges Zupacken, Kneten der Brüste, leichte Schläge und Fesselungen.

Was lernten wir über die *heimlichen Wünsche* unserer Kundinnen? Verblüffende Vorlieben: 66 % der Frauen zwischen 18 und 65 wären gern ganz anders: Sie möchten sich gerne verkleiden, zu wilden, stürmischen, dominanten Geliebten werden. Sie würden ihren Partner z. B. auch gern mal mit einem Vibrator zum Orgasmus treiben. Oder zusehen, wie er selbst Hand anlegt.

52 % der Frauen hätten im Bett am liebsten noch eine zweite Frau dabei. Sie dürfte gern an der Lust mit dem Partner teilnehmen. Der spielerische Hintergedanke: geteilte Lust gleich doppelte Lust.

35 % der Frauen möchten es häufiger unter Umständen treiben, die den Prickel des Entdecktwerdens einschließen: in der freien Natur, auf einer Wiese voller Pusteblumen, im Heuhaufen oder auf dem Moos im Wald.

34 % der Frauen würden gern das »erste Mal« noch einmal zelebrieren. Diesmal aber mit mehr Wucht, weniger Angst und allen Raffinessen.

33 % der Frauen würden beim Sex gern häufiger die Führungsrolle übernehmen: z. B. auf dem Partner reiten, statt unter ihm liegen zu müssen.

22 % der Frauen würden Gefallen daran finden, wenn ein zweiter Mann das Liebesspiel bereicherte.

Und das Wichtigste: 31 % aller Frauen, die schon einmal einen Pornofilm gesehen haben, finden Porno »erregend, geil, ästhetisch und angenehm«.

Diese Werte sind realistisch ermittelte Fakten, Zahlen und Ergebnisse aus über 40 Jahren Know-how der Firma Beate Uhse, gestützt durch wissenschaftliche Untersuchungen.

Natürlich gibt es Menschen, die Erotik, Sex und Pornographie verdammen, wie *Emma*-Herausgeberin Alice Schwarzer zum Beispiel. Verständlicherweise erscheinen mir ihre Argumente weltfremd und verbiestert. Ich sehe die weibliche Position heute so: Noch nie gab es so viel Freiheiten für uns Frauen wie heute. Wir dürfen alles, wir können so gut wie alles, was Männer auch können. Auch allein. Natürlich müssen sich beide Geschlechter erst an diese neue Lage gewöhnen. Sie müssen Verständnis füreinander und die Belange des jeweilig anderen aufbringen.

Heute ist es »in«, Männer zu verteufeln, aber ... »du solltest erst 7 Meilen in den Schuhen des Indianers gelaufen sein, ehe du über den Indianer urteilst«. Diese alte amerikanische Weisheit sollten wir Frauen im Umgang mit den Männern berücksichtigen.

In unserem Denken und Handeln sollten wir alle Emotionen und Unsachlichkeiten möglichst beiseite lassen und uns um ge-

In der Märznummer der Zeitschrift *Emma* hieß es 1988: »Mit 25 fliegt sie Stukas an die Front. Für Hitlers Luftwaffe. Mit 69 verkauft sie Frauen. Für 90 Millionen im Jahr.«

genseitiges Verständnis bemühen, um so zu besseren, erfüllteren Partnerschaften zu kommen.

Die Männer sind von Natur aus unsere besten Freunde, meine ich.

Ganz klar: der männliche Partner als Pascha, diese Zeiten sind »out«. Mit Recht.

Früher habe ich an den Diskussionen der *Emma*-Damen teilgenommen. Aber die »Emmas« haben mich ungläubig angestarrt, und dann haben sie versucht, mich verbal niederzuknüppeln. Sie haben mich als Verräterin der Frauen, als Verbündete der Männer verketzert. Ich habe sie beleidigend und bösartig erlebt. Nach meiner Erfahrung üben sie nicht die Kunst des fairen Gesprächs. Inzwischen gehe ich zu keinem dieser Meetings mehr, weil ich weiß, daß es keinen Zweck hat.

»Es war eine friedliche Freude in mir.«

Lifting · Realteilung · Krebs

Das Leben meinte es jetzt besonders gut mit mir. Grundstimmung: heiter bis glücklich.

Die Geschäfte gingen besser als je zuvor. Mit Produkten, die »Chinesische Lustfinger« hießen, mit Orgasmus-Reizern der Marke »Muschibär« oder mit Sex-Filmen wie *Gierig, geil und nimmersatt* machte das Unternehmen Beate Uhse 1979 einen Umsatz von über 70 Millionen Mark. Das *Handelsblatt* meldete: »Beate Uhse kennt keine Flaute.« Wir waren ein Markenzeichen geworden. Beate Uhse stand für Sex wie »Weck« fürs Einmachen.

Der wirtschaftliche Erfolg hatte mich längst gesellschaftsfähig gemacht. (Eigentlich schlimm, daß es in unserer Welt so ist.) Der Glücksburger Tennisclub freute sich über meine aktive Mitgliedschaft.

Tennis war in diesen Jahren meine ganz große Liebe. Und schöne Erfolge gab es auch: Im Juli 1978 gewannen Ruth Remke und ich die Flensburger Stadtmeisterschaft mit 6 : 3, 6 : 3. In der »Jungseniorinnen-Mannschaft« wählte man mich zur Mannschaftsführerin, und 1983 stiegen wir in die Verbandsliga auf.

Das Leben machte Spaß, weil ich mir endlich Zeit zum Leben nehmen konnte.

Meine drei Söhne Klaus, Dirk und Ulli waren längst ins Geschäft hineingewachsen und hatten auf unterschiedlichen Gebieten Führungsaufgaben übernommen. Es machte mich froh und stolz zu sehen, mit welchem Einsatz sie bei der Sache waren.

Als Anreiz überließ ich jedem von ihnen ab 1973 5 %, von 1977 an 16 % der Unternehmensgruppe Beate Uhse, die mitt-

Jungseniorinnen des Tennisclubs Glücksburg nach dem Aufstieg in die Bezirksliga Nord (1983).

lerweile aus vier GmbH & Co. KGs und vier GmbHs bestand. Wir betrieben inzwischen 36 Filialen und 13 Blue-Movie-Kinos in den Zentren der wichtigsten deutschen Städte.

Klaus war für Großhandel und Auslandsgeschäfte zuständig, Dirk tüftelte an der erfolgreichen Versandhauswerbung, und Ulli managte neben den Läden die neue Sparte Film/Video. »Seit dem 1. November 1976«, sagte er selbstbewußt in einem *Spiegel*-Interview, »beherrschen wir den Porno-Markt mit besseren Filmen, professioneller Werbung und solidem Geschäftsgebaren. Wir haben mit 46 Pornofilmen in zwei Jahren 100 Millionen Mark umgesetzt, und das ist erst der Anfang.«

Tatsächlich sollte erst durch Video diese Sparte so richtig zum Blühen kommen. Mit jedem neuen Rekorder, der in der Bundesrepublik verkauft wurde, stieg der Umsatz mit Videokassetten. Denn zu jedem Rekorder werden als Einstieg im Durchschnitt zwei Pornokassetten verkauft. Wenn der Kunde zufrieden ist, kauft er neue. Dafür sorgten wir durch gute Produktionen.

Die Geschäfte gingen also gut, ich wußte das Geschäft in guten Händen ... und ich ging auf 60 zu.

Mein Alter empfand ich nie als Problem, weil ich mein Alter nie empfand. Ich fühlte mich fidel, spritzig und vital. Ich bin überzeugt: Alter kann vor Liebe nicht bewahren. Aber Liebe kann vor Alter bewahren.

Meine Partnerschaft mit John, dem schwarzen Amerikaner, wurde eine stabile Größe in meinem Leben. Immer wieder konnten wir es einrichten, für längere Zeit zusammenzubleiben. Es machte uns beiden Spaß, obwohl oder vielleicht gerade weil wir aus verschiedenen Welten kamen: John war jetzt 35 Jahre alt, ein Mann, der immer noch seinen Weg suchte. Und Beate, die erfolgreiche Unternehmerin.

Finanziell hatte ich keine Sorgen. Meine Wünsche haben sich noch nie am Lebensstandard der »Großen« dieser Welt orientiert. Ich liebe es eher bescheiden, besitze wenig echten Schmuck. Ein buntes Kettchen am Fuß gefällt mir genauso gut. Selbstverständlich lud ich John zu unseren gemeinsamen Reisen ein, aber ausgehalten habe ich ihn nie.

Wenn wir reisten, dann meist mit dem Wohnmobil. Wir fuhren durch Schweden und Finnland bis zum Nordkap, wir fuhren durch Griechenland bis in die Türkei. Und immer wieder nach Montalivet, das betriebsame FKK-Gelände in Südfrankreich. Wir flogen mit der Cessna 172 des Flensburger Luftsportverbandes in Europa umher, charterten in den USA ein kleines Flugzeug und schauten uns den New Yorker Raum oder Florida von oben an.

Wir lebten in Glücksburg, in Johns New Yorker Wohnung oder in meinem Ferienhaus an der Golfküste Floridas. Mein Traum, nur noch die Hälfte des Jahres geschäftlich eingespannt zu sein, war nahezu verwirklicht. Ich war glücklich.

Wenn ich allerdings in den Spiegel sah, schaute mich eine Frau an, deren äußeres Erscheinungsbild so gar nicht zu ihrem inneren Wohlbefinden paßte. Unter den Augen Tränensäcke. Ein faltiges Gesicht. Ne, ich fand mich gar nicht mehr gut! Ich sah ja aus wie ein trauriger Boxerhund. Was tun? Ein Lifting riskieren? Nicht, weil es mir schlechtging, sondern weil es mir gutging. Ich wollte wieder so aussehen, wie ich mich fühlte.

Aus der *Brigitte* fischte ich die Adressen von drei kosmetischen Chirurgen. Jeden besuchte ich zunächst und ließ mich beraten. Schließlich entschied ich mich für Dr. Peter Pohl, einen Berliner, der beim Lifting-Papst in Rio de Janeiro praktiziert hatte. Er erklärte mir, was bei mir gemacht werden sollte: Unterliderstraffung und ein sogenanntes großes Lifting. Mit Nähten vor und hinter dem Ohr. Die Operation dauerte vier Stunden. Als ich aus der Vollnarkose erwachte, fühlte ich mich, als wäre ich mit dem Fahrrad gestürzt und mit dem Gesicht über Kies geschlittert. Alles war geschwollen, überall hatten sich lilafarbene Blutergüsse gebildet. Dennoch: dieser operative Eingriff schockierte mich nicht. Seelisch fühlte ich mich top – glänzend.

Am vierten Tag war ich dennoch baff. Dr. Pohl hielt mir die *Bild*-Zeitung unter die Nase. Die Schlagzeile lautete: »Das neue Gesicht von Beate Uhse – Sexkönigin zahlte 6 000 DM.« Einerseits war ich sauer, mein neues Gesicht nun gleich in der Zeitung zu sehen. Andererseits dachte ich: »Donnerwetter, wie die doch auf Zack sind.«

Jung sein – ein Zauberwort? Auch ich kann mich dem Jugendlichkeitswahn nicht entziehen. Besonders gespannt war ich natürlich auf Johns Reaktion. Der sagte nur ganz locker: »You really look nice.«

Bei John und Beate gab es nun auch ein paar Probleme. Er war ein echter New Yorker, für den nur eine Riesenstadt attraktiv ist. In Flensburg oder in einer amerikanischen Kleinstadt zu leben, schien ihm langweilig – *dull* – nicht erstrebenswert. Ich dagegen würde mich auf die Dauer in einem Stadt-

Eine weite Reise in den hohen Norden (1973).

Moloch wie New York nie wohlfühlen können. Toll für 14 Tage, aber immer, das ginge nicht. Mir würde die Natur fehlen, der Garten, das Meer. Und natürlich auch die Firma.

Dazu kam: Ich weiß, daß man für jeden Erfolg hart arbeiten muß, und tue das auch. John glaubt gern, daß einem die gebratenen Tauben in den Mund fliegen und man nur in Ruhe darauf warten sollte. Langsam und sicher lebten wir uns auseinander. Ohne Krach, ohne Streit, einfach so. Wir waren beide traurig über diese Entwicklung, konnten aber nichts ändern.

Meine Erinnerungen an die zehn Jahre mit John sind gut und positiv. Er war in diesen Jahren meine große Liebe, und es war eine schöne, gute Zeit mit ihm.

Zudem habe ich von ihm und seinen Freunden viel über das Leben gelernt. Schwarze Amerikaner sehen alles etwas einfacher als wir Europäer. So lernte ich innere Ruhe und Gelassen-

Mit John am Polarkreis (1973).

heit, Vertrauen und Zuversicht und »Life always goes on« – das Leben geht immer weiter.

Und noch ein erstaunlicher Fakt: In den ganzen zehn Jahren hat John nicht ein einziges Mal an mir rumgemäkelt, gemeckert oder mich kritisiert. Und sicherlich hätte es oft Gründe für Mißfallensäußerungen gegeben. John und ich sind uns auch heute noch in Freundschaft verbunden.

Es gab noch ein Problem, das ich wuppen wollte, und zwar jetzt, in diesen Jahren, in denen ich noch gesund, vital, leistungsfähig war, ehe die Frage meiner Nachfolge in der Firma akut wurde.

Alle drei Söhne arbeiteten im Geschäft in Führungspositionen und waren in ihren Ressorts erfolgreich. Aber im Geschäftsleben gibt es nicht nur eine einzige Möglichkeit, einen Betrieb erfolgreich zu führen, sondern recht unterschiedliche Varianten. Welche Entscheidung man letztendlich fällt, welche Planungen man durchführt und vorantreibt: das hängt sehr stark von der Mentalität des Verantwortlichen ab.

Und hier lag das Problem. Alle drei Jungen waren sehr verschieden. Wenn ich einmal mehrere Wochen nicht im Betrieb war, entwickelten sich unterschiedliche Auffassungen und Meinungen über anstehende Projekte und Entscheidungen, die dann bis zu meiner Rückkehr verschoben wurden. Auf lange Sicht durfte das nicht so weitergehen. Schließlich wollte ich nicht mehr als Hundertjährige meinen dann 75jährigen Söhnen sagen, wo es geschäftlich längsgeht. Dazu kam: Ich meine, daß ein Mensch schon in jungen Jahren die Möglichkeit erhalten sollte, echte Verantwortung zu übernehmen. Damit muß er auch das Recht haben, Fehler zu machen, denn oft lernt man auch aus Fehlern. Außerdem wollte ich nicht mit dem Gefühl leben, daß meine Jungen insgeheim darauf warten, daß ihre Mutter ausfällt, um ihnen diese Entscheidungsfreiheit zu geben.

Was tun? Welche geschäftliche Konstruktion wäre die beste? Einen der drei Söhne zum Generalmanager machen? Das wollte ich auf keinen Fall, es wäre den beiden anderen gegenüber unfair gewesen. Das Unternehmen in Gruppen gliedern? Die Firma Beate Uhse ist mein »Kind«, und es stand für mich fest, daß ich in jedem Falle weiterhin im Betrieb mitmischen

Arbeitsbesprechung mit den Söhnen in der Zentrale (v.l.n.r.: Klaus, Beate, Ulli, Dirk).

wollte. Denn ohne Arbeit kann ich mir ein erfülltes und sinnvolles Leben nicht vorstellen. Immer noch zuviel Spaß am »Machen«.

Es gab lange Gespräche mit Wirtschaftsberatern, Steuerprüfern und Juristen. Schließlich schlugen die Experten eine fast unbekannte Form wirtschaftlicher Aufteilung vor: die Realteilung. Dies war die einzige Möglichkeit, jedem der Söhne selbständige Unternehmensteile zu überlassen, ohne dafür riesige Steuerbeträge aufbringen zu müssen.

Bei einer solchen Realteilung werden organisch gewachsene Betriebsbereiche erhalten. So sollten Klaus und Dirk künftig das Versandhaus, den Stephenson Verlag sowie die hieran hängenden kleineren Betriebsteile besitzen und führen. Ulli und Beate würden die Beate-Uhse-Läden, die Dr.-Müller's-Shops sowie den Bereich Film und Video weiterführen. Eine Konkurrenz-Klausel wurde vereinbart: Die eine Gruppe macht fünf Jahre lang keinen Versand, die andere Gruppe gründet fünf Jahre lang keine Läden.

Sicher, eine schöne, gut funktionierende Firma in zwei Teile zu zerreißen, war im Jahre 1981, als überall Betriebskonzentrationen und Kooperationen vereinbart wurden, etwas ungewöhnlich. Dirk, Ulli und ich glaubten trotzdem, mit dieser Firmenkonstruktion gut leben zu können, beide Teile würden stark genug sein, sich in ihrem Markt durchzusetzen. Und jeder der Söhne hätte seine Selbständigkeit. Klaus als einziger fand diese vorgeschlagene Konzeption nicht so gut. Ihm hätte es besser gefallen, wenn die ganze Familie zusammengeblieben wäre. Hätte ich damals geahnt, daß Klaus am 30. Juli 1984 sterben würde, wäre die Entscheidung vielleicht anders ausgefallen.

Die Realteilung wurde von der Öffentlichkeit fast unbemerkt vollzogen. Nur im Wirtschaftsteil der *Frankfurter Allgemeinen Zeitung* erschien ein kleiner Bericht über die Teilung der Firma Beate Uhse. Natürlich wollten wir unsere Kunden nicht unnötig irritieren.

Voller Energie und Tatkraft stürzte ich mich mit Ulli zusammen in den weiteren Ausbau unseres Firmenteils. Wir machten Beate Uhse im Dezember 81 zu einer Aktiengesellschaft, an der wir beide je 50 % der Aktien hielten. Wir arbeiteten gut miteinander, das Geschäft lief im Aufwärtstrend, dann aber kam's:

Das Jahr 1983 wurde für mich eine gesundheitliche Katastrophe. In all den Jahren war ich nie wirklich krank. Natür-

Beate und Ulli Rotermund, die beiden einzigen Aktionäre der Beate Uhse AG.

lich, vernünftig und gesund lebte ich immer, trieb viel Sport, hatte immer Bewegung. Rauchen hatte ich mir schon vor 40 Jahren abgewöhnt, damals, als ich Klaus erwartete. Alle zwei Jahre ließ ich mich routinemäßig untersuchen, und zwar gründlich. Dazu kamen noch die vorgeschriebenen Fliegertauglichkeitsuntersuchungen. Aber dann kam es plötzlich dicke mit Krankheiten.

Es begann mit den Nieren. Beim Ultraschall stellte der Internist eine Zyste fest. Der zuständige Flensburger Facharzt wollte gleich die Niere entfernen. Davor konnte ich mich gerade noch retten, ließ mich zu einem auswärtigen Nierenspezialisten überweisen. Operation in Aachen. Dabei wurden insgesamt fünf Zysten entfernt. Alle gutartig, also kein Krebs. – Nochmal Glück gehabt.

Das zweite Problem: Seit langem spürte ich im Kopf einen dumpfen Druck. Ausgerechnet in den Ferien in Florida wurde es schlimmer, und ich ging in Naples zu einem Facharzt. Der diagnostizierte eine »Inner-Ear-Infection« und verschrieb mir wochenlang Penizillinbomben. Erfolg gleich Null. Der dumpfe Druck blieb.

In der Universitätsklinik Kiel wurde schließlich ein Glomus-Tumor entdeckt. Und was für einer. Ich war zu Tode erschrokken, als mir der Arzt die Röntgenbilder zeigte. In meinem Kopf hatte sich ein Geschwür von circa sieben Zentimeter Länge und drei Zentimeter Breite eingenistet. Gutartig, wächst sehr langsam. Eine Operation, erklärten mir die Ärzte, sei nicht möglich, der Eingriff zu risikoreich. Schwere Hirnschädigungen seien nicht auszuschließen. Nun lebe ich seit Jahren mit diesem seltsamen Glomus-Tumor. Anscheinend haben wir beide uns aneinander gewöhnt.

Im Spätsommer 1983 kam dann der große Schlag. Ich habe es meinem Sohn Klaus zu verdanken, daß ich am Leben blieb. Es klingt makaber, aber es ist so: Die Ärzte konnten mich retten, weil er an Magenkrebs erkrankte.

Die Ärzte hatten bei ihm Magenkrebs diagnostiziert, ein Siegelring-Karzinom. Er wurde zwar operiert, aber es war zu spät, ihm noch dauerhaft helfen zu können.

Schon ein paar Jahre lang hatte auch ich häufig einen milden Schmerz im Magen. So eine Art Sodbrennen, das ich nie ernst nahm. Die Ärzte, denen ich davon erzählte, übrigens auch nicht. Nie wurde mir eine Magenspiegelung vorgeschlagen.

Klaus wurde also operiert, der Magen entfernt. Am nächsten Tag fuhren seine Frau Gaby und ich nach Hamburg, um ihn zu besuchen. Er war gerade aus der Intensivstation in sein Zimmer verlegt worden. Blaß sah er aus, sehr durchsichtig, sehr schwach. Aber er konnte mit uns sprechen, freute sich über den Besuch und legte einen unbändigen Überlebenswillen an den Tag.

Auf der Rückfahrt nach Flensburg sagte ich zu Gaby: »Ich gehe sicherheitshalber zum Arzt und lasse eine Magenspiegelung machen.« Das tat ich auch. Dr. Pankow entdeckte ein kleines Gewächs im Magen und entnahm eine Gewebeprobe.

»Sieht mir alles sehr gut aus«, meinte er, »kein Grund zur Sorge, kommen Sie am Dienstag vorbei, dann habe ich die Resultate.« Am Freitag – wir saßen mitten in einer Konferenz – rief mich Dr. Pankow an. Noch ehe er ein Wort sagen konnte, wußte ich Bescheid: »Doktor, ich habe Krebs.«

Meine Mitarbeiter und Ulli, der dabei war, starrten mich an, niemand sprach, es war, als sei mir der Boden unter den Füßen weggezogen worden, als hätte mir jemand mit einer Eisenbahnschwelle über den Kopf geschlagen. Krebs, klar, viele haben Krebs, das weiß man doch – aber ich, ich doch nicht. Ich bin doch gegen Krebs gefeit. So dachte ich immer. Und jetzt mußte ich mich mit dem Gedanken vertraut machen, auch ein Todeskandidat zu sein.

Ausgerechnet an diesem Tag wurde Klaus aus dem Krankenhaus entlassen und kam nach Hause. Ich kaufte einen großen Blumenstrauß und fuhr zu ihm nach Hause. Gaby und die Kinder saßen bei ihm auf der Couch im Wohnzimmer. Er war euphorisch, er war glücklich, er war sicher, daß er es schaffen würde, dem Tod ein Schnippchen zu schlagen.

Nach der gemütlichen Tasse Kaffee bemühte ich mich, in ganz ruhigem Ton zu meinem Sohn zu sagen: »Klaus, du hast doch gute Beziehungen zu Dr. van Ackeren in Hamburg. Bitte mach mir für Montag einen Termin bei ihm aus. Ich habe auch ein Siegelring-Karzinom am Magen.«

Das war am Freitag nachmittag. Ich fuhr dann gleich in die Firma, sortierte Post und Unterlagen auf meinem Schreibtisch, damit meine Assistentin alle Vorgänge sofort finden konnte. Am Samstag morgen nahm ich Abschied von meinem Garten, ich verpflanzte vereinzelte Stauden und hackte die letzten Herbstpflanzungen auf den Gemüsebeeten. Nachmittags fand im Glücksburger Tennisclub ein sogenanntes Ehepaar-Turnier statt. So gerne wollte ich mitspielen. Der Vorstand hatte nichts dagegen, daß ich mit dem Tenniskollegen »Peschi« eine Tennisehe einging (die Urkunde über diese provisorische Hochzeit hängt noch bei mir im Haus).

Und am Sonntag dann setzte ich mich in die D-Elon, die Cessna des Luftsportvereins, und flog über meine Heimat. Es war ein sonniger Herbsttag, dieser 28. September. Unter mir lag die Flensburger Förde, rechts die Ostsee, der Golfplatz, mein Haus, all die vertrauten Buchten und Strände.

Meine kleine Welt. Nun nahm ich wirklich Abschied von ihr, auf meine Weise. Ich schwebte und fühlte mich grenzenlos frei in diesem Moment, obwohl ich wußte, daß diesmal der Tod ganz dicht bei mir war.

Es war eine friedliche Freude in mir, ich freute mich, daß ich vieles von dem gemacht hatte in meinem Leben, was ich mir vorgenommen hatte. Nein, ich hatte nichts wirklich ausgelassen. Ich hatte Freunde und ich hatte Freude: an meiner Arbeit, an der Natur, an meinem Garten, am Sport und all den schönen Dingen des Lebens. Nein, ich war nicht deprimiert, aber ich war geschockt. Mit Klaus konnte ich über meine Ängste sprechen. Wir waren uns so nahe in diesem Moment wie vorher viele Jahre nicht.

Mein Sohn Ulli versuchte mir auf seine robuste Art Beistand zu geben: »Mensch Mutt«, schimpfte er, »so'n Scheiß, aber du schaffst es schon. Der Krebs hat keine Chance gegen dich, schon gar nicht, wo die den so früh erkannt haben.«

Montag morgen im Hamburger Marien-Krankenhaus hörte ich dann schon bei der ersten Untersuchung in der Umkleidekabine, wie eine Schwester zur anderen wisperte: »Wir haben einen prominenten Patienten hier.« »Wen?« »Beate Uhse.« Als ich später etwas hilflos in meinem Zimmer saß und versuchte, ein Kreuzworträtsel zu lösen, kam die Stationsschwester, eine Ordensfrau. Sie war zierlich und klein und hoch in den Siebzigern. Meine Güte, dachte ich, hoffentlich lassen sie dich hier auf dieser katholischen Station nicht dafür büßen, daß du Beate Uhse bist und dich mit Dingen beschäftigt hast, die im Weltbild strenger Katholiken als Sünde gelten.

In diesem Moment richtete die alte Ordensschwester das Wort an mich: »Liebe Frau Rotermund«, sagte sie, »wir wissen, wie schlimm das ist, was jetzt hier auf Sie zukommt. Für uns sind solche Krebsoperationen Alltag. Wir wollen und wir werden Sie so gut betreuen, wie wir können, und all meine guten Gedanken werden bei Ihnen sein.«

Mir kamen die Tränen und ich glaubte ihr jedes Wort. Die Operation am nächsten Tag dauerte fünfeinhalb Stunden. Dr. van Ackeren mußte ein vier Zentimeter großes Karzinom und meinen ganzen Magen entfernen.

Die wahnsinnigen Beklemmungen, die mich beim Aufwachen begleiteten, werde ich nie vergessen. Ich sah mich in einem endlosen Tunnel. Irgendwo ganz hinten erkannte ich ein kleines Licht, und dieses Licht mußte ich erreichen. Aber der Tunnel wollte und wollte kein Ende nehmen, und die Angst, das Licht ganz dahinten vielleicht nicht zu schaffen, schnürte mir die Kehle ein. Es war, als würde ich ersticken oder versinken oder auf ewig vergessen sein. Aber dann machte ich Konturen aus, diese Konturen nahmen Gestalt an, und dann erkannte ich die Gestalt. Ich sah Ulli, meinen Sohn. Er hielt mir einen Blumenstrauß vor die Nase. Aus dem Tunnel des Todes war ich in die richtige Welt zurückgekehrt.

Nach 15 Tagen durfte ich das Krankenhaus verlassen. Mein zweites Leben begann schwächlich, aber wen sollte das wundern. Es war Oktober geworden, und im Norden wurden die Tage kurz und kühl. Ulli und seine Frau Jutta hatten einen Golfurlaub auf den Bermudas gebucht. Sie überzeugten mich, daß es vernünftig wäre, mit ihnen in die Sonne zu fliegen.

Nun leistete ich mir die erste Klasse. Da saß ich also an Bord eines Lufthansa-Jumbos mit einer Wärmflasche auf dem Bauch und versuchte trotz Unbehagen und Schmerzen mich glücklich zu fühlen. Ich war high. Diesmal im wahren Sinne des Wortes. Ich war high, weil ich dankbar war, daß das Leben es so gut mit mir meinte und ich wieder lebte.

Verdammt schwach war ich schon noch, wenn ich vormittags auf dem Balkon meines Hotelzimmers versuchte, ein bißchen Gymnastik zu machen, um in Form zu kommen, und mir die Sonne auf den von Narben verunstalteten Bauch scheinen ließ. Du mußt üben, üben, üben, sagte ich mir, wenn du wieder ein Leben führen willst, wie es dir gefällt, in der Natur, mit Garten und Sport, mit Arbeit in der Firma. – Also übte ich, und am Nachmittag ging ich spazieren.

Da hatte Ulli eine blendende Idee: »Was murkst du da denn auf der blöden Straße umher, wo Autos fahren, komm doch mit auf den Golfplatz, der ist traumhaft schön.« Sie mieteten für mich einen Elektrokarren, und ich fuhr mit ihnen über die Runde mit. Wir ließen die Karre auf den seitlichen Wegen stehen, wenn sie Annäherungsschläge aufs Grün machten, ich schaute Jutta und Ulli beim Spielen zu. Das ist wirklich toll und schön und sehr gut für die Seele, dachte ich. So kam ich zum Golfspielen und bin seither mit Lust und Liebe dabei.

»Was ich mir wünsche?«

Das Jahr 2000 · Erotik-Studie · Aids · Wünsche zum 70. Geburtstag

»Mutt«, mahnte mich mein Sohn Ulli ein ums andere Mal, »Mensch, Mutt, du hast dir doch wirklich ein bequemeres Leben verdient. Hör doch mit der Arbeit auf!«

Einfach ganz aufhören – das wäre mir unheimlich. Logisch, ich habe so viele Hobbys, daß der Tag auch so mehr als ausgefüllt wäre. Tennis, der Garten mit Blumen, Pflanzen und dem biologisch angebauten Gemüse auf den Hügelbeeten, Fliegen und dann natürlich Golf. Viel Lesen, mein Französisch verbessern, reisen... All das ist toll. Aber findet man all diese schönen Freizeitbeschäftigungen auch dann noch so gut, wenn man ihnen täglich und immer nachgehen kann? Wer weiß das schon.

Und dann: Wenn ich morgens in die Firma fahre, fühle ich mich unheimlich gut. Die Arbeit erfüllt mich, gibt mir Stabilität und das Selbstvertrauen, etwas Nützliches zu tun.

Die große Erotik-Studie, die wir jüngst in Auftrag gaben, in der mit wissenschaftlicher Akribie 12 000 Probanden nach ihren sexuellen Wunsch- und Wertvorstellungen befragt wurden, ergab: Die sexuelle Neugier der Bevölkerung ist ungestillt. Erst ein Drittel der potentiellen Kunden nimmt die Möglichkeit wahr, das Liebesleben durch anregende Hilfsmittel zu bereichern. Die sexuellen Phantasien, Wunschvorstellungen und Gedanken der Frau sind ungleich farbiger, extremer und gewagter, als man bisher angenommen hat.

Dies alles erleben wir jeden Tag hautnah. Mehr als 50 000 Besucher kommen täglich in unsere Verkaufsstellen. 15 Millionen im Jahr. Dazu noch all jene, die sich schriftlich oder telefonisch ans Versandhaus wenden. Sie alle nutzen in irgendeiner Form das breite Erotik- und Pornographie-Angebot. Unsere Aufgabe ist es, ihnen die große Palette der Möglichkeiten optimal zu präsentieren.

Ich weiß, daß viele Menschen nicht über genügend erotische Phantasie verfügen, um sich ein abwechslungsreiches Sexualleben gestalten zu können. Viele brauchen Anregungen – und die liefert ihnen Beate Uhse.

Mein persönlicher Geschmack ist hierbei nicht ausschlaggebend. Die Firma führt alle Produkte, die »ankommen«, die gefragt sind und legal verkauft werden dürfen. Wir möchten den Geschmack von Jedermann und Jederfrau bedienen können und selbstverständlich auch spezielle Wünsche berücksichtigen. Wenn ich eine Mode-Boutique hätte, würde ich selbstverständlich auch die heute aktuellen Marlene-Dietrich-Schlabberhosen anbieten – obwohl ich sie persönlich häßlich und wenig kleidsam finde.

Ja, die Firma ist wirklich »mein Kind«, mit dem ich immer verbunden bleibe. Auch wenn es inzwischen 40 Jahre alt geworden ist. Und zudem glaube ich: Wenn man geistig nicht mehr gefordert wird, sich nicht mit neuen Dingen und den Realitäten unserer Welt auseinanderzusetzen hat, schlafft man ab. Und wer will das schon?

Die Firma Beate Uhse war nie ein »einfaches« Kind, sie ist es auch heute nicht. Die Liberalisierung des § 184 StGB brachte nicht wirklich größere Freiheit für die Erotik-Betriebe. Im Gegenteil, die Komplikationen für uns wurden eher größer.

Der Laie glaubt zum Beispiel im allgemeinen, daß hier in der Bundesrepublik Pornographie ohne Beschränkung verkauft werden kann. Aber das ist nur bedingt richtig: »Pornographie darf nur in Geschäften verkauft werden, die der Kunde üblicherweise zu betreten pflegt« – schränkt der Gesetzgeber ein. Im Versandhandel ist Pornographie illegal. Jegliches Anbieten, Werben oder Ausliefern verboten. Das schlimmste daran ist: Man darf den interessierten Kunden nicht einmal sagen: »Wenn du Pornos möchtest, dann geh in einen Sex-Shop.« Nach dem Gesetz ist dies bereits ein Hinweis auf Pornographie und damit nicht gestattet.

Dabei genießt die heutige Generation Pornographie längst so selbstverständlich wie Kurzurlaube oder Kinobesuche. So bereitet uns diese Situation gewisse Probleme: unzufriedene Kunden. Ein Beispiel, das ein Schlaglicht auf die heutige Situation wirft:

Neulich schrieb mir eine junge Frau, die sich als medizinisch-technische Assistentin vorstellte und mit ihrem Freund zusammenlebt. Sie war unzufrieden mit dem Erotik-Video, das sie vom Versandhaus Beate Uhse erhalten hatte, und klagte: »... was dann, von mir mit Spannung erwartet – eintraf, ist ein mittelmäßig witziger Film mit erotischen Szenen, die man unbedenklich auch im Nachmittags-Kinderprogramm zeigen könnte. Da heutzutage alle Videotheken scharfe Sexfilme im Programm haben, hatten sich mein Freund und ich bei Ihnen eine gewisse Steigerung vorgestellt.« Ein typischer Fall. Hier glaubt eine normale Bürgerin, sie könne Pornographie über den Versandhandel bestellen, da dies ja legal sei.

Auch die Debatten der letzten Jahre um Pornographie haben die Menschen eher verunsichert. Was ist eigentlich Erotik, was Sex, was Soft-Porno, was Porno, was harter Porno, was Gewaltporno?

Als besonders bedauerlich und unfair empfinde ich es, wenn in einigen Medien durch bewußt falsche Darstellungen Verwirrung gestiftet wird und man argumentiert, daß Pornographie stets mit Gewalt verbunden sei. Erotika dürfen nicht mit Pornographie verwechselt werden. Es darf aber auch nicht der Eindruck erweckt werden, Pornographie enthalte zwangsläufig auch Gewalt. In Deutschland sind Gewalt-Pornos illegal. Sie sind in Sex-Shops nicht zu kaufen und selbst für Branchenkenner auf dem Schwarzmarkt so gut wie nicht erhältlich. Für eine Dokumentation haben wir Beispiele gesucht und konnten in Deutschland kein Material auftreiben.

Das Erfolgsgeheimnis jedes Geschäftes, jeder Branche und damit auch von Beate Uhse besteht in der Kunst, die unterbewußten, geheimen Wünsche der Menschen frühzeitig zu erkennen und zu befriedigen. Das ist heute schwerer denn je. Denn die erotischen Vorlieben der Menschen ändern sich schnell.

Die Frau war Mitte vierzig, attraktiv – ein wenig verlegen. Ich begegnete ihr in unserem Kölner Beate-Uhse-Laden. »Was glauben Sie, was ich hier suche?« sprach sie mich an. »Einen Anal-Stimulator. Mein Mann wünscht sich den für uns. Die ganze Woche ist er in Belgien auf Montage, und wenn er am Wochenende nach Hause kommt, schickt er die Kinder erst mal zur Oma. Mich läßt er praktisch 48 Stunden lang nicht aus dem Schlafzimmer. Verrückt, nicht? Als ob wir frisch verheiratet wären. Ist ein richtiger Heißsporn jetzt. Will plötzlich alles ausprobieren, mein Mann.«

»Früher war das nicht so?« fragte ich arglos. »Ne, da hat er am Wochenende nur geschlafen – aber ohne mich. So kaputt war der.« Und dann fügte die Frau hinzu: »Ich glaube, Aids macht die Männer treu.«

Ja, Aids. Seit über die tödliche Immunschwächekrankheit diskutiert wird, erhalte ich viele Zuschriften und Anrufe. Eine Lehrerin, Mutter von vier Kindern, erzählt mir: »Sexuelle Enthaltsamkeit wegen Aids? Um Himmels willen. Mein Mann und

Aufklärung heute: Aus dem *Beate-Uhse-Journal* 1988/89.

ich versuchen, unsere Gemeinsamkeit, unser Liebesleben neu zu gestalten – abwechslungsreicher. Mit allem, was es heutzutage zur gegenseitigen Anregung gibt: Videos, erotische Bilder, Aphrodisiaka, Dessous. Ich habe einen ganzen Kleiderschrank voller sexy Wäsche, vom Lackkleid bis zum Straps-Set. Ich bin zur Verführerin geworden – ich verführe immer denselben Mann, immer anders.«

Fest steht: Viele Menschen gehen ihrer Lust wieder zu Hause nach, weil Seitensprünge einfach zu riskant geworden sind. Allerdings: Das Bewußtsein der Risiken nimmt schon wieder ab. Vor einem Jahr – 1988 –, auf dem Höhepunkt der Aids-Diskussion, waren die Mädchen auf Ibiza zum Beispiel »wie zugenäht«. So drückte sich mein Sohn Ulli aus, der die Szene auf der spanischen Ferieninsel sehr gut kennt. Heute indessen seien die Mädchen schon wieder willig wie einst.

Auch die Geschäfte der Prostituierten laufen wieder besser als in den letzten Jahren. Vermutlich ändert sich die Situation erst dann dramatisch, wenn jeder einmal am Grab eines Bekannten gestanden hat, der an Aids gestorben ist.

Fachleute sagen, wir leben in einem visuellen Zeitalter. In Westdeutschland existieren rund 4500 Videotheken. Vermutlich müßten neun von zehn ihr Geschäft aufgeben, wenn es zu einem Verleih-Verbot für pornographische Kassetten käme, denn Pornos werden viel viel häufiger vermietet als alle anderen Titel. Vor zehn Jahren begann der Trend mit den Video-Kabinen, eine neue, heiße Errungenschaft. Man konnte für eine Mark zwei Minuten schauen. Mittlerweile existieren sicherlich 4000 solcher Video-Kabinen in Westdeutschland, 400 davon gehören uns. Aber die Kunden wollen hier nicht nur einen Porno sehen. Sie wollen wählen. Nicht aus einem Dutzend Kassetten, sondern aus 64 oder gar 128 verschiedenen Pornofilmen in ihrer Kabine.

Der moderne Mensch hat's schwer. Die neue Beschwernis heißt: Freizeitstreß. Die Menschen haben Angst, etwas zu verpassen. Deshalb absolvieren sie ihre Freizeit im Schweinsgalopp und verweilen bei keiner Tätigkeit in Muße. »Wir werden zu Reizüberflutungs-Opfern, verlieren unsere innere Ruhe und springen von einer Sache zur nächsten. Unser Leben verläuft im Hopping-Takt«, klagt der Freizeitforscher Horst Opaschowski aus Hamburg. Hinzu kommt: Die Menschen von heute brauchen immer stärkere Reize, um eine Sache überhaupt als reizvoll empfinden zu können.

Dagegen sinkt der Genußwert-Index dramatisch ab. Rot wirkt nicht mehr als wirklich rot. Wohlgerüche werden viel

Mit meinen Enkeln Jenny, Reuben, Collin, Phillip (Sommer 1989).

schwächer wahrgenommen. Das saftige Brot unserer Tage wird dem Menschen nach dem Jahre 2000 nur noch halb so gut schmecken. Die Sensibilität des zuständigen Gehirn-Areals reduziert sich jährlich um circa ein Prozent.

Stärkere Reize sind also überall gefragt. Nicht nur bei Düften, Farben, beim Essen und Trinken, sondern auf allen Gebieten des menschlichen Lebens, also auch bei der Sexualität.

Was die wissenschaftlichen Erkenntnisse im einzelnen bedeuten, welche Auswirkungen sie tatsächlich haben werden, vermag ich mir heute nicht vorzustellen. Ich denke aber, daß wir alle lernen werden, damit zu leben.

Und privat? Was wünscht man sich zu seinem siebzigsten Geburtstag? Was erwartet man für sich persönlich von der Zukunft? Natürlich zunächst, daß man gesund und munter bleibt, um das Leben mit Freude und Lust und Liebe zu genießen. Das Jahr 2000 möchte ich unbedingt erleben. Dann reisen, in Länder, die ich noch nicht kenne: Australien, Tauchen am Great-Barrier-Riff, Neuseeland, die Südsee. Weiterhin viel Sport treiben, im Golf Handicap 24 erreichen (jetzt habe ich erst 32).

Dann natürlich, daß es weiterhin gelingt, die Firma Beate Uhse im Markt erfolgreich zu positionieren, daß sie weiterhin blüht, wächst und gedeiht.

Ich wünsche mir ein gutes, vertrauensvolles Verhältnis zu meinen Kindern, Enkelkindern und Freunden. – Meine Familie ist mir sehr wichtig, auch wenn ich dieser Zuneigung nicht überschwenglich Ausdruck verleihen kann. Ich denke jedoch, sie wissen alle, daß auf Beate Verlaß ist.